拓殖大学研究叢書（社会科学）49

共有資源管理利用の法制度

奥田進一 著

成 文 堂

はしがき

　世界を席巻しているグローバル化の波は、いまだに近代化に至っていない国や地域にも、近代的所有権概念による法整備という形で、当該地の伝統的な産業や社会に大きな影響を与えながら容赦なく押し寄せている。牧畜業を主軸として発展してきたモンゴル社会での農業開発、林業の近代化による森林狩猟民族の生活環境の変化、所有権の近代化による中国林業の構造変化などは、いずれも近代的所有権概念が伝統的コミュニティや既存社会に大きな影響を与えた事例である。

　たとえば、モンゴル国は、1921年の独立以来社会主義体制を維持してきたが、1992年に社会主義を放棄して資本主義国としての道を歩み、土地制度に関しては1994年に「民法典」と「土地法」を制定して、それぞれ2002年に大改正した。さらに、2004年に「土地私有化法」が制定され、草原の開発と砂漠化に拍車をかけている。また、中国は、鄧小平の指導下で1982年に改革開放路線が打ち出されて市場経済化の道を歩み、土地制度に関しては1999年に「土地管理法」が施行されて土地の有償使用が確認され、2007年に物権法が制定されて土地の所有と利用に関する原則が確立された。いずれも、近代的な法制度、とりわけ近代民法のメカニズムを導入したことで、市場において、土地を財産として流動化させることになった。

　このように、近代法を導入したことは、土地を利用し、管理することに専念してきた伝統的社会にとっては、ともすればその存続基盤を失いかねないほどの大きな影響であった。モンゴル社会では遊牧生活が瓦解し、人々は好むと好まざるとに関わらず土地を基盤とする貨幣経済に併呑され、とりわけ都市生活者においては、持つ者と持たざる者との間に貧富の格差が生まれた。中国でも、いつしか資本の限界効用逓減原則がささやかれ、社会主義公有制の下で土地の適正管理をはかるはずの「土地管理法」が豹変し、とくに農村の都市化圧力を高め、産業構造にさえ大きな変化が余儀なくされた。

　こうした近代的所有権概念が浸透して社会構造が変化する現象に対して、

これまでこれを肯定する思潮はあっても、その是非を検討したことはほとんど皆無であったのではないだろうか。ここで、少なくともわが国にとっての「近代化」とは、どのような意味を有したものであったのかについて考えてみたい。明治維新後の、明治政府による一連の制度改革は、基本的には「欧米化」という「近代化」の推進であったといってよいであろう。しかし、それはあくまでも「外からの近代化」であって、社会への影響は極めて緩慢に浸透したのではないだろうか。

しかし、明治政府の制度改革には、「内からの近代化」というもうひとつの近代化があった。それは、幕藩体制という地方分権ないしは連邦制的システムから、中央集権的な統一国家システムへの転換であり、社会に激震が走ったことは、士族の乱や農民による地租改正一揆が各地で頻発したことが証左となろう。衣服に譬えるならば、和服に洋服という選択肢を増やしたのが「外からの近代化」であり、洋服への単一的転換を迫ったのが「内からの近代化」であったのではないだろうか。

中央集権国家の建設は、法の世界にも一元的な制度構築を求めた。しかし、法の一元的適用が、マイノリティ社会と文化に対する迫害と抹殺に拍車をかけたことは確かで、とくに物権制度の一元化は多くの禍根を残したといわざるを得ない。たとえば、入会権や水利権などの江戸時代以前の慣習物権は、明治民法の制定により否定される予定であった。しかし、当時の農村社会や農民からの強い抵抗にあって、近代的民法からすればかなり異質な制度であるにも関わらず、少なくとも入会権は現行民法に明文規定を以て包摂された。もちろん、この時から120年以上の歳月を経て、入会権を取り巻く環境はすっかり変じたものの、入会権という慣習的要素の強い物権が近代的所有権と併存してきたことは事実であり、これを学問的にいかに評価して合法化するのかという作業が延々と展開されてきた。他方で、水利権や漁業権は現行民法からは漏出し、それぞれ河川法、漁業法という行政法によって規律され、財産権的な性質を帯びた行政許可という複雑な制度になっており、時代の変化や社会経済状況の変化に伴って少なからぬ混乱をもたらしている。

さて、上記のような問題意識を、はじめから明確に意識して学究の道に進んだわけではない。しかし、これまでの研究生活において、近代法から漏れ

出てしまった慣習法や慣習的な権利の存在に直面し、こうした事象を研究する機会に不思議と恵まれた。さらに、複数の自然保護関係訴訟に関わることで、法の影響を直に受ける現場を検分し、あるいは紛争当事者から直接話しを聞くことで、法理論と現実との乖離現象について深く考えるようになり、本書に収録した論文成果につながる研究対象と研究の方向性が定まって行くことになった。

　まず、入会権のような、総有あるいはそれに近似した土地の共同所有・利用形態に関する興味と研究である。わが国の民法を含む近代民法は、所有権を中心に据えて財産権秩序を構成している。さらに、契約を主軸とする現代社会においては、他人物の利用の多くは債権的利用が主流となり、用益物権への注目度や存在感はどうしても低下する。たとえば、高度経済成長期やバブル経済期などに、土地の用益物権的利用の一種であった入会地等が開発されて、ゴルフ場やスキー場等の大規模レジャー施設へと姿を変えていった。その多くは、所有権絶対の原則に基づく所有権者による開発ではなく、権利主体の脆弱化に基づく他者による開発であった。このことはまた、入会慣習への無知や無関心がもたらした事象であったともいえよう。そして、かかる事象は、国情も法制度も異なる中国においても発生していた。社会主義公有制の下で、土地の私的所有権が存在せず、用益物権的な制度を主軸として物権制度を構築している中国でも、たとえば草原や農地などの利用と他産業による開発との拮抗関係が生まれ、それは権利主体の不明確さという法制度的欠陥によるものであることに関心を抱くようになった。さらに、琉球王国以来の沖縄の古い土地利用制度（地割制）を研究する機会を得たことは、土地所有権と家制度および相続問題を考える契機となった。これらの問題に関する研究は、土地自体が自然資源であるという環境法的視点を有することでより明確になり、その成果物を収録したのが、本書第１部「土地資源の共的利用」である。

　つぎに、国内外の農村における土地調査研究を通じて、水利をめぐる権利関係や利用主体についても興味を抱くようになった。水も、土地と同様にわれわれ人間の生存に欠かすことのできない共有資源であり、特定者による独占や濫用が行われれば、たちまち持続可能な利用が阻害される。しかし、水

の豊富なわが国でさえも、水利用に関する法規範は完全なものとはいえず、既述の通り、慣習的かつ私権的要素を強く残存させながら行政法的に規律されることによる混乱や誤解が発生している。たとえば、慣行農業水利権などは、現行河川法と慣習物権との妥協の産物であったといっても過言ではあるまい。同様の事象は、コモン・ローに基づく英米法系の国でも、中国のような社会主義国法の国でも生起しており、たとえば慣習法に基づく私的利用から行政法的な公的管理へと移行させ、あるいは水利用権を財産権化して市場取引を可能にするなど、水資源利用をめぐる社会状況の変化に対応できる新しい法制度の構築を行ってきた。このような水資源利用に関する問題と新しい法制度について、まずはわが国における問題点を精査し、さらに諸外国の事例についても現地におけるフィールド・ワークを重ねながら明らかにした研究の成果物を収録したのが、本書第2部「公共財としての水資源」である。

そして、入会地や清冽な水資源のある地域は自然環境がよく守られているものの、とかく大規模な各種開発の影響を受けやすい。それは、当該地の管理者であった入会集団等の共同体の弱体化や消滅に起因することが多く、自然環境保全を主張して訴訟を提起しても、勝訴することはほとんど皆無である。いくつかの具体的な自然環境保全訴訟に関与する機会を得て、じつは裁判制度こそが自然環境保全にとっての大きな障壁となっているのではないかという疑問を抱くようになった。また、近代民法の原則のひとつである、所有権絶対の原則や行政法的に適法な権利行使も、時として自然環境にとっては脅威となる事象にも遭遇した。また、伝統的な村落共同体の脆弱化により惹起された事件を通じて、権利主体の消滅は義務主体の消滅をも意味し、社会的な責務の所在が不明確になる問題に気が付いた。ここでは、民法の工作物責任や国家賠償法の営造物責任について、いま一度その理論的問題点を確認しておく作業が必要であると考えた。このような紛争事例や事件の中から見出された問題点についての研究の成果物を収録したのが、本書第3部「共有資源の権利侵害と管理責任」である。

以上のように、本書はこれまでの研究成果を3部に分けて収録したものである。一見すると脈絡のない、むしろ無関係とも思われるテーマが並んでい

るが、土地も水も私権性を有する場面の多い公共財であり、それらを基盤として存在する自然環境もまた公共性が強く、これらが現行法においてどのように扱われてきて、今後はどのようにして保全されて行くのかという視点によって、すべてのテーマはつながりを持ち、むしろ連動させることによってはじめて意味を有するのである。また、これまでの論文業績を本書にまとめることによって、水利権や漁業権のように現行民法から漏出した権利を、あらためて私権的に構成しようとした作業も行い、さらに、自然環境保全に関する現行裁判制度の限界点についての指摘も行うことができた。

　大学院進学以来いつの間にか四半世紀の時が流れ、研究者人生の折り返し点をすでに通過した。かなり自由奔放な研究生活を送ってきたが、多くの碩学の謦咳に接し、多くの優秀な先輩、同輩、後輩、教え子たちに恵まれてここまでたどり着き、四半世紀に及ぶ拙い研究の成果を斯様にして1冊の書にまとめて世に問うことができた。なお、本書収録論文は、著者の既刊論文を基にしているが、初出から相当時間が経過しているものや、本書の体裁に合わせる必要があるものについては、大幅に加筆修正をした。

　ここに、東西南北天地の六方を敬い、応援をしてくださったすべての方々に謹んで感謝する。とくに、成文堂の飯村晃弘氏には、単著の執筆を長年にわたって叱咤激励していただき、今回の出版に際しても最大のご高配を賜った。心より御礼を申し上げる。なお、本書は、拓殖大学より出版助成を受けて、拓殖大学研究叢書（社会科学）49として刊行されたものである。

2019年2月吉日
書斎から同齢の梅の花を眺めつつ
著者

目　次

はしがき　i
初出一覧　xiii

第1部　土地資源の共的利用

第1章　入会地・入会権をめぐる法制度的課題
　　　　――環境保護の視点から―― ……………………………… 4
　1．問題の所在 ……………………………………………………… 4
　2．入会林野解体後の入会地の状況 ……………………………… 8
　3．「入会林野等近代化法」の今日的評価 ……………………… 13
　4．熊本県阿蘇町における入会牧野管理 ……………………… 15
　5．牧野法による入会牧野管理の特徴 ………………………… 20
　　(1)　牧野法の概要 …………………………………………… 20
　　(2)　阿蘇町における牧野管理の特徴 ……………………… 22
　6．契約による入会権 …………………………………………… 23
　　(1)　契約による入会利用の提唱 …………………………… 23
　　(2)　入会慣行の普遍モデルの構築 ………………………… 25
　7．今後の方向性 ………………………………………………… 26
　8．小　括 ………………………………………………………… 27

第2章　中国の草原保護法政策 ………………………………… 31
　1．問題の所在 …………………………………………………… 31
　2．旧草原法制定前の動向 ……………………………………… 33
　3．旧草原法における草原をめぐる権利関係 ………………… 36
　4．新草原法と草地流動化 ……………………………………… 38
　5．荒地開発と草原保護 ………………………………………… 47

6．草原利用の新たな方策 ································· 50
　　7．小　括 ································· 52

第3章　中国の都市化と土地資源法政策 ················ 55
　　1．問題の所在 ································· 55
　　2．農村都市化の特徴と問題点 ························· 56
　　3．農村の土地権利関係と法制度 ······················· 58
　　　(1) 農村集団所有権 ···························· 58
　　　(2) 請負経営権 ································· 62
　　4．土地収用等による農村都市化 ······················· 64
　　　(1) 公式な農村都市化 ························· 64
　　　(2) 非公式な農村都市化 ························· 66
　　　(3) 戸籍制度の転換による都市化 ··················· 70
　　6．農地請負経営権の担保化 ··························· 71
　　7．小　括 ································· 78

第4章　沖縄の地割制に関する研究 ···················· 80
　　1．問題の所在 ································· 80
　　2．本土における地割制 ····························· 83
　　3．沖縄の地割制の起源 ····························· 86
　　4．沖縄の地割制の概要 ····························· 91
　　5．沖縄の「家」について ··························· 93
　　6．小　括 ································· 99

第2部　公共財としての水資源

第5章　河川法と水利権をめぐる法的課題 ·············· 106
　　1．問題の所在 ································· 106
　　2．河川法の役割 ································· 108
　　3．水利許可と慣行水利権の競合 ······················· 112

4．志村博康論文（1978年）が示した問題点 …………………… 114
　5．慣行水利権の法的性質 …………………………………………… 116
　　(1) 民法上の性質 ………………………………………………… 116
　　(2) 慣行水利権の内容 …………………………………………… 119
　　(3) 水利権に関する判例 ………………………………………… 120
　　(4) 慣行水利権の主体 …………………………………………… 123
　6．水利集団と水利調整 ……………………………………………… 126
　　(1) 水利調整 ……………………………………………………… 126
　　(2) 遊休水利権問題 ……………………………………………… 128
　　(3) 水利集団の形態 ……………………………………………… 130
　7．小　括 ……………………………………………………………… 130

第6章　地下水の保全管理のための法規範 ………………………… 133
　1．問題の所在 ………………………………………………………… 133
　2．ため池をめぐる水利慣行 ………………………………………… 134
　3．地下水の利用規制 ………………………………………………… 138
　4．地下水の水質規制 ………………………………………………… 140
　5．地下水に係る地方条例の動向 …………………………………… 142
　6．地下水の法的性質 ………………………………………………… 145
　7．小　括 ……………………………………………………………… 148

第7章　中国における水利権流動化 ………………………………… 150
　1．問題の所在 ………………………………………………………… 150
　2．黄河、タリム河、黒河流域における用水制度改革の概要 …… 152
　3．水資源関係法の立法状況 ………………………………………… 154
　4．2002年改正水法の要点 …………………………………………… 157
　5．黒河における水票制度 …………………………………………… 161
　6．用水者協会の機能と法的性質 …………………………………… 165
　7．小　括 ……………………………………………………………… 170

第8章　オーストラリアの水資源管理法 …………………… 173
　1．問題の所在 ……………………………………………… 173
　2．水資源に係る権利とコモン・ローとの相克 ………… 177
　3．土地所有権から水に係る権利の分離 ………………… 179
　4．2007年連邦水法の成立による統一的水管理 ………… 181
　5．小　括 …………………………………………………… 185

第3部　共有資源の権利侵害と管理責任

第9章　自然環境保全と私権の競合
　　　　――北川湿地訴訟事件を事例として―― ………… 190
　1．問題の所在 ……………………………………………… 190
　2．北川湿地訴訟事件について …………………………… 193
　　(1) 事案の概要 ………………………………………… 193
　　(2) 判　旨 ……………………………………………… 193
　3．自然の権利訴訟について ……………………………… 196
　4．生物多様性保全のための差止請求 …………………… 199
　5．生物多様性保全と土地所有権 ………………………… 201
　6．小　括 …………………………………………………… 205

第10章　慣習漁業権の侵害
　　　　――馬毛島入会権訴訟事件を事例として―― …… 206
　1．問題の所在 ……………………………………………… 206
　2．馬毛島入会権確認訴訟事件 …………………………… 208
　　(1) 事実の概要 ………………………………………… 208
　　(2) 判　旨 ……………………………………………… 209
　　(3) 本件判決の意義と課題 …………………………… 209
　3．共同漁業権の成立と法的性質 ………………………… 212
　4．「自由漁業」と「慣習に基づく入会漁業」………… 216
　5．旧慣の改廃 ……………………………………………… 221

6．小　括 …………………………………………………………… 223

第11章　水利行為による権利侵害
　　　　――涸れ川公害問題を事例として―― ………………… 225
　1．問題の所在 ……………………………………………………… 225
　2．涸れ川公害 ……………………………………………………… 226
　　(1) 大井川水返せ運動 …………………………………………… 226
　　(2) 信濃川JR東日本不法取水事件 …………………………… 229
　3．水利秩序と権利濫用 …………………………………………… 231
　4．小　括 …………………………………………………………… 234

第12章　土地工作物をめぐる帰責理論の再検討 ………………… 236
　1．問題の所在 ……………………………………………………… 236
　2．土地工作物責任の法構造をめぐる学説の動向 ……………… 239
　　(1) 無過失責任説 ………………………………………………… 239
　　(2) 客観説と結果回避義務違反責任説 ………………………… 243
　　(3) 森島昭夫教授の見解 ………………………………………… 244
　　(4) 窪田充見教授の見解 ………………………………………… 246
　3．私見の提起 ……………………………………………………… 247
　4．ため池等をめぐる判例 ………………………………………… 251
　　(1) 判例紹介 ……………………………………………………… 251
　　(2) 判例検証 ……………………………………………………… 258
　5．設置瑕疵と保存（管理）瑕疵 ………………………………… 261
　6．小　括 …………………………………………………………… 263

あとがき …………………………………………………………………… 267
引用文献一覧 ……………………………………………………………… 274
事項索引 …………………………………………………………………… 287

初出一覧

　本書をまとめるにあたっては、以下に挙げる初出論文を大幅に改変したり、多くの箇所を新たに書き下ろしたりした。そのため、本書と初出論文との対応関係は示さない。

第1部　土地資源の共的利用
　第1章　入会地・入会権をめぐる法制度的課題
　　　　　――環境保護の視点から――
「入会地・入会権をめぐる現状と将来および法制度的課題」平成12年度新基本法農政推進調査研究事業報告書『畜産経営における飼料生産基盤の存立状況に関する調査』（財団法人農政調査委員会、2001）11〜24頁。
　第2章　中国の草原保護法政策
「草原保護法政策の変遷と環境負荷」北川秀樹＝石塚迅＝三村光弘＝廣江倫子編　西村幸次郎先生古稀記念論文集『現代中国法の発展と変容』（成文堂、2013）293〜317頁。
　第3章　中国の都市化と土地資源法政策
「中国の農村都市化と物権法の影響」人間環境論集（法政大学人間環境学部）第8巻第2号（2008）25〜35頁。
　第4章　沖縄の地割制に関する研究
　　　　　――「家」制度に基づかない農地利用――
「沖縄の地割制に関する研究―「家」制度に基づかない農地利用」拓殖大学論集（政治・経済・法律研究）第20巻第2号（2018）83〜98頁。

第2部　公共財としての水資源
　第5章　河川法と水利権をめぐる法的課題
「農業水利秩序と水利権の在り方」青山法務研究論集創刊号（2010）107〜131頁。
　第6章　地下水保全管理の法規範

「地下水の保全管理のための法規範研究」拓殖大学論集（政治・経済・法律研究）第18巻第1号（2015）117～140頁。

第7章　中国の水利権流動化
「中国における水利権流動化に見る契約型資源管理手法に関する一考察——甘粛省黒河隆起の事例を中心として」但見亮＝胡光輝＝長友昭＝文元春編　小口彦太先生古稀記念論文集『中国の法と社会と歴史』（成文堂、2017）363～385頁。

第8章　オーストラリアの水資源管理法
奥田進一＝黒川哲志「豪州マレー・ダーリング川流域における総合的水資源管理の展開」早稲田社会科学総合研究第18巻第1号（2018）1～25頁（奥田分担執筆分のみ抜粋）。

第3部　共有資源の権利侵害と管理責任

第9章　自然環境保全と私権の競合
　　　　——北川湿地訴訟事件を事例として——
「自然の権利等侵害による建設工事差止請求事件」環境法研究38号（2013）103～117頁。

第10章　慣習漁業権の侵害——馬毛島入会権訴訟事件を事例として——
「地先漁業権の法的性質と旧慣の改廃」日本不動産学会誌106号（2013）82～89頁。

第11章　水利行為による権利侵害——涸れ川公害問題を事例として——
「水利行為による権利侵害——「涸れ川公害」に対する事業者の法的責任」拓殖大学論集（政治・経済・法律研究）第16巻第1号（2013）181～192頁。

第12章　土地工作物責任をめぐる帰責理論の再検討
「土地工作物責任をめぐる帰責理論の再検討」拓殖大学論集（政治・経済・法律研究）第18巻第2号（2016）87～109頁。

第1部　土地資源の共的利用

　近代民法では、個人主義に基づいて、土地を含むすべての物は単独所有が終局的な形態であることを前提として、所有権制度が構築されている。もし、複数の人々によってひとつの物が所有されたとしても、それは過渡的な形態であって、最後は単独所有に向かうことが好ましい方向として想定されている。しかし、国内外を問わず、入会地のように総有的な共同所有が終局的な所有形態も存在し、それらも単独所有に向かわなければならないのだとするならば、その合理的理由はどこにあるのだろうか。この問いに対する解を探すべく、「コモンズの悲劇論」の誤りを意識しながら、国内外に存在する総有的な土地所有形態の研究に興味を抱き続けてきた。

　まずは、わが国の入会地および入会権への興味と関心である。早稲田大学法学部3年生であった1992年1月に、黒木三郎先生の最終講義「入会権の現代的意義」を拝聴した。他の先生の物権法の講義や教科書からは、「入会権は、もはや現代的意義が薄れている」と習ってきたため、黒木先生の最終講義のテーマと内容は極めて鮮烈であった。その後、1995年8月から1997年8月にかけて、縁あって熊本県の小国町と阿蘇町をたびたび訪れ、そこで入会林野と入会牧野の調査を行う機会に恵まれた。前者の入会地は、解体されて個人所有化される経緯をたどったのに対して、後者の入会地は、教科書では知ることのできない手法によって、さらに環境保全という新しい機能を付加して、牧畜業の発展のために活用されている実態を知ることができた。黒木先生が指摘された、入会権が有する「現代的意義」を直接確認できた研究でもあった。この阿蘇での実地調査を踏まえた研究を基に書いた小稿がきっかけとなって、2000年6月に、農財団法人農政調査委員会第1回委員会において

「入会地利用の現状と法制度的課題」というテーマで報告を行う機会を得てさらに研究を深めた。その研究成果が、第1章「入会地・入会権をめぐる法制度的課題～環境保護の視点から～」である。

　つぎに、中国の草原法との出会いがあった。1994年4月下旬から5月上旬にかけての約2週間にわたって、日本土地法学会海外調査団の一員として中国各地を視察訪問する機会に恵まれた。とくに、内モンゴル自治区の視察では、砂漠化した草原を目の当たりにしながら、この草原という大地は「広大無辺な入会地」ではないかと感じた。内モンゴル大学法学部での学術交流会では、砂漠化防止を目的として1985年に制定された草原法によって、権利関係を明確にするとともに、遊牧から定住化による牧畜への転換作業が推進されたが、砂漠化面積はますます拡大していることを知った。内モンゴル大学では、草原法研究の権威である施文正先生と知己を得て、それからおよそ四半世紀の交流が継続し、中国の草原法と関係する法規範について実態調査を重ねながら研究してきた。草原法の施行以来、草原を生業の地とする牧民には小作権的な権利が分与され、一定面積の草地に定住させられることになったが、彼らは各自の権利の及ぶ範囲の草地を鉄条網で囲い込み、他者の侵入を拒むと同時に、他所の草地へ容易に移動できなくなった。このことは、土地の限界効用逓減の原則を超えた利用を余儀なくされるため、草原という脆弱な土地環境に大きな負荷を与えた。それはまさに「コモンズの悲劇」の実践であり、その克服の歴史であったといっても過言ではない。その研究成果が、第2章「中国の草原保護法政策」である。

　ところで、中国では、農地の所有権は農村の集団組織にあり、個々の農民は集団から一定面積の農地が割り当てられて期間を限って耕作に従事する、請負経営権という制度が採用されている。1996年9月に、人間環境問題研究会において草原法に関する研究報告を行う機会を得た。当時中国では、物権法制定に向けた研究と議論が開始され、日中学術交流に並々ならぬ力を注がれていた同研究会に所属する先生方からのご教示もあって、草原に係る権利関係の研究と並行して、農地に係る権利関係の研究も行うことになった。いうまでもなく、中国は社会主義国であるため土地の個人所有は認められず、全人民所有とされているが、この所有主体はどのような存在であって、はたしてどのように機能するのであろうかということに問題意識を抱き続けてきた。したがって、中国の農地権利研究の軸足は、この鵺のような所有主体の実態解明に置いてきた。しかし、2007年に物権法が施行されたことによって中国の土地法研究は大きな転換期を迎え、権利関係のみならず、担保物権制度、登記制度、土地収用制度にまで一気に研究の射程範囲が拡大した。その研究成果が、第3章「中国の都市化による土地資源への影響」である。

　そして、2015年3月に、自衛隊基地建設をめぐって揺れていた与那国島を訪問す

る機会を得た。その後、縁あって、与那国島をはじめとする八重山諸島に足繁く通うようになったとき、その途中で立ち寄った久高島と渡名喜島という離島において、「地割制」という、かつて琉球王国時代に広く行われた独特の農地利用制度の存在を知り、これを深く研究する機会も得た。大学院生の頃に、中川善之助の『民法風土記』を一読して、そこに登場する南三陸の「貰い子」という風習が非常に衝撃的であったためによく覚えていた。この東北の「貰い子」の風習と沖縄の「地割制」とが、不思議なことに頭の中で結合し、そもそも土地を所有し、それを相続するというのはいかなる現象なのかという問題意識を強く抱き、財産相続の主体であった「家」制度に始まり、地租改正、戦後の農地改革などを含めた研究を進めるようになった。かつての「家」や「村」もまた、土地の共同所有の主体であった。その研究成果が、第4章「沖縄の地割制に関する研究〜「家」制度に基づかない農地利用〜」である。

　以上のように、第1部では「土地は誰が所有し、利用するのか」という問いを掲げ、土地という共有資源の利用の諸形態、あるいはその主体である「共同体」に焦点を当てて、1992年から今日に至るまで継続してきた研究の成果のうち、ある程度まとまった結論を得られた4本の論文を収録した。

第1章　入会地・入会権をめぐる法制度的課題
——環境保護の視点から——

1．問題の所在

　入会地あるいは入会権の研究を行うには、その基盤である共同体に対する理解が不可欠である。しかし、戦後の資本主義発展史研究の基本思潮を形成した大塚久雄の共同体理論[1]を先駆として、その後、共同体論は、「アジア的価値」[2]、「アジア社会の自己認識」[3]あるいは「市場経済からの脱却」[4]などといった極めて多岐で複雑な概念を包含しながら、近年のコモンズ論へと大きく変質しているといえよう。とりわけ、2010年のノーベル経済学賞に輝いたエリノア・オストロムのコモンズ論[5]の影響は大きく、学際的なコモンズ研究が活発に展開され、主に社会学を中心に、入会制度の仕組を持続可能な資源管理制度として再評価する研究が行われるようになった[6]。オストロムの研究成果は、ゲームの理論を用いて、共有資源の自主的管理が有効な方法

---

1) 大塚久雄『共同体の基礎理論〜経済史総論講義案』（岩波書店、1955）。
2) 季衛東「中国的秩序における個人の位相」青木保＝佐伯啓思編著『「アジア的価値」とは何か』（TBSブリタニカ、1998）146頁は、中国社会の理論分析ではあるものの、「個人は制度の出発点にはなく、とりわけ社会秩序と正義という面では、集団主義こそアジア的価値の中核」であると考え、近代個人主義を超越する集団主義の存在意義を確認する。
3) やはり「アジア的価値」の検証を主とするが、自己の社会や文化への再認識と自負を提唱する文献として、天児慧編著『アジアの21世紀』（紀伊國屋書店、1998）、西川長夫＝山口幸二＝渡辺公三編『アジアの多文化社会と国民国家』（人文書院、1998）等がある。
4) たとえば、原洋之介『アジア型経済システム〜グローバリズムに抗して』（中央公論新社、2000）、佐和隆光『市場主義の終焉』（岩波書店、2000）。
5) Elinor Ostrom, *Governing the Commons: the Evolution of Institutions for Collective Action*, Cambridge University Press, 1990.
6) 井上真＝宮内泰介編『コモンズの社会学—森・川・海の資源共同管理を考える』（新曜社、2001）、室田武＝三俣学『入会林野とコモンズ—持続可能な共有の森』（日本評論社、2004）等がある。

のひとつであることを示すとともに、コモンズの悲劇のような過度に抽象化された経済モデルに基づく政策決定の危険性にも警鐘を鳴らした。わが国のコモンズ論の多くは、環境保護の視点が多分に含まれており、そこから共同体を再評価し[7]、あるいは入会権の再活用を提言[8]しようとする研究へと展開しているが、大塚理論をいかにして超克できるのかということが課題となって来よう。大塚理論は、マルクスとマックス・ウェーバーの理論によりながら、「公」から「私（個）」を解放することで、封建制から資本主義への移行を説明することを主眼としており、そこにおいて共同体は公的なものとして扱われ、解体されるべき宿命を負わされている[9]。大塚理論によれば、共同体に「固有な二元性（土地の共同占取と労働要具の私的占取の二元性＝内的矛盾）」が生産諸力の発展に伴って、まず原初的共同体を崩壊させた後に、アジア的共同体、古典古代的共同体、ゲルマン的共同体へと変成し、終局的に共同体そのものが消滅することになる。しかし、大塚理論は西洋史観による共同体理解の到達点としては優れているが、今日においてはその限界が指摘され、普遍的共同体理論として評価することは難しい。すなわち、大塚はあくまでも西洋を中心とする歴史観の中においてのみ共同体の諸形態や変遷過程を解明しており、なるほどゲルマン社会をはじめとする西洋社会一般においてはこれが普遍性を有するのかも知れないが、アジア社会の歴史においては必ずしも妥当するものではないのである。少なくとも、昨今隆盛をみている非西洋社会における社会経済学の研究業績によれば、大塚のいうアジア的共同体をはじめとする共同体の諸形態は、それが一直線上において解体・成立を繰り返して変遷せずに、各形態が適地適応して依然として存在し

---

7) 楜澤能生「共同体・自然・所有と法社会学」日本法社会学会編『法社会学の新地平』（有斐閣、1998）182頁以下。
8) 鳥飼行博『開発と環境の経済学』（東海大学出版会、1998）184頁は、熱帯林の減少のように、外部不経済が関連する場合、資源や土地の財産権（所有権、利用権、耕作権、入会権等）を明瞭に設定することが環境保全につながると主張する。また、熊本一規『公共事業はどこが間違っているのか？』（まな出版企画、2000）35頁以下は、「総有」の概念の再認識によって、入会権が環境保全に寄与すべきものであることを主張する。
9) 川勝平太『日本文明と近代西洋』（日本放送出版協会、1991）151頁は、大塚共同体論が依拠したマックス・ウェーバーの近代資本主義理論によれば、資本主義への移行現象はウェーバー自身が指摘しているとおり西ヨーロッパに限定された歴史的経過であって、日本における資本主義の発展を説明するには新しい理論が必要であると説く。

続けている[10]。この事実は、大塚理論では説明しきれない。

　このような中で、共同体を「共」という概念を以て「公」と「私」との中間に明確に位置付け、専ら農業問題の再考を試みようとした磯辺俊彦の共同体理論が注目される[11]。磯辺理論は、大塚理論や川島武宜の法社会学における業績[12]を十分に踏まえた研究であり、続行研究と位置付けることも吝かではない。大塚理論との決定的な差異は、前述の通り「共」の創出にあるが、それは農地所有の構造を、「共有（集団性）」か「私的所有（私性）」かの二分法で捉えず、また土地所有の「共有」から「私有」への近代化論としてでもなく、両者の媒介項として個体性としての「共」を置いて考え、そのうえで血縁集団としての「いえ」と地縁集団としての「むら」を二者択一的ではなく権利義務関係を契機とする相互共働機能を付与して両立をさせる点にある[13]。さらに、磯辺理論には、農村と都市の共働による「新たな市民社会」の形成過程の実証、歴史における共同体の積極評価、反グローバリズムに依るアジアへの視座などの論点が十二分に盛り込まれており、農業問題だけでなく、環境問題のような極めて今日的な問題に対しても多くの示唆に富んでおり新鮮であり、大いに啓発される。

　さらに、磯辺理論のような経済学の分野からだけでなく、法学の分野においても、伝統的な共同体を近代市民法原理との関係において再認識する見解が存在する[14]。なるほど、ある共同体において現実に機能している制度や権利が存在する以上、それらが共同体の存在を前提としていることは「事実」

---

10) たとえば、杉原たまえ『家族制農業の推転過程―ケニア・沖縄にみる慣習と経済の間』（日本経済評論社、1994）、北原淳『共同体の思想―村落開発理論の比較社会学』（世界思想社、1996）等がある。
11) 磯辺俊彦『共の思想』（日本経済評論社、2000）。
12) 川島武宜『日本社会の家族的構成』（日本評論社、1950）。
13) 前掲注11磯辺書227～228頁。
14) 江渕武彦「農業水利権の法的地位」第10回日韓土地法学術研究大会報告集（日本土地法学会、2000）6頁によれば、慣習法は、多くの場合、共同体社会の中で成立するが、この社会は、現代においても生きており、近代以前に成立したものだからといって、それが過去の遺物というわけではなく、市民法原理を生み出した近代思想は、現代思想家によってその限界性を指摘され、ある枠組みの中でのみ通用するひとつの思想に過ぎないことが明らかにされたことから、伝統的市民法原理が修正され、さまざまな修正原理が生み出されているという。

であり、近代市民法原理の尺度においてそれが適わないことを理由としてその存在を否定した、あるいは解体することは理不尽であり、むしろ近代市民法原理の方こそが尺度を変ずるべきである。このように、法学においても「生ける共同体」の実態を重視して、民法をはじめとする近代市民法と共同体との関わりを探求すべき時代が到来していることを感じないわけにはいかない。

さて、このような共同体に関する理論的動向に対して、入会研究もそれなりの変化を見せているのであろうか。入会研究は、主に法社会学の立場から行われたのだが、各地方の慣習の実態調査に終始したものが多勢を占めてきた。このことは、民法が入会権を「各地方の慣習に従う」と規定しており、各地方の入会慣習の存在を明らかにすることで各地の入会地利用が法的根拠を有することになるからであろう。すなわち、ある地域のある村落共同体が行っている土地利用が民法上の入会権に基づくものであるか否かを明確にするためには、まず当該村落共同体の土地利用に関する「慣習」が存在することを実証せねばならなかったのである。

ここで考えたいことは、法社会学における入会研究の主目的が、権利確立をテーゼとした入会権の私権的構成にあり、最終的には大規模資本による入会地の整理・高度利用、つまり経済開発を防ぎ得なかったということである。だからといって、従来の入会研究を真っ向から否定するものではなく、当時の入会研究が時代の要請に基づくものであったことや、前述の大塚理論に代表されるような、共同体の解体を資本主義の出発とする経済史観の優位性等の諸要素を考慮すれば、それは至極当然の帰結であったのだろう。

しかし、その後の入会研究は、入会地をめぐる課題状況が変化したことに加え、磯辺俊彦の「共の思想」のような、共同体を積極的に評価し、その効用面を強調する今日的な共同体理論に対応して行われつつある[15]。かつて盛んに行われたフィールド・ワークに基づく研究が少数になりつつあることは残念であるが、1990年代前後より行われてきた実地調査を主体とする研究に

---

15)「共」あるいは「共同体」の関係において入会を論じた研究としては、前掲注5 楜澤論文、東郷佳朗「慣行水利権の再解釈―「共」的領域の再構築のために」早稲田法学会誌第50巻（2000）103～146頁等がある。

は、その効用面に関して変化が見られることは重視しなければならない。これらの入会地または入会権研究の多くは、1966年に始まる入会林野近代化整備以後の入会地の「再構成」や「機能変化」を主題としており、とくに「機能変化」については、入会地が結果として環境保全に寄与してきたことを評価し、自然環境保全の観点からの活用を志向する今日的見地からの研究が多いのである。換言するならば、慣習調査の段階から、普遍的モデルの探求および入会権自体の効果と活用を主張する研究へと進展してきたようである[16]。もっとも、普遍的モデル探求型研究については、オストロムのコモンズ論によって再考を促されていることは前述の通りである。本章では、このような入会地が有する環境保全機能などの効用面を重視する入会研究の動向を注視し、実態調査に基づく地域慣習の一事例の紹介を交えながら、入会地および入会権に内在する法制度的課題を明らかにする。

2．入会林野解体後の入会地の状況

　入会地および入会権を再評価するにしても、果たして現在のところ日本全国においてどれほどの入会地が残存しているのであろうか。1967年に制定公布された「入会林野等に係る権利関係の近代化の助長に関する法律」、いわゆる入会林野等近代化法（以下、近代化法とする）の実施によって、全国の入会林野等は着実に整備された。近代化法が制定された背景には、入会地および入会権に対する次のような認識が存在した。すなわち、入会権や旧慣使用権が前近代的な慣習上の権利であるため旧来の慣習に制約されて農林業経

---

[16] たとえば、勝目忍「入会林野からみた「ムラ」領域の空間構造―大分県久住町都野地区の事例」人文地理第42巻第1号（1990）1～24頁、中村忠「入会林野の現状と入会林野整備上の問題点（上）（下）～群馬県昭和村越生の場合」産業研究第28巻第1号（1992）・同第28巻第2号（1993）所収、森實「神奈川県羽根の入会権」社会労働研究第42巻第3号（1995）所収、上谷均「枚方市氷室財産区における入会権」法社会学47号（1995）所収、中川秀一「愛知県藤岡町における入会林野の再構成と機能変化」人文地理第47巻第1号（1995）所収、池俊介「北海道平取町去場における入会林野の特質」地理学評論70巻11号（1997）所収、中川恒治「入会林野の解体過程に関する研究」信州大学農学部演習林報告第34号（信州大学農学部附属演習林、平成10年）所収、牧洋一郎「環境保全における入会権及び水利権～鹿児島県大島郡龍郷町のゴルフ場問題を手がかりに」法学政治学論究（慶応義塾大学大学院法学研究科）第44号（2000）所収等がある。

営の健全な発展に支障を来しているため、権利関係の近代化の要請に対して入会権者がこれを独力で行うことは、煩雑な法的手続に加え多額の費用を必要とするため困難であり、その障害を除去して入会権者が自主的かつ円満に近代化を実現しうるように国または地方公共団体が助成する必要があるという認識である。権利関係の近代化とは、現実の所有権者と登記上の権利者とを一致させることで抵当権や地上権の設定・登記を可能にすることであり、その主な目的は分収造林に際して融資を受け易くすることに他ならなかった。かかる認識や目的自体に問題がないわけではないが、その是非は後述する近代化法に対する評価とあわせて論じることにする。

さて、入会林野等の近代化整備事業は近代化法の関連法令等の整備を待って1967年から本格的に実施された。整備事業によって旧入会集団は法人等の近代的経営形態へと再組織されるが、その経営形態としては、組合員となる者からの現物出資（森林、農地等）を受け、主に組合員の労働力によって協業経営を行う生産森林組合あるいは農事組合法人、権利者の共有地を記名共有の形で登記して林地等を維持経営する共有経営、整備前に区域を決めて利用されていた入会林野等を個人に分割して利用させる個人経営に大別される。1967年時点で全国に1,848,100haの未整備入会林野、すなわち旧来からの入会地が存在していた。なお、近代化法によらずに自主的に入会権を他の近代的権利に移行させた自主整備事業も行われていたが、自主整備事業は1978年度を最後に行われておらず、総計で287,086haが整備された。近代化法による整備事業は10年を1期として推進され、2016年度末時点で580,739haが整備されている[17]。

ところで、入会林野等の近代化整備事業の結果、旧来の入会権および入会権はどのように「近代化」されたのであろうか。まず、個人経営を選択した場合は、旧入会地が共有入会地であった場合は、個人所有地に分割される。また、共有経営を選択した場合は、近代化法によって整備した後に、整備した旧入会地を権利者の共有地として記名共有の形で登記し、維持・経営する形態である。入会の慣習を維持する意向の強いところでは共有経営を選択

---

17) 林野庁編『森林・林業統計要覧（2017年度版）』238頁。

し、共同経営の実体を持つために法人類似の組織・規約などを定めるものが多い。任意組合と称するものなどであるが、この形態も増加傾向にある。最近の共有形態選択の理由には法人化に対する疑問（過大な税負担、形式的手段が煩雑）によるものもある[18]。整備の進行につれて生産森林組合などの法人が数多く設立されてきたのであったが、法人化後の運営が必ずしも楽なものではないことが次第に認識され出したことが影響している。共有経営を選択する理由は、個人分割の形態にして旧入会山を解体することには反対であるが法人化は事務的に煩雑であり負担であるので、中間的な共有経営を選択しようというものが大半である。

ただし、共有経営にすることでやはり入会の時代とは異なった仕組みにならざるを得ない。入会時代には、運営は全員一致によっていたが、共有経営では共有者の過半数によることになる。また、共有持分権は個人所有権と同様に、他の共有者の同意を要せずに売買・贈与しあるいは担保権を設定するなどの処分行為を行うことができる。また、入会権は相続の対象にはならないが、共有経営においては相続を契機として、権利の流動化が起こる可能性がある。そして、共有持分権は所有権と同様に、権利の実体と登記名義を一致させることが必要であるから、集団的経営としては法人の方が簡明であるともいわれる。

なお、入会慣習の維持を希望する団体は、おおむね共有経営（多くは個人的共有であり、固定資産税のみで法人税までも負担しなくてよい）を希望し、個人経営志向型は、個人分割を希望しよう。しかし、共有経営は、生産森林組合の不振を反映して、生産森林組合の変成替え（法人税減免措置の検討、定款の見直しと運営の弾力化、帳簿事務等の森林組合による代替など）や、生産森林組合に代わる新たな協業形態の模索（林野整備保全組合の構想）などが論議されている。また、新たな受け皿として、森林信託制度の利用や有限会社形態なども提唱されているが、実績は余りあがっていない。

ところで、地役入会地であった場合は、土地所有者との契約によってその林野を利用することになる。その際、旧入会権者たる利用者が取得する権利

---

18) 武井正臣＝熊谷開作＝黒木三郎＝中尾英俊編著『林野入会権』（一粒社、1989）118頁。

は、たとえば、育林の場合には地上権もしくは賃借権、農業の場合は賃借権、牧畜業の場合は賃借権あるいは農用林の利用権[19]というように林野の利用目的により異なる[20]。

つぎに、入会林野整備後の林野を法人所有にする場合は、各権利者が共有持分を出資して生産森林組合や農事組合法人を設立し、出資者は組合員としての地位を得る。この時点で林野は入会地でなくなるが、各組合員が利用する林野に対して地上権や賃借権などの権利を有するものではないが、林野を法人所有とすることで登記が可能となり、抵当権や地上権を設定することで融資が受けやすくなり、安定した経営が実現できる。

なお、入会林野整備に関係なく生産森林組合や農業生産法人を設立した場合も、林野は入会地ではなくなるのであろうか。この点については、これらの組合や法人はその構成員の持分出資によって設立されるのだが、各入会権者が、その持分権の持分を出資したのだから入会林野ではなくなったと考えられよう。しかし、本来は集団的な権利である入会権を出資することができるのかは疑問であり、仮に出資ができるとすれば、その出資を受けた組合や法人は、社団である法人であるのだから、その構成員である部落住民とは別の存在であり、そのような社団が入会権を持つことはあり得ず、依然として入会林野は消滅していないと考える見解もある[21]。この見解が、整備事業に関係なく独力で各種法人を設立した場合に入会林野は依然として存続してい

---

[19] 採草放牧地の入会研究としては、斉藤政夫『和牛入会放牧の研究』（風間書房、1979）が、現在なお有益な示唆に富んでいる。

[20] 物権たる地上権は利用目的において制限を受け、物権よりも弱い権利である債権としての賃借権は設定される権利期間において制限を受けることは既知の通りであるが、とくに賃借権に関して、中尾英俊『入会林野の法律問題（新版）』（勁草書房、1984）410頁は、近代化整備事業によって物権である地役入会権から債権である賃借権に切り替えることは、土地利用者の経営を不安定にする惧れがあり、なるべくこのような権利への切り替えは行わない方がよいと主張する。しかし、物権である地役入会権から債権である賃借権に転化したことによる権利弱体化の問題と、経営安定の問題とは別個であり、この見解はむしろ杞憂に過ぎないのではないだろうか。つまり、物権とはいえ地役入会権はもともと登記不能であったのだから、経営資金調達等の面での不便は相変わらずであり、農地や採草放牧地は農地法の適用を受け、そこにおける債権は物権と同じ効力を有するのだから、賃借人の地位が不当に低くなるおそれもないと考えるのである。

[21] 松浦由射＝飯山昌弘「入会林野の近代化と今日的課題」鳥取大学農学部研究報告第51号（1998）54頁。

ると考えるのは、次のような点に拠る。まず、これらの法人が法人らしい活動をせずに有名無実の場合には、会社や法人の所有となっているものは単に名義だけのことであり、実質は入会権者の共同所有で法人の名義を借りているに過ぎないということによる共同所有であることである。つぎに、共有入会権者である住民が、土地所有権だけをそれらの法人に贈与し、入会権のうちの土地利用権は入会集団に残るということである。このことは、住民共有の入会林野の土地所有権を市町村に贈与するのと同じ状態であり、法人側が土地所有権を有し、住民側は利用権だけを有するような地役入会権ともいえる。また、入会林野が消滅したと認められるのは、出資などの設立行為に、各入会権者の入会権を消滅させるという意思表示があった場合に限定している。しかし、林野所有の実質面を重視しても、現に法人所有として登記されてしまっているような場合は、いくら実質的に入会権者の共同所有であるといってみても法的な権利関係は如何ともし難く、林野が入会地として存続しているとみることには無理があろう。なお、地盤所有権のみを法人に「贈与」し、地役入会権は入会集団に残るという考え方については、旧入会集団の構成員の全員が新規に設立された法人の組合員等と一致するような場合であれば賛同できるが、そのような場合が果たして恒常的であるかは疑問であり、些か現実味に欠けよう。入会権者の総意によって入会権が消滅させられた場合について異論はない。

　最後に、入会的共有と組合的共有との差異を確認しておく。まず、入会的共有とは、入会林野に対する部落民の共同所有関係をいい、住民は各自その林野の共同所有権を持っているが、その権利は集団の管理統制の下に置かれており、その権利を自由に処分したり譲渡したりすることはできない。共有者たる地位は居住部落民に限られ、新規加入は原則として不可能である。ただし、分家などによる例外が存在する地域もある。部落民が持分を有する場合もあるが、入会的共有が団体的な共同所有である以上、部落民が団体の構成員たる地位を失っても持分の分割請求はできず、共同所有権を失う。

　つぎに、組合的共有とは、数人がある事業を営むために出資して作った団体をいい、この場合に各組合員が出資した財産は組合員の共有財産であり、同時に組合という団体の管理する財産である。各組合員には出資額に応じた

持分が必ずあり、組合から脱退する際はその持分に応じた払戻を受けることができる。ただし、共有財産の分割請求はできない。組合的共有においては、組合員はその持分を自由に他人に譲渡することはできないが、全組合員の承認がある場合に限ってこれを他人に譲ることができる。この場合は、持分の譲渡人は共有持分を失い、組合員たる地位を失うが、譲受人は共有者として新たな組合員としての地位を獲得する。また、組合員には、入会的共有のように一定の地域に居住しなければならないという制約は原則として存在しない。

3．「入会林野等近代化法」の今日的評価

　近代化法により、全国各地の入会林野等の権利関係が整理され、伝統的な村落共同体は生産森林組合や農事組合法人といった近代的な法人へと再組織された。しかし、近代化が多くの場合において、結果としてゴルフ場やスキー場などの大規模かつ無秩序なリゾート開発を招じたことは事実である。なぜこのような大規模開発が入会林野等近代化法の適用によって可能になったのかというと、この法律の適用を受けると当該山林の入会地たる性格が明確になり、転出権原則から知事の嘱託により直ちに現住者だけの共有登記を成立させることができるからである（嘱託登記）。旧来の入会地のままであったならば、たとえば転出者が登記上の共有持分の放棄に応じないとか、行方不明の場合などに困難が生じるが、知事に嘱託登記によってこのような不都合が一気に解消されるのである。しかし、そのような効果だけを目的としてこの法律を適用することは、法の趣旨から考えて問題があるという批判がなされており[22]、もっともである。また、法人化の結果として課税されることになる法人税は、林野経営による収益からすれば負担感が大きく、住民の林野経営からの乖離を促進させることになった。近代化法に対しては、このような否定的評価が大半を占め、この法律が建前とは裏腹に、現実には入会権の解体ないし形骸化を容認しており、政府が明治以来採ってきた入会

---

22) 黒木三郎＝塩谷弘康＝林研三＝前川佳夫共編『社会と法～法社会学への接近』（法律文化社、1995）95頁。

林野解体政策の最後のものであるという厳しい評価をなす見解[23]がある。他方で、近代化法によって、ひとまず権利関係が整備されることで公的資金の導入が行われやすくなり、木材生産を向上させるだけでなく、林業を健康産業、文化産業という意味で捉えれば、たとえ現時点では実体を伴わない権利の近代化であっても長期的にみれば有効なものであり、林野の多目的利用の可能性を広げるという意義を有しているとして比較的高く評価する見解もある[24]。

　しかし、近代化法の功罪を問うよりも、その背景にあった共同体をめぐる社会的思想の変化や入会理論の変容に着目して同法の在り方を考慮すべきであろう。とくに、同法が制定されたのが、共同体解体論や入会権解体論が主流をなしていた時代であったことに鑑みれば、同法が近代的権利形態である共同所有権化あるいは私的所有権化を推進し、入会権を解体させることに重点を置いていたことはやむを得ず、従来の入会権者が従来と同様な利用を可能とする機能を生産森林組合等の法人に担わせ、なおかつ、かかる法人を、資本主義的生産を可能とするための受け皿としたことは当然の帰結であった[25]。また、入会権者の側も入会林野等近代化法による権利関係の近代化に対して意欲的であったことも指摘できよう。つまり、高度経済成長の波を受けて、入会山村の住民において、入会林野等が利用の対象としてではなく、所有の対象として財産的価値を有するものとして認識されたことも、近代化法制定の布石となった可能性はあろう[26]。問題は、近代化法によって整備事業が推進されてから半世紀以上も経過した今日なお、未整備で残存した入会林野を、相変わらず近代化法による整備事業の対象地として扱うのか、それとも同法とは無関係に土地利用対策を模索するのかということである。林野行政の一大転換が求められることはいうまでもないことである。

---

23) 中村忠「入会林野法制度の変遷と今日的課題」高崎経済大学論集第38巻第3号（1996）113頁。
24) 前掲注21松浦＝飯山論文57頁。
25) 前掲注23中村論文114頁。
26) 上谷均「入会権の「解体」と「消滅」―地役入会権の場合」修道法学18巻1号（1996）61頁。

4．熊本県阿蘇町における入会牧野管理

　本節では、熊本県阿蘇町における入会牧野管理の手法を取り上げ、伝統的な入会集団が、その機能面を維持しながら集団の外形を変質させて、明治時代以降の近代法の整備に適合してきた事例を紹介し、新たな入会管理利用のあり方を検討する素材を提供したい。

　阿蘇のカルデラに広がる牧野は一大畜産基地として、町と畜産農家によって利用・管理されているが、その方法は特徴的である。とりわけ、牧野所有の特徴となるものは、町が管理する入会牧野が主体であることである。この入会という手法で牧野を利用・管理することは、土地の高度利用と経営の集約化および大規模経営と飼養技術の高度化を可能にする。さらに、牧野が入会地である限り、入会権者である畜産農家が牧畜をやめたとしても、牧野の荒廃、消滅や減少を生じさせない。つまり、牧野が入会地であることによって、牧野の土地利用形態の変動を生じさせず、結果として草地の退化を防ぎ、生態系の安定を保証し、環境保全に重要な役割を果たしているのである[27]。

　阿蘇の牧野利用の実態に関する先駆的調査・研究としては、1958年の九州大学農学部農政経済教室によるもの（以下、九大資料という）[28]と、東京大学農学部農政研究室によるもの（以下、東大資料という）[29]とが存在する。いずれも相当の年月を経ているため、統計やデータ等はかなり古いものである。しかし、阿蘇の牧野が藩政時代から明治時代を経て、現在のような入会牧野として形成されるまでの経緯を知るうえで、また、現行の牧野管理に関する市町村条例等が制定されるに到る背景や経緯を知るうえでも大変貴重な資料

---

27) 福岡克也「文化としての「入会」の復権」久宗高監修・㈱農林中金研究センター編『環境保全型農業の展望』（農山漁村文化協会、1989）129頁。また、瀬戸昌之『生態系』（有斐閣、1992）154頁は、入会地が公益的機能を有していることを認め、それが国土保全に重要な役割を果たしているとする。
28) 岩片磯雄＝古賀伸生＝上野重義『阿蘇の農業経営と牧野利用』（九州大学農学部農政経済教室、1958）。
29) 古島敏雄＝阿部正昭『牧野利用の歴史的展開』（東京大学農学部農政研究室、1958）。

である。九大資料によれば、1958年当時、阿蘇の牧野所有の形態には、「入会牧野」、「共有牧野」、「個人所有牧野」の3種類が存在していた[30]。このうち、入会牧野は町村がその土地所有権を有する公有地であるが、共有牧野および個人所有牧野は完全な私有地である。ところで、この3種類の所有形態の牧野はどのように成立したのであろうか。明治から現在に至るまでを3つの時期に分けて概観する。

①町有入会牧野の成立（明治期から第2次世界大戦終結まで）

　阿蘇の牧野は、藩政時代には熊本藩領であり、一部は阿蘇神社の社領および阿蘇国造（阿蘇神社宮司家）の私有地であった。これらの牧野は、1874年の「林野の官民有区分政策」により、その利用実態等にかかわらず、ほとんどの牧野が官有地（国有地）として査定されたのである。これは、当時の熊本県の主張によってなされたものである。すなわち、熊本県は「官山民木」という考え方をもって、牧野の官有地化を主張したのである。県としては、まず牧野の地盤所有が「官」にあることを明確にしたうえで、農民に貸し下げをしてその利用を認めながらも、利用形態を農耕畜産に制限することによって林木の繁茂を期待したのである[31]。つまり、牧野の民有地化は牧野の荒廃をもたらすので、国土保全および災害防止のためにも官有地化が望ましいが、その一方で農民による牧野利用の経済効果も多大であり、妥協策として「官山（官による地盤所有）、民木（民による果実の使用）」という考え方を考案したのである[32]。しかし、官有地としての査定を免れた共有牧野や個人所有牧野が存在したことも事実である。このように、一部の牧野が官有地としての査定を免れた原因としては、これらの牧野が使用管理に不都合な状態であったこと、すでに荒廃していたこと等が考えられる。あるいは、農耕畜産以外の用途での再開発が期待されていたのかもしれない[33]。

　その後、1899年に制定された「国有土地森林原野下戻法」に基づいて1905

---

30) 前掲注28岩片＝古賀＝上野書4頁。
31) 前掲注29古島＝阿部書10～11頁。
32) 同上12頁。
33) 前掲注28岩片＝古賀＝上野書26頁。

年に実施された官有地払い下げにより、牧野のほとんどが部落所有の基本財産として各部落に払い下げられることとなった。しかし、政府は1910年から全国的に「部落有林野統一政策」を推進して、いったん部落に払い下げた林野を市町村有に統一移転させることにした[34]。阿蘇でも、各部落が払い下げを受けた牧野を町村に無償で寄付したが、部落の入会権は認めさせている[35]。そして、この時はじめて町村所有の入会牧野が出現するのである。この入会牧野の法的性格は物権としての地役入会権[36]であり、全ての部落民が入会権者となっていた。

②町有入会牧野の衰退（昭和20年代）

1946年以来2度にわたって実施された農地改革によって若干の個人所有牧野が増加したものの、町有の入会牧野はそのまま残存し続けた。農地改革は多くの小作農民を解放して自作農民を創設したが、それによって部落民の職業が多様化し、畜産従事者の極端な減少をもたらしたのである。これは、牧野の維持・管理に多大な労働力を必要とする畜産農経営の基盤を大きく揺るがす出来事であった。つまり、従来小作人として大牧場主の下で畜産に従事していた農民が、農地改革によって自己の耕作地を得て水稲耕作に携わるようになり、その結果、牧野の荒廃や草生の退化が進んだのである。

ところで、九大資料作成当時には、私有牧野の方が効率の良い集約型の畜産経営には有利であるという見解[37]が示されており、将来的には入会牧野は解消される運命にあると考えられていたのであろう[38]。しかし、入会地の高

---

34) 前掲注20中尾書233頁。
35) 前掲注28岩片＝古賀＝上野書19頁。
36) 入会権が、「公権」であるか「私権」であるかについても論争があり、渡辺洋三著、北條浩＝村田彰編『慣習的権利と所有権』（御茶の水書房、2009）299頁以下では、入会権私権論を是として、その理由を歴史的沿革から説明する。ちなみに、阿蘇町の「町有原野貸付条例（1964年）」第1条は、「この条例は、外に定めるものを除くほか、町有原野で使用する権利が部落にある原野の貸付について定めることを目的とする」と規定している。同条は、原野の私権的側面を尊重したものとして評価できよう。
37) 前掲注28岩片＝古賀＝上野書8頁。
38) 実際に、阿蘇町近在の小国町では入会牧野が完全に消滅している。小国町の場合、入会林野近代化法に基づいて、町が入会牧野の解消を積極的に推進し、すべての牧野が私有地化した。しかし、その結果として、近年のように個人による畜産経営が困難な状況

度利用ができるならば、国土資源の有効活用はもとより、入会地の利用主体である農民が、我が国の農林業の特徴である零細規模経営から脱却して、その規模を拡大することができるというメリットがあった[39]。しかし、資本蓄積の乏しい農山村にあっては、社会経済の発展に伴う農業生産様式・生活様式変化や農業就業人口の減少が入会地の維持・管理を困難にし、それゆえに入会地の利用を著しく低下させた。また、藩政時代から行われてきた入会権に関する慣習は、農山村地区という地域的な特性とも関係して容易に変更することができず、入会地保全のための開発・改良事業や、土地の流動化を阻害する結果となっていた[40]。このことは、阿蘇地方においても例外ではなく、これらの入会地の弊害的要素に加えて、さらに地理的条件の不利から当該地方への社会資本の投入が少なく地域開発が遅れていたこと、また、この地方全体の畜産経営が極めて零細で、飼養技術水準も低く、流通機構も近代化されていなかったことなどから、入会牧野の荒廃、解消は増加の一途をたどっていた。つまり、この地方では、乳牛や肉牛の飼育はあくまでも家庭内消費を充足させる程度のものでしかなかったうえに、畜産物の流通機構や周辺の道路整備も十分に整っていなかったため、経済性の高い畜産経営にまで発展することがなかったのである。このような状況の下では、少数の牛馬のために広大な牧野は必要ではなく、狭隘な私有牧野で十分であり、広大で、高度の管理技術と多くの労働力を必要とする入会牧野は不必要であり、必然的に荒廃し、場合によっては解消されざるを得なかったのである。

③町有入会牧野の復活（昭和30年代以降）

　昭和30年代のわが国経済の高度成長は、これまで衰退するにまかせていた町有入会牧野に大きな変化をもたらした。国民所得の増大と食生活の向上に伴って、食肉の需要は急速に増加し、これを受けて政府は、各地の畜産経営を大規模化および高度化させる必要から、1958年に「酪農振興基金法」を制

　　下にあっては、畜産業に従事している農家が畜産をやめて牧野が荒廃したり、あるいは所有する牧野を農耕地に転化したり、宅地化したりして、牧野の急速な減少を招いている。
39）加藤一郎『農業法』（有斐閣、1986）262頁。
40）同上263頁。

定し[41]、さらに大小規模草地改良事業を推進させた。阿蘇町においても、小規模草地改良事業により、牧野の保全と自給飼料の生産を目的とした草地造成が行われた。そして、1966年から、850haを目標として国営による大規模草地改良事業が行われ、さらに、1967年には肉用牛改良増殖地域の指定を受けて開発の機運は高まり、牧場経営も定着し始めた。この結果、畜産経営を主とする農家が増加した。また、1970年に、阿蘇町北部に熊本県の「草地畜産高等研修所（現在は「草地畜産研究所」と改称）」が建設され、畜産の現場での高度な畜産技術の研究・開発が可能となった。しかし、既存の牧野の改良事業だけでは良質な草地の増加は望めず、逆に管理不十分と過放牧による損傷により、牧草生産量の低下を招いた。そこで、牧区の再編成を行って適度の放牧を実現させるとともに、雑用水、牧道の整備を行い、さらに荒廃または生産が低下した草地を更新することで牧草生産の増大に努めたのである[42]。

　食肉需要の増大とそれに伴う畜産・酪農振興政策は、阿蘇の畜産経営にも大きな転換を迫ることになった。個人経営的な酪農を行っていたのでは、政策に合致する生産量を達成できない。しかし、大規模な畜産経営には莫大な資金および高度な技術が必要であり、また何よりも大量の草地が必要であった。こうした要請に応えるべくして行われたのが大規模な草地整備事業であり、この事業は結果として入会牧野の整備を促した。そこで、阿蘇町でも入会牧野の再編成と権利関係等の再調整を行った。まず、町有の入会牧野の場合には、牧野を使用しない部落民の入会権を放棄させ、牧野を使用する部落民にはその入会権を出資させて農業生産法人を組織して、当該法人にあらためて契約により入会権を付与した。しかし、実際に牧野を使用しない者のいる部落は存在せず、新たに組織された農業生産法人は部落そのものであるといえる。この点は、阿蘇町に特徴的なことであるといえよう。阿蘇町による入会牧野の再編成は、入会牧野の法的性格に大きな変化をもたらした。すな

---

41) この法律は、1954年に制定された「酪農振興法」の実効化をねらって制定されたもので、1961年に失効している。
42) これは、国主導の草地改良事業の一環としてなされたものであり、この際採られた手法が未墾地賃貸借である。この未墾地賃貸借の問題に関しては、吉田克己「未墾地賃貸借と入会権」社会学研究第33巻第5号（1981）119頁以下が詳しい。

わち、再編成の前後を通じて、入会牧野が地役入会地であることには変わりないのであるが、再編成前の地役入会権が、全部落民を権利者とする物権であったのに対して、再編成後の地役入会権は入会権者が契約によって権利を取得する債権へと転化したのである。この転化を入会権の消滅と捉える考えも存在する[43]。しかし、入会という共同体的所有は依然として存続しており、その共同体による統制が残存している限りは入会権の存在を認める学説や判例[44]も存在する。また、この転化はあくまでも入会権の解体であって、入会権の消滅とは異なるとし、入会権の解体とは共同体的所有が私的所有、または国家的所有に引き寄せられてその姿態を変えつつも、完全には移行しきっていない過渡的な段階として捉える考えも存在する[45]。

5．牧野法による入会牧野管理の特徴

　阿蘇町の牧野の管理は、基本的には1950年に制定された「牧野法」に基づいてなされている。ここでは、牧野法の概要を明らかにしたうえで、阿蘇町における牧野管理の特徴を検討する。

(1) 牧野法の概要

　牧野法は、地方公共団体の行う牧野の管理を適正にするほか、牧野の荒廃を防止するために必要な措置を講じることを目的としている（法1条）。牧野法が定義する「牧野」とは、主として家畜の放牧またはその飼料もしくは敷料（家畜が横臥する場所に敷く藁や鋸屑など）の採取の目的に供される土地を指し、耕作の目的に供される土地は除かれる（法2条）。「牧野法」の主な内容は牧野管理規程と牧野の保護に関するものである。

　「牧野法施行令」に定められた面積[46]の牧野を管理する地方公共団体は、

---

43) 前掲注39加藤書263頁。
44) 学説としては、北條浩『日本近代化の構造的特質』（御茶の水書房、2008）108～109頁、判例としては、最判昭和40年5月20日・民集19巻4号822頁が確認できる。
45) 矢野達雄「入会権の一三〇年と今後の課題」法社会学第48号（1996）16頁。
46) 「牧野法施行令」に定められた面積とは、北海道で30ha以上、都府県で10ha以上のものである（牧野法施行令2条1項1号）。また、北海道で15ha以上30ha未満、都府県で

その牧野が立地条件等の諸条件に応じて最も効率的に利用されるように牧野管理規程を定めなければならない（法3条1項）。牧野管理規程には、①牧野の位置および面積、②用途別の区画および面積、③放牧地にあっては放牧期間、家畜の種類別認容頭数[47]および放牧方法、採草地にあっては採草期間、採草回数および採草量、④草種および草生の改良方法に関する事項、⑤有害な植物および障害物の除去ならびに害虫の駆除に関する事項、⑥牧野用施設に関する事項、⑦経費の負担区分に関する事項、⑧違反に対する措置に関する事項を内容として記載しなければならない（法4条）。次に、牧野管理規程が定められると、地方公共団体はこれにしたがってその牧野を利用させなければならない（法5条）。

さらに、当該牧野が最も効率的に利用されているかどうかについて、農林水産大臣または都道府県知事は、牧野の改良および保全に関して専門的知識を有する職員に検査をさせることができる（法6条1項）。そして、この検査の結果、牧野管理規程に違反する事実があると認められる場合は、農林水産大臣または都道府県知事は、当該牧野の管理者に対して牧野管理規程を遵守すべき旨を指示し、またはその利用者に対して牧野管理規程を遵守するのに必要な措置をとるべき旨を指示することができる（法6条2項）。また、地方公共団体と利用者との間に牧野の使用、収益に関する契約がある場合、牧野管理規程を遵守するために必要があるときは、地方公共団体はその契約を変更できるという権利調整規定も設けられている（法7条）。

牧野の保護に関しては、次のようになっている。牧野が著しく荒廃して、かつ保水力が減退し、土地の侵食その他の事由により国土の保全に重大な障害を与えるおそれのある場合には、都道府県知事はその障害を除去するために、当該牧野の所有者またはその他の権原のある管理者に対して、草種または草生の改良その他牧野の改良または保全に関してとるべき措置を指示す

---

5 ha以上10ha未満のものでも、都道府県知事が農林水産大臣の承認を受けて指定すれば牧野管理規程を定めるべきこととなる（牧野法施行令2条1項2号）。
47) 認容頭数の換算方法は、「牧野法施行規則」11条に規定されている。それによれば、仔畜3頭につき成畜1頭、綿羊・山羊または豚5頭につき牛または馬1頭とされている。なお、仔畜とは、牛および馬の場合は生後1年未満のもの、綿羊・山羊および豚の場合は生後6ヶ月未満のものとされている。

ことができる（法9条1項）[48]。この牧野法9条1項の指示がなされると、当該牧野の利用者は実質的にその牧野利用を制限されることになる。そして、この制限によって損失が生じた場合は、国がその損失を補償することとされている（法14条1項）。なお、この指示に違反した者は、3万円以下の罰金に処せられる（法24条）。違反者が法人の代表者または法人もしくは人の代理人、使用人その他の従業者である場合は、その法人または人も同様に罰せられるという両罰規定が設けられている（法26条）。

また、牧野に害虫が発生し、これが他に蔓延するおそれがある場合には、都道府県知事が害虫駆除の指示を出すことができる（法18条）。この指示に基づいてなされる害虫駆除や、牧野管理規程あるいは牧野法9条1項の指示に基づいて実施される牧野の改良事業に必要とされる資金の融通や、牧野草の種子および牧野樹林の種苗の供給等に関しては、国によって必要な措置が講じられる（法20条）。

(2) 阿蘇町における牧野管理の特徴

阿蘇町の農事組合法人が使用している町有の入会牧野は、その面積により、牧野法3条1項に規定されている牧野管理規程の作成義務を負う牧野であることが多い。したがって、阿蘇町では、当該牧野に関して牧野管理規程を定めている。牧野の管理権は、牧野の所有者である町にあるが、実際の管理については、「阿蘇町原野委員設置条例（1966年）」に基づいて部落民が推薦して町長が任命した原野委員に委託されている。原野委員は、①部落民が使用する原野の維持管理および改良に関する事項、②牛馬の放牧、採草および薪炭、屋根萱採取に関する事項、③部落民の使用料の徴収に関する事項などの職務を遂行する義務を負う（阿蘇町原野委員設置条例3条）。原野委員は、この職務遂行のために、各部落および農事組合法人に規約書を作成させている。各部落および農事組合法人が、それぞれに作成した規約書の内容に大差はないが、①原野委員の選出方法、②牧番の決定、③利用区分の決定、

---

48) この指示については、その措置の実施が技術的に可能であって、当該牧野の効用の増加に比べて著しく多額の費用を要しないこと、および国土の保全を促進し、牧野の利用効率を高めることという基準に準拠することが求められている（牧野法9条2項）。

④野焼き、牧道改修、有害草の除去等の管理作業の賦役決定などを規定している。各部落および農事組合法人は定期的に寄合を開いて、各規約書の規定事項に基づいて毎年の管理方法等を決定している。

　牧野の所有権は町にあるため、町は牧野使用に関する契約に基づいて、各部落および農事組合法人に使用権を設定している。阿蘇町では、牧野の使用料に関して「阿蘇町牧野使用料徴収条例（昭和40年）」を制定して、当該牧野の固定資産税相当額を徴収している。徴収額は全額牧野の維持管理費および改良事業費に充当される（阿蘇町牧野使用料徴収条例5条）。なお、牧野法9条1項に基づいて荒廃牧野の改良および保全の指示が実施された場合には、当該牧野の使用料の減免がなされる（阿蘇町牧野使用料徴収条例6条）。

　公共の目的で町有の牧野が臨時的に第三者（町を含む）によって使用される場合について、阿蘇町は「町有原野貸付条例（1964年）」によって対処している。この条例によれば、すべての臨時使用が有償の貸付という形態でなされる。また、町は独断で貸付を行うことはできず、貸付には関係部落の区長および原野委員からなる委員会の同意を必要としている（町有原野貸付条例2条）。この規定の存在は、国、県および町などの公的機関による収用を困難なものとしている。

　阿蘇町の牧野管理においては、毎年春先に「野焼き」を行うことも特徴的である。野焼きによって新草の発芽と生育が促進され、毎年同種の牧草の確保が可能となるが、同時に大規模な火災を生じさせる危険もあるため、阿蘇町では「阿蘇町火入れに関する条例（1984年）」を制定して、野焼きの方法や対象面積、防火対策などについて厳格に規定している。ただし、野焼きの対象面積について、同条例制定以前から慣行的に野焼きが行われてきた牧野に関しては、町長の許可が必要とされるとしながらも、その慣行にしたがうこととしている（阿蘇町火入れに関する条例7条2項）。

6．契約による入会権

(1) 契約による入会利用の提唱

　入会集団内の人口の減少や入会集団の消滅、あるいは維持管理費用の捻出

が困難になったなどの事情等により管理が疎漏になって荒廃し、あるいは荒廃しつつある入会地を再生させるとしたら、いかなる方法によって再生させるのかという問題が存在する。この問題に対しては、阿蘇町の牧野管理手法は大いに参考になる。前述の通り、阿蘇町では、入会に係る牧野の土地に係る権利を基盤である所有権と利用権とに分けて、基盤は町有としながら、牧野利用を望む集団に契約によって当該入会地を利用させ、あわせてその維持管理を継続させるという手法を講じたが、これは契約による入会権という考え方であるといえ、自然環境保全を目的とした入会地利用にも応用できる。

契約による入会権は、従来の入会権を①地盤所有権、②維持管理権（入会権）、③自然享有権（採草放牧利用権等）に分割して考える。この場合、地盤所有権者（国または地方公共団体、旧入会集団、各種組合等の法人）あるいは維持管理権者（旧入会権者または各種組合等の法人）は、自然享有権者（他の入会部落集団あるいは一般の不特定多数人等）のために入会地の環境保全に務める義務を負う。一方で、自然享有権者は対価を支払って入会地を利用する。この費用は、地盤所有権者あるいは維持管理権者が行う入会地の維持管理費用に充当される。もちろん、維持管理権者が自然享有権者に、維持管理を委託することも可能であるが、この場合には、入会地の利用費用は減免されることになろう。なお、最終的な土地利用者となる者が享受する権利は、環境法の分野において提唱されている自然享有権あるいは自然享受権を想起したものである[49]。

なお、契約による入会権は、特定者が管理したうえで、不特定多数者に入会地を利用させることを前提とするが、彼らが利用したいと思う入会地でなければこの手法は有効ではない。そこでは、ある入会地を、利用価値のある共有資源として評価できるか否かという問題が生じよう。その場合、評価機関はどこで、どのような基準で評価を行うのかということも問題となろう。

---

49) 自然享有権は、わが国では1986年10月18日に日本弁護士連合会が徳島市で開催された人権擁護大会において採択した「自然保護のための権利の確立に関する宣言」のなかで初めて確認されたものである。その過程および内容は、山村恒年『自然保護の法戦略（第2版）』（有斐閣、1994）396頁以下が詳しい。また、石渡利康『北欧の自然環境享受権』（高文堂出版社、平成7年）は、北欧における自然環境享受権を概説するが、とくに観光との関係についての考察は興味深い。

しかし、低い評価しかされなかった入会地はもはや積極的に解体し、開発を推進すべきなのかという批判も予想される。

(2) 入会慣行の普遍モデルの構築

　契約による入会権を具体化させるために問題となるのは、現行法制上あるいはその法解釈上、新しい入会集団は結成できるのか、ということである。つまり、民法上の「地方の慣習に従う」の文言の解釈である。民法上の「慣習に従う」とは、旧来からの慣習のみを指すものではなく、入会地の統制管理について、特定の集団内に一定の慣習が認められれば足りるものと解釈すべきであろう。また、そのことから、古くからの入会地のみが民法が予定している対象というわけではないと解釈される。したがって、新たに入会集団を形成することに法律上の障碍は存在しない。むしろ新しい入会集団は着実に形成されつつあることは確かである。新しい入会集団は、構成員の範囲において旧来の入会集団よりも相当広範となることが予想される。また、旧来の入会集団が拡張することも大いにあり得る。これはまさに「新しい共同体」の構築といってもよい。NGOやNPO等はその好例といえよう。星野英一は、このような新しい共同体を、血縁、村落、近隣関係などを要素とする共同体（旧共同体という）とは異なり、共同の目的遂行のために活動の中で育まれた「同志愛」、「人間的共感」、「人間的親密性」を要素として形成された社会と定義する[50]。そして、「新しい共同体」は入会権が民法において規定された権利である以上、市民法原理の影響を受けることも確かである。

　問題は、入会慣習に関して残っている。すなわち、果たして民法制定時のままにいつまでも「地方の慣習に従う」という文言に甘えて、具体的な方向性や指導性を示すことなく、区々別々に入会慣習を放置しているのでは、入会権を活用して入会地の効果を最大限に引き出すことは大変難しいものといわざるを得ない。そこで、入会慣習に関してある程度の方向性あるいは普遍モデルのようなものを構築する必要があろう。この点に関しては、一定の部落に住む人々が共同で入会林野を管理し利用する権利であるという以上は当

50）星野英一『民法のすすめ』（岩波書店、1998）126〜127頁。

然そこに一定の共通性というものは存在するであろうし、その権利の内容が各地方各部落で千差万別ということは考えにくいので、各地方の慣習に従うとはいっても、定義付を行うことは可能であろうと考えられている[51]。

7．今後の方向性

入会林野は、今後どのような方向に目指すべきであろうか。近代化法による整備事業は、小規模ながらも継続して行われているが、森林開発による国土資源の消失や自然環境問題といったような今日的な課題との矛盾は拡大するばかりである。他方で、中山間地の経済の向上のための対策が講じられるべきことは論を待たない。ただし、全国に残存している入会林野の全てを一律同じに扱うことは不可能であり、地域ごとに現状を性格に把握し、最適の対策が考慮されなくてはなるまい。そこで、入会地の現状によってあるべき方向性を分類すると、3つに大別される。

第1は、「近代化」路線の追求である。すなわち、もはや集団による統制的管理の実態が消滅あるいは管理不能の状態にある地域においては、これを個人分割するより他なく、私権化が図られることになろう。

第2は、公的資金の導入である。もともとは、林業経営の振興などのために公的資金が導入されてきたのであるが、近時は、荒廃した牧野や原野あるいは森林の再生を目的とした公的資金の導入が検討されるべきである。牧野においては、すでに公的資金を導入することが可能な制度が施行されている[52]。

第3は、共同体的所有の存続である。しかし、この場合は従前の入会地におけるのと変わらない問題点がそのまま残存している。まず、入会権は登記できないということが挙げられる。しかし、その代わりに、入会慣習を明文化して公証するなどの方式によって、登記に代わる第三者対抗力を備えるようにできないかということも提起される[53]。しかし、もともと登記に公信力

---

51) 前掲注21松浦＝飯山論文52頁。
52) たとえば、「酪農振興基金法（1958年）」に基づく「草地改良事業」があげられる。
53) 中尾英俊「入会権の意義とその存在形態」西南法学論集28巻4号（1996）31頁。

はないのだから、登記があるから安定している権利である、あるいは絶対的な権利であるとただちにいえるのであろうか。

　つぎに、過疎化や高齢化などが原因となって、共同体そのものの崩壊あるいは衰退が生じ、これに伴って残存する共同体の構成員の意志に反して入会地が荒廃するという現象も少なからず生じている。そこで、地盤所有権は入会集団に残したまま、国または地方公共団体が地役権を取得し、他の入会集団あるいは新たな入会集団に利用（代理管理）させることは可能か、という問題が生じる。仮に、このような入会地を「後天的入会地」と表現する。イギリスでは、「環境便益の買上」という手法によって、優れた草地などの保存が実施されているが、これは、一種の「信託管理」、「ナショナル・トラスト」[54]の一形態であるといってもよいであろう[55]。ただし、ここでは入会集団は管理団体として再構成されなければならず、わが国の場合、入会集団の新規結成が果たして法的に可能か否かという問題が内包される。しかし、これに類似する手法は、もともと民有地であった土地において一定の実績をあげている。たとえば、茨城県の牛久市では、民有地を行政が借り上げ、市民ボランティアが入会化して維持管理しているが、このような手法は、自然環境保全の視点からは、土地所有権の絶対性を克服して、持続可能な土地利用を確保できるものと評価できる[56]。

8．小　括

　戦後のわが国経済の急速な資本主義化と、それに伴う産業化および都市化

---

54) 木原啓吉『ナショナル・トラスト（新版）』（三省堂、1998）64〜66頁によれば、イギリスにおけるナショナル・トラストの歴史と現状の根底にあるのは、「しかるべきものが、しかるべきところに存在する状態」（The right things in the right place）を保存し想像してゆこうとする思想であり、そこでは当然のことだが貨幣価値に換算できるもの、いわゆる数量化できるものだけを重視するのではなく、貨幣価値では測れず、それ故にまた住民にとって根源的価値を持つものを重視する、と指摘する。
55) 富岡昌雄「イギリスにおける農業環境政策の展開〜「財産権の公的買い上げ」から「環境便益の買い上げ」へ」農業経済研究第67巻第4号（1996）202頁。
56) 加藤峰夫＝倉澤資成「環境保全的観点からの入会制度の評価と再構成〜自然環境を集団の財産として管理する法技術としての新たな「入会」制度の再構成は可能か？」エコノミア第46巻第4号（1996）31頁。

の進展は、共同体的所有形態である入会権を着実に解体させ、入会地を減少させ続けてきた[57]。他方で、入会権の解体および入会地の減少が開発資金を導入しやすい私有地を大量に生み出して、我が国の農林業の特徴でもある零細規模経営から多くの農山村民を脱却させ、彼らの所得の増大と社会的地位の向上を促したことも事実である[58]。しかし、このような情況の下で全国的に入会地が急激に減少していく中で、阿蘇町が全町有面積の3分の1をも占める広大な入会牧野を残存させてきたことは奇跡に近い。阿蘇町の入会牧野の特色は、公有地の上に部落民の私的財産権としての入会権を認め続け、官民一体となって牧野の維持・管理に努めてきたことであろう。また、公有地であることから入会牧野の維持・管理に公的資金を導入しやすい。そして何よりも、牧野が入会地であったことで大規模な開発を排除し続け、結果として豊かな草原環境を保全することができたことが最大の効果であろう。しかし、慢性的な農業就業人口の減少とそれに伴う労働力不足は、阿蘇町においても例外ではない。その結果、近年、部落の労働力の急激な不足から、肉牛生産としての畜産を廃して、牧野とそこに放牧されている牛馬とを一体化させた草原景観そのものに商品価値を見出して、観光目的としての酪農を経営する入会権集団も出現してきている[59]。これは、入会牧野の新たな利用形態である。つまり、畜産目的を主とした従来型の入会牧野の利用形態の場合、その利用者の範囲が部落民に限定された閉鎖的利用であったのに対して、観光目的を主とした利用形態は、その利用者に不特定多数の観光客が含まれる開放的利用であるといえよう。開放的な利用によって、観光客は草原景観を楽しみ、余暇を満喫することができる。この場合、豊かな草原環境が維持されなければ観光客の利用はあり得ないのだから、牧野を使用する入会権者は観光客を満足させるだけの草原環境の保全に努めるのである[60]。

---

57) 前掲注45矢野論文16頁。
58) 前掲注39加藤書263頁。
59) たとえば、「阿蘇観光牧場」は、阿蘇町有数の観光施設であると同時に、町有牧野に対して入会権を持つ農業生産法人の一つである。利用している入会牧野の総面積は100haあり、権利者は85人である。牧場内には乗馬場や飲食施設等が設けられており、観光客はいつでも乗馬を楽しみ、あるいは乳製品や肉製品等を飲食ならびに購入することができる。
60) 阿蘇町では、草原景観と畜産資源を活かした町づくりをするために、1996年に「財団

最後に、国外の入会関係研究に関しても付言しておきたい。少なくともアジア社会ではどのような国や地域や民族にも、それが伝統的、歴史的なものであるか否かは別として、入会やそれに類似する慣行が存在し、いまなお存続しているということが判明している。たとえば、モンゴルの部族遊牧制[61]、中国の集団土地所有制[62]、フィリピンのマラナオ社会におけるイスラーム慣習法[63]、東南アジアの漁労社会のサシ[64]などが挙げられる。これらの制度に関しては、すでに複数の研究業績も存在し、わが国の入会地や入会権のシステムを理解する上で、意外なほどに示唆に富んでいることに驚かされる。また、アジアだけでなく、西欧諸国においても、たとえば、イギリスのオープン・スペース理論[65]、ニュージーランドのマウリ族の土地利用制度[66]などが該当する。

　法人 阿蘇環境デザインセンター」を設立した。また、同年には、環境庁（当時）からの受託事業として、草原の景観保全を幅広い観点から検討するための「草原懇話会」も発足した。この「草原懇話会」は、地域住民だけでなく都市住民も参加する、住民参加による自然環境保護活動の推進を目的としている。

61) 島田正郎による一連のモンゴル法およびそれらを体系化した北方ユーラシア法に関する研究は、現在のモンゴル社会における慣習法を理解するに際しても十分に有益である。『島田正郎東洋法制史論集』第１巻〜７巻（創文社、1978〜1992）および島田正郎『北方ユーラシア法系通史』（創文社、1995）参照。

62) 中国の集団土地所有制は、慣習法に法源が見出される制度ではないが、確固たる法的根拠を欠いたままに制度として定着しつつも、比較的成功した土地所有制度として評価されている。この集団土地所有制を形成する集団所有権の概念および実態は、一種の入会制度であり、わが国を含めて他のアジア諸国がここから学ぶべき所は大きいと考える。前掲注11磯辺書260頁は、中国の集団土地所有制は、「私」の否定の上に成立したものであり、「私」を「個」として止揚しながらいかなる「共」＝「個」の秩序を創っていくのか、それにかかわって近年の村民自治、郷規民約の拡大の実質的内容がどのように具体化されていくのかを注目する。なお、中国においても村落共同体を新しい理論によって再構成しようとする議論がなされたことがあり、たとえば、王穎『新集団主義：郷村社会的再組織』（経済管理出版社、1996）、王銘銘『村落視野中的文化与権力』（生活・読書・新知三聯書店、1997）、麻国慶『家与中国社会結構』（文物出版社、1999）、中国社会科学院農村発展研究所組織与制度研究室『大変革中的郷土中国』（社会科学文献出版社、1999）、張静『基層政権〜郷村制度諸問題』（浙江人民出版社、2000）等によって議論の動向や方向性を知ることができる。

63) 森正美「フィリピン・マラナオ社会における慣習・国家・イスラーム〜法制度と紛争処理を通して」綾部恒雄編『国家のなかの民族』（明石書店、1996）171〜216頁。

64) 村井吉敬『サシとアジアと海世界』（コモンズ、1998）。

65) 平松紘『イギリス環境法の基礎研究〜コモンズの史的変容とオープン・スペースの展開』（敬文堂、1995）。

66) 平松紘『ニュージーランドの環境保護』（信山社、1999）。

わが国における入会研究から政策提言のようなものがなかなか発出されてこなかった要因のひとつが、他の諸制度に比べると、外国の制度との比較研究が少なかったことは否めない。比較研究は自己の制度への大きな示唆を得られ、次なる発展への糧となることは確かである。もっとも、これまでは、諸外国においても入会あるいはそれに類似する慣行に関しては、わが国と同様にこれを「立ち後れた」制度として解体し、あるいは禁止してきた経緯も存在するようである。また、入会またはこれに類似する制度がいまなお残存しているのは、たとえば、産業革命の波が遅くまで届かなかったようなスコットランドやウェールズ地方、あるいは内外モンゴルのように農耕とはほとんど無縁の社会、オーストラリアやニュージーランドのように先住民社会が存在する国や地域等に多い。これらの地域研究から、わが国の入会研究に対して得られる示唆は意外と大きいように思われる。

第2章　中国の草原保護法政策

1．問題の所在

　1985年に制定施行された草原法（以下、旧草原法とする）は、土地の合理的な利用を通じて、複合的な農林牧畜業を実施することを目的としていた。そのために、従来から実施されてきた遊牧民の定住化政策を法定し、草原の所有権および使用権等の権属を明確にすることで、定住地において、遊牧から牧畜業へと産業構造を転化させることが命題とされていた[1]。そこでは、草原破壊および沙漠化の主原因は伝統的な遊牧であるという認識が前提とされていたのである。しかし、沙漠化は、過放牧によるものよりも、むしろ過開墾によるものの影響が大きいということが、わが国の研究者からも早くから指摘されていた[2]。また、旧草原法制定の基礎とされた遊牧民の定住化施策の妥当性への疑問も投げかけられていた[3]。

　過開墾も過放牧も、いずれも沙漠化にとっては憂慮すべき人為的現象であ

---

1) 中華人民共和国農業部畜牧獣医司『草原法規選編』（新華出版社、1992）3頁。
2) 真木太一『中国の砂漠化・緑化と食糧危機』（信山社、1996）99頁。
3) 黒河功＝甫尓加甫『遊牧生産方式の展開過程に関する実証的研究』（農林統計協会、1998）は、新疆ウイグル自治区における遊牧民の生活方式の実態調査を通じて、その生産性や社会経済機能などを、主に農業経済学的見地から検証し、世界的にもマイナスに評価されがちな「遊牧」を積極的に評価しようとする研究であるが、やはりその前提として、中国政府が推進してきた遊牧民の定住化政策を疑問視している。また、達林太「草原畜牧業可持続発展的理論與制度反思」施文正主編『草原環境的法律保護文集』（内蒙古人民出版社、2005）204～205頁。さらに、劉驚海＝施文正主編『西部大開発中的民族自治地方経済自治権研究』（内蒙古人民出版社、2003）267頁以下では、国際法上の民族自決権の考え方を引きながら、少数民族地区の自治の内容として、当該地域における法政策の立案、決定に当該少数民族の参加と関与を積極的に向上させるべきだという議論がなされている。他方で、張巨勇編著『民族地区的資源利用與環境保護論』（民族出版社、2005）348頁のように、明確な権利関係と請負経営制の完全実施により沙漠化が防止でき、そのことが資源の有効利用につながるのだとする見解は根強い。

り、法によって抑止することは重要課題であったが、旧草原法は、公有による無秩序利用から近代的所有権制度に基づく秩序ある利用に偏向した施策を講じた。そこでは、国家所有権および集団所有権による所有主体と請負経営権の分配による経営主体の明確化による、草原の囲い込みが行われた。しかし、これによって促進されたのは資本主義さながらの土地の限界効用逓減の法則と、それを完全に無視した私欲の追及であった。また、罰則規定が不十分であるなど法的強制力がほとんどなく、関連する行政法規についても草原防火条例が制定されていたにすぎず、法の実効性に多大な疑義が寄せられていた。何よりも、最大の目的である草原や草地の保護が実現するどころか、沙漠化や荒漠化は進展し続けた。

　ところで、草原の環境問題に関しては20世紀後期から耳目を集めていたが、中国政府が本腰を入れてその対策に乗り出すのは2000年前後である。それは、草原の退化によって発生する沙塵暴、いわゆる黄砂が次第に激しくなり、首都北京にも甚大な被害がもたらされるようになり、2008年のオリンピック誘致問題に大きな脅威となったからであるという[4]。さらに、沙塵暴の被害ははるか太平洋を越えて北米にまで広がりをみせるようになった。こうした深刻な問題を受けて、草原法は2002年に大幅に改正され、2003年3月1日より施行された（以下、新草原法とする）。旧草原法がわずか23条から構成されていたのに対して、新草原法は75条からなり、旧草原法では不明確であった草原の権利関係、利用と保護の調整、および草原管理と利用計画、草原建設についてそれぞれ個別に章立てをして詳細な規定を設けるに至った。

　さらに、法律および法規に違反する行為に対しては、刑事罰も含めた罰則規定をもうけるなど、旧草原法が抱えていた矛盾や問題点の多くを解消する内容となっている。このように、新草原法によって行政規制および管理に基づく草原の公的管理システムが構築されたが、公的管理は土地上に存する草資源とその飼養能力についてのみ行われ、草原という土地資源の管理は旧草原法によるものと何ら変わったわけではなく、公物たる草原上で私物たる家畜を私欲の赴くままに飼養する状況、すなわち過放牧があらたまることはな

---

[4] 王曉毅『環境圧力下的草原社区：内蒙古六個嘎査村的調査』（社会科学文献出版社、2009）13頁。

かった。

その後に、2007年に物権法が制定施行されると、草原が有する自然資源的側面が急速に薄れ、農地と何ら変わることなく都市化や開発圧にさらされることになった。物権法48条の規定（森林、山脈、草原、荒地、干潟等の自然資源は、国家所有に帰属する。ただし、法律が集団所有に帰属すると規定するものは除外する）は、財産権に関して明確に規定しておらず、自然資源の物権的主体は虚構となっており、このような状況によりいわゆる「コモンズの悲劇」がもたらされうるという指摘もなされている[5]。また、草地を公物としながら、そこで飼養される家畜は私有財産であることにより、土地の限界効用を過度に超えた利用がなされ、結果として草原の退化、沙漠化に拍車をかけている。結局、1985年以来およそ30年近くの間に、草原をめぐる法制度は変化したが、牧民の草原という土地利用の実態には大きな変化はなかったといえよう。

本章では、この30年来の中国における草原保護をめぐる法政策と権利関係をめぐる学説の変遷をたどるとともに、近代的物権制度を踏まえた私的権利関係による調整から行政法規による規制を踏まえた公的管理による調整によってその管理状況に変化がもたらされ、これによって草原という環境にどのような影響が与えられたのかについて紹介することを目的とする。

2．旧草原法制定前の動向

1979年8月9日に、鄧小平が「植草及び牧畜業の発展に関する談話」を発表している。鄧小平は、植草による草原植被の回復こそが、水土流失及び草原破壊をくい止める有効手段であり、これによって食肉の増産を図ることができると述べている。当該談話の特徴としては、沙漠化等による食糧減産問題の解決策として採られてきた植林植樹だけでなく、植草による草原回復の実行をも促している点である。また、鄧小平は1980年5月31日に、牧畜業の発展基盤を植草に置くべきである旨の指示も出している。

5）喬世明主編、頼力静＝王永才副主編『民族自治地方資源法制研究』（中央民族大学出版社、2008）299～300頁。

こうした植草重視策に加えて、国務院や共産党中央委員会等の機関では、植草だけでなく土地の合理的利用の面からの草原保護策の検討を開始した。1980年3月22日に国務院は、無秩序な放牧による慢性的な飼い葉不足解消のため、従来型の無制限輪牧を止め、草原の合理的利用による草原保護を提唱した「牧畜業の発展加速に関する国務院農業部報告」に対して回答を出して政策として裏付けている。1981年からの第6期5カ年計画では、牧畜業の構造改革による食肉類の産出量の増加と人工草場の3倍増計画が標榜されており、これ以降、草原保護に有効な諸制度の検討・研究がなされ、政策として打ち立てられた。

1982年1月の共産党中央委員会における全国農村工作会議では、農区における家庭生産請負制の実施を徹底させ、科学的かつ合理的な農法を推進することで、草原の開墾などの不必要な耕地面積の拡大を防ぎ、牧区においても草原の権属を明確に区分して草原の合理的利用を可能とし、さらに植樹植草を徹底することで草原面積の拡大をはかるべきことが提唱された。ここに初めて植草と土地の合理的利用という二面からの草原保護が考慮されるようになるのである。そして、土地の合理的利用については、「1983年1月中国共産党中央委員会の現在の農村経済政策の若干の問題に関する通知」および「1984年1月中国共産党中央委員会の農村工作に関する通知」において、牧区における請負責任制の早期確立が強調されている。また、とりわけ前者の通知が農耕不適地の林地または牧地化を提唱していることは注目に値しよう。当時の82年憲法においては一般に土地使用権の譲渡および私営経済が認められていなっかったため、牧区における草原利用に関しては例外を認めようとした動きがあったが、1988年の憲法改正により条件付きながらも土地の有償譲渡および私営経済が認められた。

こうして、食糧問題をも包含する草原保護が、草原における請負経営の実施という土地利用制度的観点と、植草および植被保護という自然保護制度的観点の二方向からのアプローチをはかるべき問題であることが政策として固まり、「1984年3月1日中国共産党中央委員会の国務院祖国緑化運動の盛況実施に関する指示」において上記2点を中心とした立法を促す見解が述べられるに至ったのである[6]。

ところで、旧草原法の制定に先だって、「寧夏回族自治区草原管理試行条例（1984年1月1日施行）」、「河北省草地管理条例（試行）（1984年3月24日施行）」、「黒龍江省草原管理条例（1984年10月1日施行）」、「内蒙古自治区草原管理条例（1985年1月1日施行、1991年8月31日修正）」というような、地方レベルでの草原管理に関する地方性法規が制定されていた。これら地方法規は、各省・自治区の現状を十分に考慮しつつ、草原保護に最小限必要とされる事項を盛り込んでおり、全国的に適用される旧草原法の立法に多大な示唆と影響を与えたものと思われる。これらの各地方性法規から抽出される草原保護に関する重要事項としては、以下の10項目が挙げられる[7]。

① 草原所有権又は使用権及び請負責任制の確立
② 任意開墾の禁止
③ 草原植被の保護育成（任意の焼草、草刈りの禁止を含む）及び指導機関の明確化
④ 草原利用後の原状回復義務規定の有無
⑤ 鼠虫害の防止（益鳥益獣の保護）
⑥ 野生動植物の保護（生態系の維持）
⑦ 草原防火措置規定の有無
⑧ 水質・大気汚染等の防止措置規定の有無
⑨ 開発行為と草原保護との調節規定の有無
⑩ 草原破壊行為に対する罰則規定の有無

以上の事項が旧草原法の基本的支柱としてその立法に対して影響を与えるのだが、その後の環境立法の発展により各種の保護対象毎に法律が制定・施行されたため、たとえば、①については土地管理法（1987年1月1日）に、

---

6)「指示」の要旨は以下の通りである。「これまでの緑化に対する理解は、ただ高木を植樹することとしてのみ捉えられてきたが、そのような考えはあらためるべきである。即ち、高木のほかに灌木や草も対象とし、治水治山、生物工学等の観点からも緑化を考えるべきである。そして、砂漠化や水土の流失の生じている地域に対しては灌木や草を植えるようにすべきで、これを適地適樹適草の原則という。また、森林や草原等の破壊行為に対しては厳罰を以て臨むべきであり、林業や草原管理等の専門学校を設立して大衆への教育に努めるべきで、その任務は各レベルの党、政府、単位の指導者が当たるべきである」
7) 文伯屏『環境保護法概論』（群衆出版社、1982）122頁。

⑥については野生動物保護法（1989年3月1日）に、⑧については水汚染防治法（1984年11月1日施行）および大気汚染防治法（1988年6月1日施行）にそれぞれ役割を移譲することになる。

3．旧草原法における草原をめぐる権利関係

　旧草原法は、草原という土地資源の権利帰属を明確にし、請負責任制を実施することで、草原の合理的利用を確保し、これによって草原における無秩序な放牧の実施がやみ、草原の退化や沙漠化の防止を実現できると期待していた。旧草原法は4条において所有権および使用権の帰属と請負責任制の実施について、5条および7条で私人間、私人と法人間、私人と国家間における草原の臨時使用について、そして6条および18条において草原における権利関係をめぐる紛争の手続についてそれぞれ規定していた。

　旧草原法では、「土地を使用するすべての単位と個人は、合理的に土地を利用しなければならない」という憲法の規定と、それを受ける土地管理法12条の規定に基づく草原請負責任制の実施を規定した。請負責任制を実施することで、資力の乏しい牧民も従来通り牧畜業に携わることができ、それにより草原の土壌肥力、土地の生産力が向上し、草原の退化、沙漠化が防止され、土地使用者が安心して土地に対して投資できるようになると企図していた。また、大規模な牧場経営も可能となり、家畜の生産量の向上につながるとしていた。この点について、「内蒙古自治区農業委員会の「草原牧場の使用権・草原牧場の有償請負制度の更なる実施の第一次意見に関する報告」に対する人民政府回答通知」（1989年10月25日）では、内蒙古自治区人民政府は請負責任制の実施により草原の退化、砂漠化が防止でき、草原の生態バランスが保たれ、牧畜業の安定発展に寄与するという農業委員会の意見を政策として確認するとした。また、他の人民政府でも請負責任制をさらに確実なものとすべく特別規定や政策を設けていた。さらに、たとえば黒龍江省では「草原請負責任制実施の若干の問題に関する規定（1985年12月7日施行）」を制定して請負の範囲、原則、形態、方法および管理費について規定し、湖南省でも「草地長期請負責任制実施規定（1992年1月8日施行）」において草原

請負責任制実施に際して、①草地の権利帰属及び請負当事者双方の権利義務の明確化、②地勢に応じた請負形態の確定、③請負契約の方法、④請負金の合理的取決め等を詳細に規定した。

　ところで、旧草原法は、権利帰属を明確にし、請負責任制を実施することでその使用を固定的なものとし、古来より行われてきた無秩序な遊牧を実質的に禁止したのだが、それに伴い草原の臨時使用の問題が浮上する。たとえば、火災や洪水といった自然災害等の事情により各個人または組織が所有もしくは使用する草原の利用が困難となり、やむなく他の個人または組織が所有もしくは使用する草原を利用せざるを得ないというような状況、あるいは家畜を出荷して競売に出すために都市の市場等に移動させる途中に、家畜に草を食させるために放牧するような状況が生じた場合、他の個人または組織が所有もしくは使用する草原を一時的に利用する必要があろう。このような状況に対して、旧草原法5条は利用しようとする草原が自県内であれば当事者間の協議に委ね、他県にある場合は行政間の協議によって草原の臨時使用を可能とする旨を規定していた。草原の臨時使用は自然的な原因によるものだけでなく、人為的理由によるものもある。たとえば、国家の経済計画等による土地収用である。草原は原則として国家の所有に帰属する以上、国家的事業等のために草原を収用したり、臨時に使用したりする必要が生じる。旧草原法7条はこのような国家による草原の収用または臨時使用の方法、それに伴う草原の原所有者に対する補償等について規定していた。そして、国家による土地収用は国家建設土地徴用条例の規定に照らして処理すべきこととしていたが、1987年1月1日に土地管理法が施行されるに伴って国家建設土地徴用条例は廃止され、同条例の内容は土地管理法に包摂されることになった。

　しかし、結局は、草原という土地の利用に関する権利関係が明確になったわけではなく、さらに零細な牧戸による小規模経営という非効率的な生産システムを招来させ、沙漠化に拍車をかけたといえよう。旧草原法が予定していた請負責任制度は、当該時の畜産技術および飼養能力の全国的平均値を基準としていたため、請負面積は一般的に狭隘なものとなった。また、零細な牧戸による小規模面積の草地請負は、農戸の請負経営の場合と同様に土地の

過剰利用や乱脈経営を生じさせやすく、請負地の周辺域をも含む広範囲の草原環境の破壊を惹起し、最終的には沙漠化をもたらしたのである。そこで、新草原法では、一定面積中における飼育可能な家畜頭数を科学的に算出して請負経営地である草原において放牧させることを明定した。さらに、農村の土地流動化システムと同様に、牧区においても草地を利用する権利を流動化させて、権利の集約化による大規模で合理的な畜産経営を可能にし、あわせて従来型の零細経営に起因する草原の過剰利用や不適切な利用を排除して、草原の退化および沙漠化を防止する施策を講じることになった。この施策は、具体的には、草原使用権や草原請負経営権等の草原資源利用権の譲渡方法、すなわち草地流動化の確立に重点が置かれていたのである。

4．新草原法と草地流動化

　中国の人口圧は、深刻な食糧問題として国内外の自然環境、社会、経済に影響を及ぼす。当然のことながら、人口の増加はそれと比例して穀物需要を増加させる。また、発展し続ける経済成長は、食生活そのものの多様化と摂取量の増加をもたらし、とりわけ食肉需要を著しく増加させ、必然的に飼料用穀物の需要も増加する。このような食用および飼料用穀物の需要増は、現在、輸入、収穫率の高い品種改良、耕地面積拡大という、主に3種類の方法によって解決が図られている。このうち、輸入と耕地面積拡大による解決が主流となっているが、耕地面積拡大には、全国的に進行する都市化により耕地面積が縮小し、いわば人為的な必要悪という現象が包摂され、社会問題化していることを指摘しなければならない[8]。なお、ここにいわゆる耕地面積の拡大には、便宜上、農地の開墾だけでなく、様々な要因によって荒廃した農地の回復、荒地の開墾、離村農民または棄農民の請負経営地の集約等を主とする農地利用権の再構成も包括して指すものとする。とりわけ、荒地の開

8）2007年2月3日に財団法人国際高等研究所において開催された「第2回中国民法典高等研フォーラム」における、鈴木賢教授の発言。鈴木教授は、都市と農村の二元構造を維持する必要性は、農地の国有化が名目上できないことにあるとされ、集団所有権は残さざるを得なかったと考えられる。

墾および農地利用権の再構成は、人民公社が解体されてから市場経済が導入されて現在に至るまで、農村の土地所有権および使用権制度の行き詰まりの産物ともいえる。また、この現象は耕種を行う農村だけでなく、牧畜を行う牧区においても同様に生じているものである。

さらに、市場経済のある程度の成功は、沿海諸都市の著しい経済成長を促し、合法・非合法を問わず農村からの出稼ぎ労働力を欲し、また農民の側もそれを欲した。そして、短期で多額の現金収入を得られる都市部での労働は、多くの農民の農業従事意欲を削ぎ、棄農または離村を促した。離村者の場合、それは合法的に農村戸籍から都市戸籍へと移籍することが通常であるため、請負経営権は農村集団組織等に回収されることになる。しかし、棄農農民の場合、棄農が制度として合法的に認められているものではない。また、戸籍の変化はないのだから、農地の請負経営権の回収はなく、請負経営権を留保したまま棄農できるという現実問題が存在する。そして、これらの棄農農民が保留している農地の多くが荒廃した状態にある。このような情況は主に、農村の土地所有権および使用権の主体の不明確さに起因するとされている。つまり、農村の集団所有制組織という、有名無実化した権利主体の存在により農地の権利移転が阻害されているのである。また、そもそも農戸が有する土地に対する権利は、一種の社会保障権とするという見解[9]も有力である。

本節では、3つの草原資源利用権、すなわち草原所有権、草原使用権および草原の請負経営権についてその法的性質と問題点を指摘しながら、農地の場合と比較していかに流動化が図られているのかについて明らかにする。

まず、物権法における農村の集団所有権の位置づけについて概観する。集団所有権がいかなる法的性質を有しているのかについては、従来から議論が盛んであったが、土地収用の観点から検討する議論があることは注目に値する。そもそも、集団所有権の主体である「集団」とはいかなる団体あるいは組織なのであろうか。1970年代末の農村経済体制改革までは、公社、生産大

---

9) 物権法130条2項は、自然災害により請負地が甚大な被害を受けた等の特殊な状況で、請負をしている耕地や草地を適切に調整する必要がある場合は、農村土地請負法等の法律の規定に照らして処理しなければならないと規定している。

隊、生産隊という三段階の組織体制を特徴とする人民公社制度の下で農村の経済活動が行われていた。この制度においては生産隊が基本的な経営単位となっていた。人民公社と生産大隊は生産隊における生産活動に対して政府の計画を下達するなどの指導・監督、水利・基盤建設事業の実施、それぞれの段階に設立された集団経営企業の経営などを行っていた。しかし、1970年代末から始まった農村経済体制改革で、人民公社体制は、集団所有制を土台としたままで、行政と経済機能が分離した新しい体制に再編された。その結果、従来の人民公社は郷（鎮）人民政府と企業・会社形態をとる集団経済組織として、人民公社の下の生産大隊は村民委員会と村協同組合として、末端の生産隊は村民小組としてそれぞれ再編され、農村の土地所有権はこれらの集団組織に属することになった。その後、82年憲法の施行とそれに伴う人民公社の解体は、土地の集団所有制の性格を大きく転化させた。すなわち、生産隊体制時代および人民公社時代の収益分配権保証制度から、家庭生産請負制実施後の土地使用権分配保証制度へとその性格が変質したのである[10]。これにより進展した個人経営は社会資本の分散を生じさせ、合理的で大規模な農業経営を困難なものにした。

　土地管理法8条によれば、集団所有権の主体は、村や郷（鎮）あるいは村民小組等の農民集団経済組織とされる。なお、同条にいわゆる村の範囲についてであるが、現在の村はかつての人民公社の内部組織であった生産大隊または生産隊に相当するため、各村の規模に応じてその範囲は異なってくる。たとえば、人民公社時代に、然るべき条件を満たして基本採算単位が生産大隊に移行して二級所有制を採るに至った公社を母体とする場合は、当該村はかつての生産大隊に相当する。なお、かつての人民公社に相当する郷（鎮）は最基層の政権組織とされているが、かつての生産隊に相当する村民委員会または村民小組は、郷（鎮）の下で行政を補助する農民の自治組織にすぎず公的機関ではない。つまり、農村の集団所有の主体が、地域によっては国家

---

10) 物権法9条1項は、不動産物権の設立、変更、譲渡および消滅に関しては、法律に基づく登記を経て効力を生じると規定している。つまり、物権変動に関して、物権変動一般については登記を効力発生要件とする形式主義を採用し、用益物権については意思主義を採用していることになる。

の基層政権組織であることもあれば、財政制度も有さない単なる自治組織であることもあり、極めて不整合な状態に置かれており、所有権の主体範囲は極めて広範囲に及んでいるということになる[11]。しかし、農民の自治組織にすぎない村民委員会または村民小組に関しては、確かに政権組織には属さない基層経済組織にすぎないが、実際にこれらの組織は郷（鎮）人民政府の指導の下で、一定の行政的機能を果たしており、その意味において、集団土地所有権の主体が郷（鎮）であろうと村民委員会または村民小組であろうと、事実上その所有権は郷（鎮）という国家の基層政権に掌握されているものといえよう。

いずれにせよ、集団所有の主体の不明瞭さが、結果としてその土地の使用者である農戸の経営を不安定なものとしている。また、請負経営権の第三者への転貸が法的根拠を欠くことも、安易な土地収用を拒むことのできない原因でもある。したがって、農戸の請負経営権は常に収用による権利消滅の危機にさらされており、請負農戸の積極的な開発意欲を大きく損ない、長期的な投資を阻み、さらには耕作放棄あるいは離村を促進している。

上記のような集団所有の主体の不明瞭さを克服することは、農村問題解決のための課題とされ、学界においても積極的に議論され、ある程度の方向性を示そうという努力がなされていた。とくに、物権法制定以前においては、集団所有の実態からその主体性を確定しようとする作業が行われ、たとえば社区説や総有説などは検討に値するものといえよう。社区説は、既存の農村経済組織の硬直化や腐敗性を理由として、こうした組織からの脱却を前提とし、農村の実態である村民小組の実態や実状から、法人格を有さず、権利譲渡もなく、他方で民法上の所有権に類する権能（物権的請求権）を有する社区を集団所有権の主体と位置付けようとする。しかし、この説を採用するためには、既存の農村経済組織を社区に代置する必要があり、集団所有権の主体性についての議論と噛合わないのではないか思われる[12]。また、総有説は、いわゆるゲルマン法や日本民法における概念としての総有を想定しており、集団所有権の権利主体をわが国における入会集団のようなものであると

---

11) 奥田進一「中国における農村改革と土地法制」比較法研究67号（2006）198〜203頁。
12) 李勝蘭「中国農地制度改革與創新的思考」蘭州大学学報（社科版）1997年第4期11

理解する[13]。しかし、集団所有権は集団経済組織や村民小組に帰属するという点においては総有説も傾聴に値する。

　以上のような法的性質に関する様々な考え方を踏まえて、物権法における集団所有権の構成を検討すると、次のような特徴が浮かび上がってくる[14]。まず、国家収用されることを想定した条文（物権法42条、43条）は存在するが、集団の自由意志に基づく所有権処分に関する規定が存在しない。このことは、集団所有の土地において行われる各種の開発行為の主体は、集団ではなく、国家にあることを意味するものと考えられよう。つぎに、耕地への抵当権設定を不可能としながら（物権法184条）、郷鎮企業等の建設用地の使用権や建物への抵当権設定を認めている（物権法183条）。このことは、農地に交換価値を見出させず、土地流動化の促進を防ぐことを意味しており、都市と農村という二元構造を維持しようとすることの表徴であり[15]、集団所有権の存在意義ともいえるのかもしれない。さらに、都市部の集団が所有する不動産および動産については、集団の処分権能を認めており（物権法61条）、同じ集団所有権であっても、都市と農村とでは法的性質において異なるのである。なお、集団が所有する土地、森林、山地、草原、荒地、砂州等については、所有主体の属性に従って、村の集団経済組織、村民委員会、村民小組、郷鎮集団経済組織がそれぞれ集団を代表して所有権を行使するとされ（物権法60条）、集団経済組織、村民委員会あるいはその責任者がなした決定が集団の構成員の合法的権益を侵害した場合は、侵害された集団の構成員は人民法院に取消を求めることができる（物権法63条2項）。

　つぎに、草原所有権について概観すると、草原は物権法においては自然資

　頁。
13) 金永思「農用地流転機制建立的難点分析與対策建議」中国農村経済1997年第9期25～26頁は、農地を社会保障であるという考えが、棄農農民が自己の請負経営権を保留し続けるという弊害の要因の一つであると指摘する。また、土地流動化システムを確立させるためには、現行の戸籍制度や都市住民との格差が著しい社会保障制度に対する農民の不安の除去と制度改革こそが先決問題であると考える。
14) 崔建遠「"四荒"拍売與土地使用権～兼論我国農用権的目標模式」法学研究1995年第6期31頁。
15) 楊立新＝梁清『細説物権法　新概念與新規則』（吉林人民出版社、2007）75頁。なお、集団所有制組織の財産と集団の構成員の個人財産とは別個独立したものとして扱われることはいうまでもない。

源として位置づけられており、原則として国家所有とされ、例外として他の法律に定めがある場合は、集団所有が認められる（同法48条、58条、新草原法9条1項）。換言すれば、草原所有権は、他の土地や財産所有権と同様に、国家所有権と集団所有権とに区分されていることになる。続いて、草原の国家所有権と集団所有権について詳しく検討する。

まず、草原の国家所有権について検討する。草原の国家所有権とは、国家が全人民所有の草原を占有し、使用し、処分する権利を指し、国家は人民の意思と客観的法則に基づいて、必要な経済的、行政的、法律的手法を講じて草原に対する計画的な開発利用を行い、然るべき調整とコントロールを行い、牧畜業の安定した発展を保証しなくてはならない[16]。

新草原法9条1項の規定によれば、国家所有権は国務院が代表して所有権を行使するという。国家による所有権行使は、集団に対する使用権または請負経営権の設定を主たる内容としているが（新草原法10条）、実際にこれらの内容を行使する主体は、国家所有権の主体たる国務院とは別主体と考えるのが当然であろう。つまり、国家が直接その所有権を行使することは現実問題として不可能であり、そうである以上、直接行使が可能な代理機関の存在が必要とされるのである。この場合、地方人民政府やその行政機関が現実的な権利行使者として想定され、国家はこれらの諸機関に対してその所有権の行使を委ねているものと考えられる[17]。しかし、果たして、この委託が所有権の権能としての管理権の行使をも包括した信託的なものなのか、それとも使用権等の権利設定権のみを委託したものなのかについては明らかではない。また、省、県、郷などのいずれのレベルの地方人民政府あるいは行政機関に対して、国家所有権の委託行使がなされるのかについては個別法の規定によるとされる[18]。草原の国家所有権の場合は、県レベル以上の地方人民政府が委託行使することになるが、その範囲は、草原使用権の確認、登記、権利証書の発行に限定される。このような国家所有権の委託行使の実態に関して

---

16) 王明＝宋才発主編『農民維権叢書　森林、草原、水源』（人民法院出版社、2005）216頁。
17) 王利明＝郭明瑞＝方流芳『民法新論（下）』（中国政法大学出版社、1998）145頁。
18) 余能斌＝馬俊駒主編『現代民法学』（武漢大学出版社、1995）590頁。

は、これを国家所有権の空虚化と捉え、委託行使をする地方人民政府あるいは行政機関に所有権を移転させて現実に即した状態にするべきであるとの見解も存在する[19]。なお、国家所有にかかる草原の権利発生に登記は必ずしも必要とされず、登記しなくてもよいとされている（物権法9条2項）。ちなみに、物権法は、不動産物権の設定、変更、譲渡および消滅は、法の定めるところに従い登記をしなければ原則として効力を生じないとしている（物権法9条1項）。つまり、登記は原則として権利発生要件とされているのである。

つぎに、草原の集団所有権については、法律の定めにより、集団所有制組織が特定の草原に対して享受する占有、使用、収益および処分をなし得る財産権を指すとされる（新草原法11条）。元来、土地の集団所有権は、建国後になされた土地解放とそれに伴う産業の合作化の過程において発生したものである[20]。しかし、遊牧民族の社会的特質および建国直後の全草原公有化政策のために、合作化の過程を十分に経ていない牧区においては、集団所有制組織が未発達であり、その状態は今なお継続しており多くの土地紛争の遠因となっている。

82年憲法9条1項は、土地の国家所有の例外として、法律の規定により草原を集団所有に帰属させることができる旨を規定し、現行憲法もこれを継承している。しかし、前述の通り、新旧草原法では、所有権の主体と権利行使の主体を明確にしていなかったため、国家所有権の場合、その所有権の行使には地方人民政府あるいは行政機関による委託行使という特殊な態様を採らざるを得なかった。このことが原因となって、委託行使者の越権行為を誘引しやすかった。ただし、新草原法は、国家所有の草原は、国務院が国家を代表して所有権を行使し、いかなる単位または個人も草原を占有、売買またはその他の形式によって違法に譲渡してはならないことを明文で規定した（新草原法9条）。なお、草原を占有、売買または譲渡するには国務院の授権が必要とされ、物権法もこれを確認している（物権法45条2項）。

ところで、物権法は、不明確であるとして批判や議論の多かった集団所有権の権利主体について、これまでの議論や現状を踏まえてある程度の定義づ

---

[19] 施文正「草原法制中所有権問題」内蒙古社聯1989年第1期43頁。
[20] 魯伯霖編著『土地法概論』（百家出版社、1994）21頁。

けを行った。まず、集団所有権の権利行使主体を農民集団の集合体と規定した（物権法59条1項）。そして、権利行使の具体的内容として、以下の5点を列挙している（物権法59条2項）。すなわち、①集団の構成員は、土地請負のプランおよび土地を当該集団以外の組織ないし個人に請負せること、②個別の農民の間での請負地の調整、③土地補償金などの金員の使用、配分方法、④集団が出資した企業の所有権変動などの事項、⑤法律が規定するその他の事項について決定すること、である。また、集団所有の土地および森林、山嶺、草原、干潟などについては、集団への帰属の態様に応じて、村または郷鎮の集団経済組織、村民委員会の代表、村民小組の代表が、集団を代表して所有権を行使できるとする（物権法60条）。さらに、都市部の集団所有の不動産および動産については、法律、行政法規の規定により当該集団が占有、使用、収益および処分の権利を有するという規定が存在する（物権法61条）。これらの諸規定から検討するに、集団所有権およびその主体の法的性質は、わが国の入会権および入会集団に極めて近似している、あるいは同質のものであるといっても過言ではない。なお、物権法61条は、都市部の集団所有権は、占有、使用、収益および処分という完全なる所有権であるということを規定しているが、これを反対解釈するならば、都市部以外、すなわち農村の集団所有権の内容は不完全なものであるということになるのだろうか。そして、61条の規定が存在するからこそ、59条および60条において、権利行使主体と行使できる権利内容を具体化しているのではないだろうか。この問題に関しては、さらなる検証が必要と思われる。

　土地使用権は、全人民所有制組織または集団所有制組織が、法律に基づいて国家所有の土地、森林、山地、草原、荒地、砂州、水域等の自然資源を占有、使用、収益する他物権であるとされている（憲法80条1項、同法81条1項、土地管理法7条）。新草原法は、草原を使用する単位に、草原保護および合理的利用を義務付け、使用権の乱用を防止する措置を講じた（新草原法10条2項）。さらに、草原の使用権に関する登記制度も設けられ（新草原法12条）、第三者対抗要件としての機能が期待されているものの[21]、具体的な登

---

21) 農業部草原監理中心編『中国草原執法概論』（人民出版社、2007）20〜21頁。

記方法等については不明な点が多い。

　農村の土地請負経営権をめぐっては、かつてその法的性質に関して議論があった。つまり、当該権利は物権なのか、それとも債権なのかという議論である。この問題は、2003年の農村土地請負法、そして物権法の制定施行によって解決された。物権法は、土地請負経営権を用益物権として扱い、契約による意思表示を権利発生要件と規定し、登記は譲渡の際の対抗要件と位置づけた（物権法127条）[22]。権利期間に関しては、農村土地請負法の規定をそのまま継承し、耕地は30年、草地は30年〜50年、林地は30年〜70年とされ（物権法126条1項）、請負期間満了後の継続も関係法の規定に従い可能とされている（物権法126条2項）。また、請負経営権の譲渡、転貸、下請け、交換、荒地請負経営権の競売など、従来は法的根拠が存在しなかった事項については明文規定を設けた（物権法128条乃至130条、133条）[23]。ちなみに、転用に関しては非農用地への転用を禁止し（物権法128条）、抵当権の設定、賃貸借、現物出資は原則としてできないと規定し（物権法128条、同184条、農村土地請負法32条、担保法37条）、権利を広く流通させることを意図していないことが伺われる[24]。

　草原請負経営権は、集団所有制組織または個人が、国家所有の草原、集団所有の草原または集団が長期固定使用する国家所有の草原を請負、牧畜業生産に従事することができる権利を指す。請負経営権の主体である「戸」は、これが個人である場合はほとんどない。たいていは、伝統的な氏族あるいは血縁関係に基づく複数の家族が集合して構成する、基本的経営活動単位であることが一般的である。なお、請負経営権は契約によって発生し、登記は効力発生要件ではない。

　ところで、草原の請負経営権については、農地のように、集団所有制組織

---

22) 史際春「論集体所有権的概念」法律科学1991年第6期65頁、徐漢明『中国農民土地持有産権制度研究』（社会科学文献出版社、2004）131〜132頁。
23) 韓松「我国農民集体所有権的享有形式」法律科学1993年第3期80頁、陳健『中国土地使用権制度』（機械工業出版社、2003）159頁。
24) 物権法では、集団所有権の権利発生には登記が要件とされ（9条）、権利客体の範囲は、法律が集団所有に属すると規定している土地および森林、山嶺、草原、荒地、干潟、集団所有の建築物、科学・文化・衛生・体育等の施設、集団所有のその他の不動産および動産とされている（58条）。

の構成員以外の者が請負人として請負契約を締結することはできるのであろうか[25]。この問題に対しては、集団所有制組織が使用権を有する国家所有の草原を請負う場合に、その使用権は集団所有制組織の構成員の生活保障手段であるのだから、請負契約の相手方たる請負人は原則として集団所有制組織の構成員に限定されるべきであると考えられてきた[26]。しかし、新草原法では、構成員以外の単位または個人が請負う場合は、その集団経済組織構成員の村民（牧民）会議の3分の2以上の構成員または3分の2以上の村民（牧民）の代表の同意を得て、郷（鎮）人民政府に報告して許可を得なければならないと規定した。このような規定を設けたのは、草原の請負関係を任意に変化させることを防止し、牧民の利益に損害を与えることを避けるためである。この点に関しては、物権法59条および60条においても、集団所有権の内容として関係する規定が存在するが、このことは請負経営権があくまでも集団所有権に下属する権利であって、しかも登記を権利発生要件とせず、債権的な性格の強い、土地利用権としては極めて不安定な権利であることを意味していると考えられる。

5．荒地開発と草原保護

　土地の流動化を考えるに際しては、農地や牧地だけではなく荒地についても検討しなくてはならない。とりわけ、内モンゴルや新疆ウイグルのような農牧混合地区においては、開墾初期と比べて有機質の含有量が著しく低下しており、このことは必然的に土地の生産力の低下を生じさせ、農地の生産量も急速に低下している。その点において、潜在的土地資源としての荒地や、良好な土質でありながら有効利用されていない土地は農地開墾にとっては重要である。しかし、荒地をどのように定義するのかによっては、草原の乱開発を招じかねず、耕地面積の拡大による食糧増産政策と環境保護政策との抵

---

[25]　請負経営権の法的性質論に関しては本章でも簡単に紹介したが、前掲注15楊＝梁書142～143頁において、物権法制定を視野に入れて議論の要点をわかりやすくまとめている。
[26]　前掲注17王＝郭＝方書237頁。

触が起こりうる。とくに、遊牧という特殊な生産経営形態を行ってきた牧区においては、農村のように、解放後の土地の公有化から人民公社制度による計画生産制の実施、そして人民公社解体後の請負経営権の戸別分配制度への移行という一連のプロセスを必ずしも踏んでおらず、前節で理論的に検討したような草地の使用権および請負経営権を流動化させたからといって、生産経営の集約化を直ちに実行できるとは考えにくい。

　荒地の開墾は、実際には荒地使用権の競売という形式によって行われ、土地流動化システムの新しい形態として位置付けられ、農村土地請負法および物権法においてもこの点が確認された。荒地使用権の競売制度は、農村の集団所有権を変更することなく、荒地を長期にわたって有償使用できる権利を競売によって希望者に売却し、購入者に荒地を開発および経営して収益を得ることを認めるものである。競落人の資格については特に制限は設けられておらず、落札さえできれば誰でも荒地使用権の権利主体となることができる。また、使用権の存続期間も50年から100年と比較的長期間にわたって設定される。この点において、通常の請負経営権とは権利の性質を若干異にするが、その他については請負経営権と同質であり、その本質は債権として捉えられる。したがって、権利関係の不安定さから生じる諸問題は回避できず、やはりこれを物権化して権利者に処分権能を持たせるべきとの見解がある[27]。

　問題なのは、荒地の定義と競落後の荒地の使用に関しては何ら地目制限がないのかということである。荒地の定義に関しては、荒れた山、荒れた傾斜地、荒れた砂州、荒れた干潟の「四荒」、あるいはこれに荒れた水域を加えて「五荒」と中国語では称され、既利用地も未利用地も包括される非常に広範な概念とされる[28]。かつては、ここに草原も包括されており、特に文化大革命中には多くの草原が「荒地開墾」の名目下に乱開墾された。しかし、1978年の第11期3中全会後は、「荒地開発禁止および牧場保護政策」の堅持

---

27) 黄松有主編『農村土地承包―法律、司法解釈導読與判例』(人民法院出版社、2005) 75頁によれば、一部の経済特区等においては、銀行が主体となって農村の土地請負経営権に抵当権を設定する担保が実施されているという。
28) 宋才発等著『西部民族地区城市化過程中農民土地権益的法律保障研究』(人民出版社、2009) 189頁。

が提唱され、草原を「荒地」として盲目的に開墾する方法の是正がなされた。そして、この政策は旧草原法10条に受け継がれ、草原の開墾と破壊の禁止がはじめて法定されるに至ったのである。これによって、荒地の定義から草原は除外され、直ちに荒地開墾の対象とはならなくなった。しかし、草原地帯と農耕地帯との端境は、これをいずれの観点から見るかによって荒地にも草原にもなりうる。また、既利用地か未利用地かの区別も重要になってくる。このような地帯の多くが牧農混合地域で、土地の多くは荒漠地、半荒漠地などと称される土地であって、新旧草原法においては植被の回復措置を講じることで将来の草原として扱われる一方で、農業法等では荒地として開墾の対象として扱われることになる。結局のところ、草原および荒地の両者に関しては、自然科学分野における成果を十分に検討して、これに基づいた詳細かつ緻密な地域区分をなした法規の制定が必要とされよう。1999年12月21日に国務院弁公庁より下達された「関于進一歩做好治理開発農村"四荒"資源工作的通知（農村の「四荒」資源をさらにうまく治理開発する活動に関する通知）」において、四荒は農村集団経済組織の所有に帰属するもので、未利用地でなければならないと確定された。この通達において問題となるのが、四荒の範囲は農村集団経済組織の所有に限定され、国有地は含まれないという点である。この立法趣旨は、国有荒地が無秩序に乱開発されることを防止しようとするものであるとされるが、個人所有になることがない以上はむしろ未開発の状態で荒蕪するに任せてしまうよりも、荒地開発を行った方が有効利用を促進するという見解が存在する[29]。

また、競落後の荒地使用における地目制限に関してだが、これについては、1996年6月1日に国務院より下達された「関于治理開発農村"四荒"資源進一歩加強水土保持工作的通知（農村の「四荒」資源を開発および防治し、水土保持活動をさらに強化させることに関する国務院弁公庁通知）」が規定している。この通達は、すでに各地において実施されていた、各種各様の荒地使用権の取得方法や開発、経営方法を追認するとともに、適地適用の原則による地目制限を求め、非農用地への変更や林地を荒地として競売することを禁

---

29) 前掲注28宋等書190頁。

止しているが、草原に関しては特段規定されていない。しかし、新旧草原法が適地適用の原則を掲げていることから、地目制限はなされていると考えてよいだろう。また、物権法においても、一定の地目制限を課している。したがって、牧畜に適した荒地の使用権を、牧畜以外の目的で競落することは不可能であるといえよう。

ところで、四荒の土地使用権の法的性質については、これを用益物権とする見解が有力であり、当然のことながら物権的請求権を有すると解されている[30]。しかし、四荒の土地使用権の権利発生要件に関しては、物権法138条の規定から土地使用権者が一定額の土地使用費の支払いを以て発生すると導き出されている[31]。その場合に、第三者対抗要件をどのように具備するのかについて依然として不明かつ不安定な要素が残存していることは注意しなければならない。

6．草原利用の新たな方策

新草原法に基づく草原利用は、所有権者たる国家あるいは集団によって、牧業経済組織等の集団所有制組織および牧民の経営の自主権が束縛されやすい状態に置かれている。これらの所有権がいかなるマクロ的調節機能を果たすべきかについては、依然として研究する必要がある。国家所有の草原に関してはこれを集団所有へと徐々に移行させて、所有権の主体的地位としての地方人民政府あるいは集団所有制組織による管理を行うようにした方が即実的である。また、集団の草原使用権と個人の草原請負経営権については、どのようにして経営自主権のさらなる保証を図り、これを活用し続けるかについても研究する必要がある。さらに、牧区においては、所有権または使用権の主体が必ずしも明確でない場合が農村以上に多く存在することも指摘される。この点を解決しなければ、草原使用権の第三者譲渡および草原請負経営権の物権化を中心的手法とする草地流動化システムの構築を困難なものにする。

---

30) 高富平『土地使用権和用益物権』（法律出版社、2001）556頁。
31) 前掲注28宋等書191頁。

遊牧民の社会制度上の特性ゆえに、牧区においては集団所有制組織が明確に構築されたわけではなく、また土地所有権も依然として多くが国家所有に帰属していたため、集団所有制の実施は有名無実化しているのが現状である。また、もともと農村と異なり家族単位での経営形態以上に発展する必要性のない遊牧生活は、生産規模も必然的に極めて小規模なものになり、自然災害や生産計画の失敗に見舞われるとたちどころに経営危機に陥り、遊牧もしくは牧業の放棄を選択せざるを得ないのである。そこで、このような零細的で脆弱な生産経営システムを打開し、集約牧畜業の発展が希求されるようになったのである。

このことに関しては、草原使用権や請負経営権の譲渡方法を規定する新たな法規範を作出することで、草原における牧畜業の集約化を図り、既存の牧畜集団所有制組織を利用して牧戸をこれに完全組み込もうとする見解[32]と、大規模経営および経営の合理化を促進させるために株式共同組合会社を設立しようとする見解[33]とが存在する。前者は、あくまでも農業法の中で規定されている家庭生産請負責任制を基礎として、統一経営および分散経営を結合させた二重経営体制を参考にして、相対的に独立した生産経営者としての牧戸と統一経営機構としての牧業集団経済組織とが、生産活動や管理強調などの機能をそれぞれが担い、活動体系を強力に発展させ、社会化させることを目標としている。一方、後者は、地方政府各部門が資本の一部を出資し、集団所有制組織等は草地使用権を、農民または牧民は労働力を出資して、「飼草業基金会」などと称される株式協同組合会社を設立した後に、個人あるいは私営企業に一定の草地を請け負わせ、あるいは比較的長期の草地使用権を売却して家畜の放牧・飼育を行わせ、会社は彼らに草の種や技術指導、家畜の買い取り、販売のサービスを提供するという、新たな集団組織の構築を目標としている。

両者の見解は、結論からいえば、点在する独立経営主体としての牧戸を、

---

[32] 中国社会科学院法学研究所物権法研究課題組「制定中国物権法的基本思路」法学研究1995年第3期7頁。
[33] 陳甦「土地承包経営権物権化與農地使用権制度的確立」中国法学1996年第3期87〜88頁。

集団所有制組織あるいは株式共同組合制などの統一経営主体に吸収する点において同じである。しかし、既存の組織を利用するか、それとも新規に組織を形成するかという差異が存在し、すでに検証した牧区の成立過程に鑑みれば、後者の見解の方が、現状に合致しているといえよう。しかし、この見解は、集団所有制組織が所有する草原使用権のみを集約の対象としており、牧戸の請負経営権の集約に関しては言及していない。したがって、やはり前者の見解のいうように、まず集団所有制組織や牧戸が有する草原使用権や請負経営権の譲渡方法を確立したうえで、広範で強固な草原における牧畜生産経営の集約化を図るべきであろう。筆者は、両見解は融合して用いることができると考える。つまり、草原使用権および請負経営権の譲渡方法等を確立させたうえで、あらためて農村における集団所有組織に相応するような組織あるいは株式協同組合会社等を設立すれば、草原の土地流動化はより実効性を伴うものになろう。

7．小　括

　旧草原法は、近代的所有権制度を基本とする草原利用権の明確化によって合理的な利用と草原保護を企図したが、結果として文字通り「コモンズの悲劇」を招来してしまった。その後、1998年以降は禁牧・休牧区域と禁牧・休牧期間を設置するという、土地そのものの有する自然回復力に依存する措置が講じられた。禁牧は通年で草原での牧畜を禁じて、畜舎飼いを実施するものである一方で、休牧は一部期間あるいは一部の草原において牧畜を行いつつ残余は畜舎飼い（半畜舎飼い）を実施するものである。しかし、禁牧であろうと休牧であろうと、畜舎飼いにおいて必要とされる飼葉を草原から調達せねばならない。その結果、草刈り場における草原資源の乱伐という問題が発生するとともに、牧民には飼葉代という経済的負担が発生した。

　つづいて、新草原法施行以降は、草原という土地資源流動化を図るとともに、科学的データに裏付けられた草原の蓄養能力に基づいて蓄養頭数を算出し、一定面積の草原で蓄養すべきか畜頭数を制限する法政策が講じられた。しかし、草原の蓄養能力と蓄養頭数は夏季の草原の状況に基づいて冬季に決

定され、実施されるのは翌春からとなるため、慮外の自然災害や天候不順等によって実際には算出された蓄養頭数をはるかに下回る可能性もあり、その場合には牧民は畜舎飼いと同様に飼葉代を負担しなければならなくなる。また、決定された蓄養頭数を超過した牧畜が行われても、これを厳格に監督することは事実上不可能な状況にあり、沙漠化は一向にやむことはない。

さらに、草原の人口圧も草原破壊の原因となっていたが、都市化による人口の自然流失および生態移民政策によって草原の人口圧はある程度減少したといえる。生態移民は、2000年頃から行われ、2002年の草原法改正によって法的根拠を得た。しかし、生態移民の場合はともかくとして、都市化による人口流失は牧畜業の担い手の流失と直結しており、わが国の農村過疎化、高齢化にともなう農業衰退と同様に、牧畜業の衰退に拍車をかけているという[34]。

いずれにせよ、1985年以来の各種の法政策は、草原利用と保護という問題に対していずれも決して有効な処方箋たり得ないできた。それは、結局のところ、国家が法政策の制度設計者であるとともに、あらゆる法律法規の実施主体であり、監督者となってしまい、現場の地方人民政府が蚊帳の外に置かれてしまった点に理由が見いだされるのではないだろうか。この状態がながらく固定されるに従い、現地政府の政策決定および参加意欲は弱体化し、政策を受動的に受け入れ、補償に甘んじる体質が出来上がったのではないだろうか。さらに、政策決定権が中央政府に集中し、中央政府が政策、法規、資金およびプロジェクトの実施を通じて草原生態保護を実施する一方で、基層政府や基層社会の行動能力が欠如しているため、権力と資金がとみに中央政府に集中するという現象が発生している。その結果、地方人民政府や基層社会の意見や意向が精査されることがないまま、政策立案や目標策定は極端なまでの上意下達によって行われ、上からの押し付けによる草原環境保護が推進される状況を醸成してしまった[35]。旧草原法によって導入され、新草原法

---

34) 前掲注4 王書19～20頁。
35) 張千帆『国家主権與地方自治：中央與地方関係的法治化』（中国民主法制出版社、2012）334頁以下は、このような状況は強固な中央集権体制を採用する以上は必ず生じることであり、むしろ中央の権力の執行を付託された地方政府のガバナンス能力が問題であり、ここにいわゆる「執行難」という現象が発生するのであると指摘する。

によって確立した請負経営権の分配による草原利用の在り方は、伝統的な村落共同体の機能[36]を消滅させ、国家と牧民との直接的な関係の樹立に寄与した。しかし、伝統的村落共同体を母体とする基層社会の実績と実情を軽視ないしは無視した強力かつ直截的な国家政策を概括的かつ合法的に実施することは、草原環境保護にとっては有効かつ合理的な措置とはいえず、むしろ生態環境と社会環境に大きな負荷を与えているのではないだろうか。

---

36) 王建革『農牧生態與伝統蒙古社会』（山東人民出版社、2006）356頁以下によれば、清代に蒙古の王公を頂点とする支配体制がそのまま牧畜集落の経営システムとされる体制ができあがっていたことがわかる。

第3章　中国の都市化と土地資源法政策

1．問題の所在

　中国では、2007年3月16日に物権法が公布され、同年10月1日より施行された。同法は、所有権、用益物権、担保物権等の伝統的な物権について詳細な規定を定めており、中国の民法典制定がいよいよ佳境を迎えたといえよう。物権法の制定をめぐっては、長期に及んだその起草過程から公布後に至るまで侃々諤々の議論がなされてきた[1]。農地の権利関係や環境問題に関心を寄せている者としては、農村の集団所有権および請負経営権がどのように定義され、どのような機能を負うものとして規定されたのか、そして経済発展に伴って進展する都市化との関係において農地をめぐる権利関係がいかに整除されたのかについて注目してきた。しかし、公布された物権法を熟読した限りでは、民法というよりも「土地利用に関する規制法」、あるいは「行政法的な民法」が制定されたという感想を強く抱いた。
　さらに、中国の物権法の制定に関しては、世間一般においては、とくに「私人所有権」に関する規定が設けられたことに焦点を当てて、あたかも中国は社会主義を廃して資本主義に移行するのではないか、というようなセンセーショナルな論調で取り扱われていた。しかし、現実には、物権法制定によって、期待されるような大きな変化は起きない。もともと、不動産や動産は、民法通則、土地管理法、都市部不動産管理法、農村土地請負法、担保法、農業法、森林法、草原法等の単行法や行政法規あるいは地方性法規等に

1）物権法草案違憲論争については、単なるイデオロギー的批判を超えた法律論が展開された。この点に関して、但見亮「物権法草案違憲論争の諸相」中国研究月報2007年11月号（社団法人中国研究所）3頁以下は、民法学と憲法学との対話が惹起されたとして、その経緯を丹念に分析している。

より規律されており、物権法は分散していた既存制度を確認したに過ぎないといえよう。したがって、同一の事例が訴訟に係属した場合に、既存の単行法と物権法とで判決が異なるような制度的変更はほとんどないと評価されている[2]。元来、中国の立法は既存の政策や地方における試みの集大成的な意味合いが強く、今回の物権法も例外ではない[3]。このことは、他の法律法規に解決を委ねる、物権法内においては自己完結できていない条文の多さからも窺い知ることができよう。とくに、既存の単行法による法秩序がほぼ形成され、制度実施が定着していた感がある用益物権に関しては、土地管理法や農村土地請負法の規定に多くを委ねている。このような状況において興味深いのは、都市化をめぐる諸問題であろう。欧米やわが国などの先進国でも、農村人口の都市への移転は、経済発展に伴う必然的な事象であった。しかし、都市化には必ずその犠牲、すなわち農民と彼らの生活保障をいかに手当てするのかという問題が存在する。欧米やわが国も、損失補償や生活再建補償などの多くの困難な問題を段階的に解決してきている。中国においても同じであり、現在、全国各地で急加速度的に進展する農村都市化に対して、中央政府および地方政府は様々な問題に直面している。本章では、農村都市化に伴う農地転用および農民の生活再建補償に関する、既存の法政策および新たに制定された物権法の対応と問題点を検証することを目的とする。

2．農村都市化の特徴と問題点

　中国の都市化は、ある意味において人為的で計画的なものであるといえよう。欧米やわが国の都市化が、職業選択の自由および居住移転の自由という基本的人権に基づく自由移転を前提としているのに対して、中国のそれは、

---

2) 鈴木賢「中国物権法制定の背景と意義について」鈴木賢＝崔光日＝宇田川幸則＝朱曄＝坂口一成『中国物権法　条文と解説』（成文堂、2007）7頁。
3) 同上7頁。鈴木教授は、中国における立法の特徴として、「制度変動の帰結であり、さらなる制度変動の起点でもある」ということを指摘され、今回の物権法も例外ではないとされる。この点に関しては全く同感であり、中国においては立法がなされて制度が始まるというよりは、既存の制度がある程度成熟して普遍性を帯びてくると立法がなされる。立法の主目的は制度確立ではなく、裁判規範の確定にあるといっても過言ではない。

人為的に設けられた都市と農村の二重構造を前提としており、両者間の人的移動は当該戸籍制度により原則としてできない。都市と農村との間に存在する二重構造は、社会主義体制下においては工業化を推進するために一定の役割を果たしたと評価されるものの、それ自体が農民と市民との巨大な経済格差を前提としており、社会主義体制である以上、その格差は将来に向って是正されなくてはならない[4]。

　また、中国の大都市部における経済発展と、その近郊農村の都市化は、土地所有権に関して重大な変化をもたらす。土地所有権は、国家所有権と集団所有権の2つに分類され、両者は相互に転換されることが可能である。すなわち、国家は土地収用を通じて農村集団所有権の性質を変えることができ、国有土地の使用権は、①売買、②交換、③贈与、④相続、⑤債務の弁済、⑥企業の破産・併合・合併・分割によって生じる国有土地使用権の転換、⑦法律・法規、地方性法規が規定する場合、の各方法・場合によって移転される。このように、中国では、土地所有権の転換という大掛かりな手法によらなければ、本来は都市化が進展しない仕組みになっていたのだが、今日では公共利益の名目化での土地収用という形で、土地所有権転換は開発や都市化を推進する原動力にさえなりつつある。都市化の波に呑み込まれた農民は、土地ばかりか職をも失っているのである。都市化は、地方政府や開発資本にはまことに好都合な利得機会となり、いわゆる失地農民と失業農民を急増させ、社会的矛盾をますます激化させているのである。

　このようなことから、中国における農村都市化の目標は、2段階に分けることができるといわれている。第1段階は、農民が非農業にて生計を立てることができるようにすること、第2段階は、都市での収入を安定させ、農村から完全に離脱することである。都市化は、中国の社会的公平性維持の観点からも、また経済力維持の観点からも必要不可欠の現象である。しかし、労働力の移動と産業間移転をいかに円滑にかつ計画的に実施如何によっては、政権そのものの存続を脅かすことになりかねない。他方で、農業の振興も図らなければ、膨大な人口を養うことが不可能となる[5]。とくに、中国の都市

---

[4] 王文亮『格差で読み解く現代中国』（ミネルヴァ書房、2006）27頁。
[5] 石田浩編著『中国農村の構造変動と「三農問題」―上海近郊農村実態調査分析』（晃

化には、都市における工業生産の多くを出稼ぎ農民に依存するとともに、非農産業へシフトした当地の元農民が従事してきた農業生産を、他所からの出稼ぎ農民に負担させるという構造的問題が出現しており、欧米やわが国の都市化とは異なる大きな問題を抱えているのである。

3．農村の土地権利関係と法制度

(1) 農村集団所有権

前述の通り、中国の都市建設は、農地の国家による土地収用を経なければ実現しない。そこで、現在の農地に関する権利を規律する法制度を概観しておく。農村の土地をめぐる権利関係に関しては、2003年に施行された農村土地請負法において多くの問題点が解消されている。そして、物権法は、農民の土地収用や、都市住民の立退き等の解決すべき喫緊の課題とされている問題に関する規定も盛り込んだ。

さて、物権法において、農村の集団所有権はどのように位置づけられているのであろうか。集団所有権がいかなる法的性質を有しているのかについては、従来から議論が盛んであったが、土地収用の観点から検討する議論があることは注目に値する。まず、集団所有権の不完全性（土地収用により権利を失う等の制限があるという集団所有権の実態）からすれば、現在の集団所有権は所有権としては不完全なものであり、所有権絶対の原則に反するので是正すべきであるとする見解[6]が存在する。つぎに、土地収用をはじめとして、ある程度集団所有権が制限されるのは社会的要請により止むを得ないとする見解[7]が存在する。両説を検討するに、前者は、所有権概念をあまりに厳格に捉えすぎているのではないだろうか。他方で、後者は、わが国の判例における宇奈月温泉事件のような権利濫用の法理を念頭に置いているようであり、土地収用のような場合は権利濫用による所有権の制限とは状況が異な

洋書房、2005) 337～339頁では、上海近郊農村の都市化の実態調査を通じて、農地転用による農業衰退と都市化進展による労働力移転に関する問題点を明確に指摘している。
6) 江平主編『中国土地立法研究』（中国政法大学出版社、1999）256～257頁。
7) 王衛国『中国土地権利研究』（中国政法大学出版社、1997）119～121頁。

るので当を得ていない。また、そもそも集団土地所有権の発生は政策的なものであり、集団土地所有権は、所有権絶対の原則に基づく所有権とは性質が異なる。これらに対して、そもそも集団土地所有権とは近代国家の法概念としての所有権とは異なるものであり、現状では、農民は集団土地に対して所有権を有し、その土地に対する処分権を有していると誤認しやすいので、集団所有権は法律による制限を受けると明文化すべきであるという見解[8]が現れている。

　そもそも、集団所有権の主体である集団とはいかなる団体あるいは組織なのであろうか。1970年代末の農村経済体制改革までは、公社、生産大隊、生産隊という三段階の組織体制を特徴とする人民公社制度の下で農村の経済活動が行われていた。この制度においては生産隊が基本的な経営単位となっていた。人民公社と生産大隊は生産隊における生産活動に対して政府の計画を下達するなどの指導・監督、水利・基盤建設事業の実施、それぞれの段階に設立された集団経営企業の経営などを行っていた。しかし、1970年代末から始まった農村経済体制改革で、人民公社体制は、集団所有制を土台としたままで、行政と経済機能が分離した新しい体制に再編された。その結果、従来の人民公社は郷（鎮）人民政府と企業・会社形態をとる集団経済組織に、人民公社の下の生産大隊は村民委員会と村協同組合に、末端の生産隊は村民小組として再編された。ここにいわゆる農村の集団部門とは郷、村、村民小組段階の各経済組織を指し、具体的には集団経営の農村企業、農業関連の事業体が含まれ、土地の所有権はこの集団部門に属する。

　土地管理法8条によれば、集団所有権の主体は、村、郷（鎮）あるいは村の農民集団経済組織であり、後者には村民小組なども含まれる。ここでは、同条にいわゆる村の範囲が問題となる。現在の村は、かつての人民公社の内部組織であった生産大隊または生産隊に相当するため、各村の規模に応じてその範囲は異なってくる。たとえば、人民公社時代に、然るべき条件を満たして基本採算単位が生産大隊に移行して二級所有制を採るに至った公社を母体とする場合、村はかつての生産大隊に相当する。ここで問題となるのは、

---

[8] 王衛国＝王広華主編『中国土地権利的法制建設』（中国政法大学出版社、2002）39〜43頁。

かつての人民公社に相当する郷（鎮）は最基層の政権組織となっているが、かつての生産隊に相当する村民委員会または村民小組は、郷（鎮）の下で行政を補助する農民の自治組織にすぎず公的機関ではない。つまり、農村の集団所有の主体が、地域によっては国家の基層政権組織であることもあれば、財政制度も有さない単なる自治組織であることもあり、極めて不整合な状態に置かれており、別の言い方をすれば所有権の主体の範囲が極めて広範囲に及んでいるということになろう[9]。しかし、農民の自治組織にすぎない村民委員会または村民小組に関しては、確かに政権組織には属さない基層経済組織にすぎないが、実際にこれらの組織は郷（鎮）人民政府の指導の下で、一定の行政的機能を果たしており、その意味において、集団土地所有権の主体が郷（鎮）であろうと村民委員会または村民小組であろうと、事実上その所有権は郷（鎮）という国家の基層政権に掌握されているものといえよう。

　いずれにせよ、集団所有の主体性の不明瞭さが、結果としてその土地の使用者である農戸の経営を不安定なものとしている。また、請負経営権の第三者への転貸が法的根拠を欠くことも、安易な土地収用を拒むことのできない原因でもある。したがって、農戸の請負経営権は常に収用による権利消滅の危機にさらされており、請負農戸の積極的な開発意欲を大きく損ない、長期的な投資を阻み、さらには耕作放棄あるいは離村を促進している。

　上記のような集団所有の主体の不明瞭さを克服することは、農村問題解決のための喫緊の課題とされ、学界においても積極的に議論され、ある程度の方向性を示そうという努力がなされている。とくに、近時は、集団所有の実態からその主体性を確定しようとする作業が行われ、たとえば、社区説や総有説などは検討に値するものといえよう。社区説は、既存の農村経済組織の硬直化や腐敗性を理由として、こうした組織からの脱却を前提とし、農村の実態である村民小組の実態や実状から、法人格を有さず、権利譲渡もなく、他方で民法上の所有権に類する権能（物権的請求権）を有する社区を集団所有権の主体と位置付けようとする。しかし、この説を採用するためには、既

---

9) 楊立新＝梁清『細説物権法　新概念與新規則』（吉林人民出版社、2007）75頁。なお、集団所有制組織の財産と集団の構成員の個人財産とは別個独立したものとして扱われることはいうまでもない。

存の農村経済組織を社区に代置する必要があり、集団所有権の主体性についての議論と噛合わないのではないか思われる[10]。また、総有説は、いわゆるゲルマン法や日本民法における概念としての総有を想定しており、集団所有権の権利主体をわが国における入会集団のようなものであると理解する[11]。しかし、集団所有権は集団経済組織や村民小組に帰属するという点においては総有説も傾聴に値するが、請負経営権が集団の構成員たる農民に分配されるという事実は、各農民に持分があり、分割が可能であるということになり、原義的意義における総有の性質とは異なる。

　以上のような法的性質に関する様々な考え方を踏まえて、物権法における集団所有権の構成を検討すると、次のような特徴が浮かび上がってくる[12]。まず、国家により土地収用されることを想定した条文（42条、43条）は存在するが、集団の自由意志に基づく所有権処分に関する規定が存在しない。このことは、集団所有の土地において行われる各種の開発行為の主体は、集団ではなく、国家にあることを意味するものといえよう。つぎに、耕地への抵当権設定を不可能としながら（184条）、郷鎮企業等の建設用地の使用権や建物への抵当権設定を認めている（183条）。このことは、農地に交換価値を見出させず、土地流動化の促進を防ぐことを意味しており、都市と農村という二元構造を維持しようとすることの表徴であり[13]、集団所有権の存在意義ともいえるのかもしれない。さらに、都市部の集団が所有する不動産および動産については、集団の処分権能を認めており（61条）、同じ集団所有権であっても、都市と農村とでは法的性質において異なるのである。もっとも、都市部の集団所有権の客体の多くは建物が主であり、その意味では性質が異なるのは必然的な結果なのかもしれない。

---

10) 史際春「論集体所有権的概念」法律科学1991年第6期65頁、徐漢明『中国農民土地持有産権制度研究』（社会科学文献出版社、2004）131〜132頁。
11) 韓松「我国農民集体所有権的享有形式」法律科学1993年第3期80頁、陳健『中国土地使用権制度』（機械工業出版社、2003）159頁。
12) 物権法では、集団所有権の権利発生には登記が要件とされ（9条）、権利客体の範囲は、法律が集団所有に属すると規定している土地および森林、山嶺、草原、荒地、干潟、集団所有の建築物、科学・文化・衛生・体育等の施設、集団所有のその他の不動産および動産とされている（58条）。
13) 前掲注2鈴木論文7頁。

なお、集団が所有する土地、森林、山地、草原、荒地、砂州等については、所有主体の属性に従って、村の集団経済組織、村民委員会、村民小組、郷鎮集団経済組織がそれぞれ集団を代表して所有権を行使するとされ（60条）、集団経済組織、村民委員会あるいはその責任者がなした決定が集団の構成員の合法的権益を侵害した場合は、侵害された集団の構成員は人民法院に取消を求めることができる（63条2項）。

(2) 請負経営権

農村の土地請負経営権をめぐっては、かつてその法的性質に関して議論があった。つまり、当該権利は物権なのか、それとも債権なのかという議論である。農村土地請負法によってこの問題は解決されたが、農村の土地請負経営権に内在する問題点を明らかにするために、当該議論の内容について触れておく。

請負経営権の法的性格については、これを所有権から派生した物権の一種で用益物権の範疇に属する権利であるとする考えが通説[14]となっていたが、これを債権と扱う有力な見解（債権説）[15]も存在した。用益物権説は、請負経営権が民法通則第5章において直接規定された権利であること、すなわち物権法定主義に依拠し、請負経営権者が自己の請負農地に対して法律および契約の範囲において直接制御し利用できること、請負経営権は排他的な権利であることなどをその根拠としているのに対して、債権説は請負経営権が請負契約によって発生するものであるということのみをその論拠としている。しかし、請負経営権は確かに契約によって発生するものではあるが、物権的性格が極めて濃厚であることから、用益物権説の方が説得力を有する。わが国においても、入会権以外の用益物権は、通常当事者間の契約によって設定されることを考えれば、契約による権利だからといって、直ちに債権であると考えることに合理性は見出せない。

しかし、請負経営権が債権であることを、他の視点から検証する見解[16]が

---

14) 王利明＝郭明瑞＝方流芳『民法新論（下）』（中国政法大学出版社、1988）237頁。
15) 中国社会科学院法学研究所物権法研究課題組「制定中国物権法的基本思路」法学研究1995年第3期7頁。

現れた。この見解は、請負経営権が債権であることの論拠として次の5点を上げる。すなわち、①請負経営権者は請負契約に定められた特定の義務を負い、独立した物権ではないこと、②請負契約は注文者である集団組織等と請負人である農戸等との間の内部関係を規律するだけのもので、請負経営権は相対効しかもたないこと、③請負経営権の譲渡は注文者たる集団組織等の同意がなければできないこと、④民法通則80条2項の規定（「法により集団が所有し、または国家の所有で集団が使用する土地に対する市民、集団の請負経営権は、法による保護を受ける。請負双方の権利および義務については、法に従い請負契約で定める」）により集団は所有権者であると同時に使用権者でもあるが、請負経営権はこの集団の所有権および使用権に基づいて設定されるものであり、もし請負経営権が物権であるならば、使用権の上にさらに請負経営権を設定することは疑問であること、⑤すでに農業法13条2項において認められている第三者への再請負を行った場合に、再請負は自己の請負経営権を留保した状態にあり、もし請負経営権が物権であるならば、同一物上に同一の性質の物権が同時に2つ存在することになり、一物一権主義に反すること、以上を論拠として、請負経営権が債権であると主張している[17]。

　ところで、債権説の最終目標は、請負経営を集団所有の農地に対して直接の占有権、使用権、収益権を内容とする農地使用権という用役物権に転化させ、これによって集団所有権を弱体化させて農村の土地制度を改革することにある[18]。つまり、請負経営権を、対世的絶対効を有する物権である農地使用権に転化させることで、所有者である集団に対抗でき、農戸の収益の侵害を防ぎ、権利を安定化させることを企図しているのである[19]。

　このような事情を踏まえて、物権法は、請負経営権を用益物権として扱い、契約による意思表示を権利発生要件と規定し、登記は譲渡の際の第三者対抗要件と位置づけた（127条）[20]。権利期間に関しては、農村土地請負法の

---

16) 陳甦「土地承包経営権物権化與農地使用権制度的確立」中国法学1996年第3期87〜88頁。
17) 同上88〜89頁。
18) 同上91頁。
19) 前掲注15中国社会科学院法学研究所物権法研究課題組論文7頁。
20) 物権法では、不動産物権の設立、変更、譲渡および消滅に関しては、法律に基づく登

規定をそのまま継承し、耕地は30年、草地は30年〜50年、林地は30年〜70年とされ（126条1項）、請負期間満了後の継続も関係法の規定に従い可能とされている（126条2項）。また、請負経営権の譲渡、転貸、下請け、交換、荒地請負経営権の競売など、従来は法的根拠が存在しなかった事項については明文規定を設けた（128条乃至130条、133条）[21]。ちなみに、転用に関しては非農用地への転用を禁止し（128条）、抵当権の設定、賃貸借、現物出資は原則としてできないと規定し（128条、184条、農村土地請負法32条、担保法37条）、権利を広く流通させることを意図していないことが伺われる[22]。

4．土地収用等による農村都市化

(1) 公式な農村都市化

　農村の集団所有地を、公共の利益のために開発利用して国有地に転換するには、土地管理法および土地管理法実施条例が定める手続に従って国が土地収用を行い、相当の補償をなした上で国家所有に転ずる必要がある（土地管理法2条、土地管理法実施条例2条3号、同25条乃至26条）。しかし、他方で、土地管理法および土地管理法実施条例は「都市の市区の土地は、国家の所有に属する」と規定しており（土地管理法8条1項、土地管理法実施条例2条1号）、急速かつ大規模な開発によって農村が都市化した場合、補償を要する土地収用手続を経ることなく、当該農村の全ての土地が自動的に国家所有に帰することになる[23]。また、土地管理法実施条例2条5号によれば、農村集

　　記を経て効力を生じると規定している（9条1項）。つまり、物権変動に関して、物権変動一般については登記を効力発生要件とする形式主義を採用し、用益物権については意思主義を採用していることになる。
21) ちなみに、物権法130条2項は、「自然災害により請負地が甚大な被害を受けた等の特殊な状況で、請負をしている耕地や草地を適切に調整する必要がある場合は、農村土地請負法等の法律の規定に照らして処理しなければならない」と規定している。本条は、内モンゴル等において問題視されている生態移民の根拠となりうると考えられ、今後の実務上の扱いが注目される。
22) 黄松有主編『農村土地承包―法律、司法解釈導読與判例』（人民法院出版社、2005）75頁によれば、一部の経済特区等においては、銀行が主体となって農村の土地請負経営権に抵当権を設定する担保が実施されているという。
23) 楊一介『中国農地権基本問題』（中国海関出版社、2003）173頁。

団経済組織の全ての構成員が都市・鎮の住民に転換し、もともと当該構成員の集団所有に属していた土地は、国家所有に帰属することになる。いずれにせよ、収用手続を経ずに集団所有地を国有地化させる規定の存在は、不実な開発業者にとって好都合な制度となっている。この現象は「集団所有地の概括国有化」と称され、一種の法的欠陥として問題視されている[24]。

　この現象による最大の問題は、農民の補償である。なお、「憲法」、「国家建設土地収用条例」、「土地所有権および使用権を確定する若干の規定」などの現行法等によれば、そもそも土地収用による集団所有権の変更は発生し得ないはずであるとする見解も存在する[25]。また、土地管理法8条1項の規定は、あくまでも土地収用手続を経ることを前提としており、自動的に全ての土地が国家所有に帰属すると考えるべきではないとする見解もある[26]。

　ただし、後者の見解は、必ずしもすべての土地を国有化する必要があるとは考えておらず、収用手続から遺漏した土地が残存することもあり、かかる土地が国有地か集団所有地かを決するのは、収用後の土地利用の現状に基づいて判断されるべきであるとする。このとき、残存した農地の所有集団に属する農民の身分は農民のままであり、都市に居住する農民という位置づけとなる。これを無理に都市住民へと転換させた場合、都市住民のレベルでの社会保障が必要となるだけでなく、就業問題をも解決せねばならず、行政の負担が激増するのだという。

　ところで、土地管理法実施条例は、都市部の土地は国家所有権の客体であると規定しているが、その範囲をめぐっては解釈が分かれている。現在の通説は、「都市として建設された地区の土地」と解する説[27]であるが、「都市として計画された地区の土地」と解する説も有力である。しかし、通説は、都市に残存している農地（集団所有土地）の扱いについて解決したわけではなく、どの時点で農村の土地が都市の土地へと転換するのか、逆に言えば、農民が都市民化することによって集団所有権から国家所有権に転ずるのか、あ

---

24) 牛若峰＝李成貴＝鄭有貴等『中国的"三農"問題』（中国社会科学出版社、2004）65～67頁。
25) 日本土地法学会『転機に立つアジアの土地法』（有斐閣、2005）163～164頁。
26) 前掲注7 王書80頁、前掲注8 王衛国＝王広華書39～43頁。
27) 前掲注7 王書80頁。

るいは国家所有権に転ずることによって農民が都市民化するのかという本質的な問題を解決するには至っていない。

(2) 非公式な農村都市化

現在、中国全土の農村建設用地の総面積は、都市部建設用地の総面積の5倍の約2.7億畝であり、なおかつ各地に点在しており、頗る効率の悪い土地利用状況となっている。そこで、国務院は、2005年8月12日に「国務院の厳格な土地管理改革の深化に関する決定」を公布し、「農村に建設用地の整理を奨励し、都市部の建設用地の増加は農村の建設用地の減少と相連携しなければならない（以下、連携政策とする）」とした。つまり、連携政策は、農村の建設用地の優化配置と整理を行うことで、無秩序かつ過度の都市化を抑止しようとしたのである[28]。

また、物権法においては、集団が所有する土地を建設用地とする場合、土地管理法等の法律の規定に従い取り扱わなければならないと規定（151条）するにとどまり、結局、公共の利益の名目による土地収用が横行し、無秩序な都市化を抑止するにはあまりに無力であった。国家による土地収用は、土地の一級市場を国家が独占しているに等しいと揶揄されている。2005年度に国家が収用した農村集団建設用地使用権の価格は日本円にして約2兆円余りである。これは政府による土地収用権の濫用になっており、公共の利益による必要という口実で、任意に収用範囲を拡大させており、自主的に流動させることのできる農村集団建設用地使用権を国有に転化させている。

ところで、国家による土地収用による建設用地への転換には数々の弊害がある。地方都市では、その弊害を打開すべく、約20年前から農村の集団所有権を留保した状態のまま、農村集団組織が直接建設用地使用権を譲渡する制度が試験的に実施されている（以下、農村集団建設用地使用権制度とする）。この農村集団建設用地使用権制度は、農村集団建設用地を直接市場において取引させることを認め、農地は収用を経ずに非農用地へと転換することができないという制約を打ち破ろうとするものである。しかし、あくまでも非公式

---

28) 王雨滂＝張安録「基于新農村建設背景下城郷建設用地関係的思考」程昆＝熊啓泉＝易法敏主編『新農村建設與三農問題（上）』（中国農業出版社、2006）389頁。

な制度であり、その淵源としては、1990年6月3日の「郷村集団所有制企業条例」、1991年9月9日の「都市部集団所有制企業条例」に求めることができ、企業誘致活動促進のために地方政府が推進してきたものである[29]。

　農村集団建設用地使用権制度は、すでに多くの地方都市において広範に実施されている。広東省仏山市の南海工業用地は合計15万畝あるが、このうち7.3万畝は集団所有の性質を保持しており、江蘇省蘇州市では、10万畝余りの農村集団建設用地が直接市場において取引され、蘇州市全体において建設用地に転換された農村集団所有地の全体量の半分以上を占めているという[30]。このほかにも、「安徽省集団建設用地有償使用および使用権流動試行抗弁法」、「蕪湖市（安徽省）農民集団所有建設用地使用権流動管理弁法」、「大連市集団建設用地使用権流動管理臨時弁法」、「南京市集団建設用地使用権流動管理弁法」などの地方性法規が制定され、各地方において農村集団建設用地使用権制度が試験的に実施されている。なお、広東省は、2003年に公布した「広東省人民政府農村集団建設用地使用権流動の試行に関する通知」に基づき、2005年10月1日より「広東省集団建設用地使用権流動管理弁法」を制定・実施して、中国では初めて全省において農村集団建設用地使用権の自主流通を認めている[31]。このように、多くの地方における試験実施を通じて、農村集団建設用地使用権の流動化は、もはや精度としてある程度体系化されてきたといっても過言ではなく、社会的に必要不可欠なものになりつつある。

　農村集団建設用地使用権制度は、農民の権益保護、農村の工業化と都市化の促進、秩序ある土地利用等にとって利点があるとされる（395頁）。それぞれの利点に関して、いま少し詳しく概観してみたい。

　まず、農民の権益保護に関しては、農村集団建設用地使用権制度を導入す

---

29) 前掲注8 王衛国＝王広華書128頁。
30) 張鵬「当前我国農村集体建設用地使用権制度中急需解決的幾個問題」程昆＝熊啓泉＝易法敏主編『新農村建設與三農問題（上）』（中国農業出版社、2006）394頁。
31) なお、安徽省も「安徽省集団建設用地有償使用および使用権流動試行抗弁法」として全省域に適用される法規を制定しているが、本法は「試行」となっている点において広東省とは異なる。ちなみに、田中信行編『入門中国法』（弘文堂、2013）248頁によれば、試行法とは、内容が不完全であるにあるにもかかわらず、急いで立法する必要がある場合に制定される法律であり、その効力自体に差異はないと説明される。

ることで、農村の集団経済組織は、自主的に農地を建設用地に転換することで、農民の農地に対する利益享受を保証することができる。また、農地のままにするのか、建設用地に転換するのかの決定権は、あくまでも農民に委ねられているのである。農村集団建設用地使用権制度の導入により、これまで公然の秘密として全国的に横行していた非合法な農地転用[32]を合法化し、土地利用者の権利利益を保護し、生産経営活動を活発に促進することができる。

　次に、農村集団建設用地使用権制度を導入した場合は、農民集団に土地所有権が留保されることで、工業化や都市化によって土地利用効率が向上すれば、所有権者の地位に基づく多額の使用料を獲得し、農民が多くの利潤を手にすることができる。また、農民そのものが都市化や工業化の主体となることが可能になり、内発的な発展が期待される。

　しかし、農村集団建設用地使用権制度を全国的に実施するための立法化が期待されるとしても、そこには深刻な現行法との抵触が存在する。まず、土地管理法43条は、「いかなる単位および個人も、建設を行うのに土地使用を必要とする場合には、必ず法により国有土地の使用を申請しなければならない。ただし、郷鎮企業の設立および村民住宅の建設について法による許可を経て当該集団経済組織の農民集団所有の土地を使用する場合、または郷（鎮）村公共施設および公益事業建設について法による許可を経て農民集団所有の土地を使用する場合を除く」と規定しており、さらに同法63条は、「農民集団の土地の使用権については、払い下げ、譲り渡しまたは賃貸して非農業建設に使用してはならない」と規定している。また、都市不動産管理法8条は、「都市計画区内の集団所有の土地は、法により収用して国有土地とした後に、当該国有土地の使用権を有償で払い下げることができる」と規定している。これらの規定により、農村の集団所有地は、合法的な収用手続を経て国有土地に転換された場合を除き、原則として建設用地に転用することはできないのであるから、農村集団建設用地使用権の流動化に関する前出

32）王佴「広東変法：農地直接入市」第一財経日報2005年9月28日付第3版によれば、広東省の珠江デルタ地帯においては、非合法で流動化された農村集団建設用地は、すべての建設用地の半数以上を占めるという。

の地方性法規は、いずれも国家法に反する内容を規定していることになる。そして、この点を調整すべく、2007年12月30日に「国務院弁公庁農村集団建設用地に関する法律および政策の厳格失効に関する通知」を公布し、違法な土地収用や無秩序な農地転用を禁じる一方で、2008年1月7日に国務院は「国務院の用地の節約・集約の促進に関する通知」を公布し、農村の集団所有建設用地の流動化を認める政策を公認した。

　しかし、いずれにせよ、集団所有地の収用に関して注意しなければならないことは、収用の原因事由の範囲が不明確であるということである。ちなみに、わが国において土地収用がなされるのは飛行場や道路等、高度の公共性がある場合に限定される。ところが、中国では国家による全ての経済活動をも包含するほどに公共性の範囲が広く、時には国家権力を背景とした投資家による不当な土地投機目的にまで利用されることがある[33]。少なくとも、公共の利益は商業利益ではなく、収用に際しては、市場における実勢価格と同等の充分な補償がなされることが前提であろう[34]。この点に関して、地方性法規である「中山市（広東省）農村集団建設用地使用権流動管理臨時弁法」17条では、公共の利益を「インフラ整備」および「社会公益施設」に限定しており参考になる。また、「安徽省集団建設用地有償使用および使用権流動試行弁法」15条では、収用される土地の家屋および土地の定着物の場合は市場価格、農地の場合は、請負経営権の残余期間に基づく土地補償費と移転費用の実勢価格が補償費用として算出すべきと規定しており、やはり参考になろう。

　なお、物権法は、公共の利益のために集団所有の土地や単位、個人の家屋およびその不動産を収用ができるとしたうえで（42条1項）、収用に際しては、法により土地補償費、生活保障費、地上定着物および青田の補償費等の費用を十分に支払い、収用される土地の農民の社会保障費用を手配し、収用される土地の農民の生活を保障し、収用される土地の農民の合法的権利利益

---

[33] 葉向陽＝呂志強＝任国権＝王鋼橋「農村集体土地産権制度研究」中国法学1993年第6期81頁。

[34] 許宝健『城市化進程中的農地転用問題研究』（中国農業出版社、2006）147～148頁では、中国の土地収用制度の特徴と要点がまとめられており参考になる。

を守らなければならないとして補償に関する具体的な事項を規定している（42条2項）。しかし、当該規定の内容は、行政法上の損失補償に限りなく近く、民法が耐え得る課題ではないが[35]、健全な都市化を推進するためには必要不可欠であろう。

(3) 戸籍制度の転換による都市化

　土地収用に基づく都市化のほかに、中国特有の戸籍制度の問題点を逆手に取って、戸籍の転換による都市化政策も存在した。中国政府は、2007年6月18日に四川省成都市と重慶市を、「国家都市農村総合改革試験区」に指定した。この試験区は、上海、天津についで設立され、郷鎮に都市開発を行うための主導的な政策決定権を付与し、内外投資を積極的に誘致しつつ、農民と都市民との格差是正をも図ろうとする政策である[36]。このうち、成都市温江区では、農民が自発的に請負経営権と宅地使用権を放棄し、相当額の補償を得て都市に移住することを促進する「双放棄政策」が実施された。これによって農民は都市戸籍を取得し、都市民と同水準の社会保障を得ることができ、行政が斡旋する住宅を購入することもできる。また、農村経済の空洞化を抑止し、零細経営にならざるを得なかった農業および農地を効率よく集約化することも可能になっている。しかし、何よりも、農民に都市戸籍を付与したことで、彼らを円滑に中産階級化させることができたことの効果は大きい。これによって都市と農村の二元構造が相当程度解消され、都市産業のイノベーションが向上するだけでなく、農業の産業化をも推進するであろう。

　さらに、重慶市では、都市農村統合発展計画を実施し、農村人口を都市部へと移転させる大規模な計画を展開した。移転予定者数は345万人で、重慶市に現在存在する出稼ぎ農民の数とほぼ一致するという。計画の骨子は、出

---

35) 孫如林＝季秀平等著『物権法與依法行政』（中国人事出版社、2007）445頁。
36) 雲南省では2008年1月1日より農村戸籍が廃止され、「住民戸籍」に一本化して、居住地に合法的な定住地と安定した生活収入を有する者に限定して、居住地の戸籍を申請することが可能になった。また、「人民網日本語版」2007年12月10日によれば、武漢市国家発展改革委員会は、武漢と周辺都市の総合改革の実施に伴い、「9都市戸籍改革」を前倒しで試行する可能性が出てきたことを明らかにし、武漢と周辺8都市の住民が共通戸籍を保有することで自由に移動できるようになり、就業・社会保険・教育・衛生を重点とした都市・農村一体型の公共サービス体制が整うという。

稼ぎ農民を都市部において雇用する新たな制度を創出し、彼らを都市戸籍に吸収して都市化を進めるとともに、農地の合理的集約化を図ろうとするものである。成都市の双放棄制度との差異は、成都市の場合は、農民を既存の第2次、第3次産業へ転職させることを推進しつつ、農業を大規模経営化することで、農村に留まった篤農家をも都市労働者化させようとしているのに対して、重慶市の場合は、新たに創出させようとしている産業において農民を雇用することで、都市民へと転化させようとしている点にある。つまり、成都市の場合は、農民は転職して都市へ移住するか、それとも農村に居住しながら大規模産業化した農業に従事する労働者化し、場合によっては従前のように都市に出稼ぎに行くかという選択肢が存在するが、重慶市の場合は都市に移住するしか選択肢は存在しないのである。移住してしまった場合、都市戸籍の取得と引き換えに請負経営権や農村の宅地使用権を放棄することが要求され、都市生活に馴染めなかったとしても、もはや農村に帰ることはできない。出稼ぎの場合は、戸籍はあくまでも農村戸籍であり、それに基づいて分配された請負経営権と宅地を有しているので、出稼ぎが不調であったり、都市生活に馴染めなかったりしたときには、農村に帰ることが可能である。重慶市では、同市の1時間経済圏内において、第2次産業、第3次産業にかかる産業投資・発展により、1,000万人分の雇用を創出する計画を打ち出しており、これによって農民の都市民化を加速度的に進むと予測している。しかし、出稼ぎ農民の絶対多数は、建築、外食産業、鉱工業、清掃業などの技術や経験を必要としない職場で働いており、重慶市が必要としている高付加価値の新産業に必要な人材にはなり得ていない。

6．農地請負経営権の担保化

都市化を順調に進めるためには、農村の土地流動化はもちろんであるが、農業および農村を振興させ、そのための資金を融通する金融システムの構築も必要となる。逆説的であるが、農村の成長は、将来的に当該農村の都市化を促進させるのである。

2014年1月19日に公布された、習近平政権下で最初の中共中央1号文件の

主題は「農村改革の全面的な深化、農業の現代化推進の加速化」であった。胡錦濤政権以来10年以上にわたって、中共中央1号文件は農業に関係する問題をテーマとしてきたが、それだけ中国において農業問題が喫緊の課題であるともに、なかなか容易に解決できない深刻な問題となっていることを示している。ちなみに、2011年中共中央1号文件は「水利改革発展の加速化」、2012年中共中央1号文件は「農業科学技術創新の加速的推進」、2013年中共中央1号文件は「新しいタイプの農村経営主体」に重点が置かれていたが、個別具体的な問題に対する改革指導であった。これら過去の中共中央1号文件に対して、2014年中共中央1号文件はこれら一連の個別具体的な農村改革を集大成させ、これらを総体的（全面的）に展開させ、農業の産業化の道を一気に拓こうという極めて大局的な内容となっている。

　2014年中共中央1号文件は全部で33カ条から構成され、中共中央18期3中全会と農村活動会の指導的計画を細分化して提示したものである。33カ条の指導項目は、①国家糧食安全保障体系の完備、②農業支持および保護制度の強化、③農業の持続可能な発展の長期有効化メカニズムの確立、④農村土地制度改革の深化、⑤新しい農業経営体系の構築、⑥農村金融制度創新の加速化、⑦農村と都市の一体的発展メカニズムの健全化、⑧農村治理メカニズムの改善の8分野に大別でき、このうちとりわけ中国内において注目を集めたのは「農村土地制度改革の深化」において打ち出された「請負経営権の三権分離」である。農村の土地請負経営権は農村の集団所有権のもとで、農民に請負経営権を配分し、これに基づいて農民が耕作に従事するものであるが、農民が経営資金を拡充させるために唯一の財産である請負経営権の担保化がかねてより議論されてきた。しかし、物権法は、この問題について明文の規定を設けておらず、むしろ農村土地請負法や担保法は既存農地に係る請負経営権の担保化を禁止しており、いわゆる農地流動化の阻害要因として指摘されてきた。

　現実問題として、農村に十分な資金を流通させ、農業の産業化を促進させるためには、農民の唯一の財産である農地請負経営権に抵当権を設定させて必要な資金を貸し付ける制度の構築が希求されて、2008年より一部の地域において農地請負経営権の担保化が試験的に実施されてきた。2014年中共中央

1号文件は、こうした法的に未解決の問題にメスを入れ、試験的に行ってきた政策を全面的に展開させようとする第一歩であった。他方で、既存農地以外の農地、たとえば荒地開墾により新規取得した農地の請負経営権の担保化に関しては、物権法も農村土地請負法も担保法もこれを認めており、システムとして全く新しいものを構築する必要や障害は存在しない。ちなみに、荒地開墾については、糧食問題に伴う耕地拡大政策を背景として推進されており、荒地から耕地に転換させるための資金調達手法として担保制度は必要不可欠である。

既述の通り、物権法133条は、入札、競売、公開の協議等の方法により荒地等の農村の土地を請負った場合、農村土地請負法等の法律および国務院の関連する規定に従い、その土地請負経営権は譲渡、出資、抵当権設定またはその他の方法で流通させることができると規定しており、荒地は譲渡、出資、抵当権設定、その他の方法によって流動化が図られる。その他の方法としては、たとえば賃貸借、転貸借、交換が挙げられる[37]。このうち、近年、最も注目を集めているのが抵当権設定による流動化である。しかし、荒地に対する抵当権設定は物権法133条に加えて、同法180条1項3号によって認められているものの、荒地以外の、とくに農地請負経営権に対する抵当権設定の可否について物権法はこれを明らかにしていない。このため、農地請負経営権に対する抵当権設定の可否をめぐっては、物権法制定以前より様々な議論がなされてきた。まず、わが国の農地法が農地に対する担保権の設定を制限しているのと同様に、食糧生産拠点の確保という政策的観点からこれを否定する見解[38]にはじまり、請負経営権が用益物権である以上は、抵当権設定は当然だという法理論的観点からこれを肯定する見解[39]、請負経営権の譲渡という処分性の強い行為を認めるならば、抵当権設定も認められるべきだという情理的観点からこれを肯定する見解[40]までさまざまであるが、概ねの学説は抵当権設定を肯定しているといえよう[41]。

---

37) 陳家宏＝李永泉＝鄧君韜＝呉昱＝黄亮『自然資源権益交易法律問題研究』（西南交通大学出版社、2012）62～68頁。
38) 梁慧星＝陳華彬『物権法』（法律出版社、1997）251頁。
39) 王利明主編『中国物権法草案建議稿及説明』（中国法制出版社、2001）377～378頁。
40) 温世揚＝廖煥国『物権法通論』（人民法院出版社、2005）456頁。

他方で、法律を詳細に検討すると、農地請負経営権に対する抵当権設定は禁止されていることがわかる。まず、担保法37条2項は、耕地、宅基地、自留地、自留山等の集団所有の土地使用権はいずれにも抵当権を設定できないが、本法34条1項5号が規定するものを除くとして、耕作を目的とする農地請負経営権への抵当権設定を明文で禁止している。なお、担保法34条1項5号は、抵当権設定者が法律に従って請負い、かつ抵当権の設定について請負発注者の同意を得た、荒れた山、荒れた傾斜地、荒れた丘陵、荒れた砂州等の荒地の土地使用権に対する抵当権設定を認めている。

つぎに、農村土地請負法49条は、入札、競売、公開協議等の方式によって請負った農村の土地は、法に従った登記を経て土地請負経営権証あるいは林権証等の証書を取得すれば、その土地請負経営権は法に従って抵当権を設定することができると規定している。つまり、入札、競売、公開協議等の方式によらない家庭生産請負経営権のままの状態では抵当権の設定は禁止されているのである。しかし、農村土地請負法32条は、家庭生産請負経営権の譲渡、賃貸借、転貸借、交換等を認めており、同条による流動化を経た農地に対する抵当権設定は可能であると考えられている[42]。また、農村土地請負法のこれら一連の条文の規定は、事実上、農地請負経営権の物権化を図ってきたものであり、その作業は物権法がこれを用益物権と位置付けたことによって完結し、処分性の強い譲渡を認める以上、物権法は農地請負経営権への抵当権設定を否定するものではないという見解も存在する[43]。さらに、農民が有する財産は農地が唯一であり、これを投資の対象にできなければ農業生産の拡大や農業の発展はありえず、農地請負経営権に対する抵当権設定を禁止することは農業衰退の要因でしかないという主張も強くなされている[44]。これらの学説はいずれも農地請負経営権に対する抵当権設定を肯定しようとす

---

41) 当該問題に関する学説の動向は、左平良『農地抵押與農村金融立法問題』(湖南師範大学出版社、2011) 18〜19頁に詳述されている。
42) 蒋暁玲=李慧英=張建『農村土地使用権流転法律問題研究』(法律出版社、2011) 15頁。
43) 前掲注41左書22〜23頁。
44) 柴振国等著『農村土地承包経営権出資中若干法律問題研究』(中国検察出版社、2011) 60頁。

るものであり、少なくとも物権法制定以前において、担保法および農村土地請負法は農地請負経営権に対する抵当権設定を禁止してきたが、その一方で「流動化」という手法を通じて抵当権設定を可能にすることで、農村金融の方途を切り拓こうとしているのである。

　このような学術界の声に押されるように、2008年の中共中央17期3中全会は「農村改革発展推進の若干の重大問題に関する決定」を採択し、農村における有効な担保物権の範囲を拡大させようとする各地方政府等の試点政策の実施を許可した。たとえば、国務院に関するものでは、2008年10月に中国人民銀行および銀行監査会が連合で「農村金融商品およびサービス方法の独創性加速化に関する意見」を公布して、地方の水域干潟の使用権に対する抵当権設定を模索するための試験的実施を許可したものがあり、2010年5月に中国人民銀行、銀行監査会、証券監査会、保険監査会が共同で「農村金融商品およびサービス方法の独創性の全面推進に関する指導的意見」を公布して、銀行業務を行う金融機関に対して農村の土地請負経営権に対する抵当権による金銭消費貸借業務の展開を模索するように要求したものがあり、比較的大きな省や市レベルの地方人民政府に関するものでは、2009年2月に公布された「中共湖南省委員会、湖南省人民政府による2009年農民の持続的増収促進に関する意見」により、長沙市、株洲市、湘潭市において農村土地請負経営権に対する抵当権設定が許可されたものが、さらに2009年11月には成都市において成都市農村土地請負経営権抵当融資管理弁法（試行）が公布された[45]。これらの法政策の実施により、全国各地で農地請負経営権に対する抵当権設定に基づく金融方策が講じられ、2010年5月に中国人民銀行、銀行監査会、証券監査会、保険監査会が共同で「農村金融商品およびサービス方法の独創性の全面推進に関する指導的意見」を公布した直後において、その申請数は100件以上にのぼったという[46]。

---

45) 前掲注41左書71頁脚注②を参照。
46) 前掲注41左書78頁。なお、同書71頁以下では、天津市、上海市、重慶市、広東省、福建省、浙江省、江蘇省、河北省、海南省、湖南省、江西省、吉林省、河南省、湖北省、山西省、安徽省、四川省、甘粛省、陝西省、広西チワン族自治区、新疆ウィグル自治区の21の省、自治区、直轄市の農村において請負経営権に対する抵当権設定状況、農戸の期待度、政策に対する理解度、貸付方法、貸し付け目的、金融機関の積極推進性の度合

現在のところ、試行的に実施されている請負経営権の抵当権設定による貸付制度であるが、その手法について簡単に紹介し、あわせてその問題点について指摘しておく必要があろう。まず、貸付主体は銀行または農村信用社が担当することになるが、銀行が直接行うものは少数で、多くは農村信用社が行っている。つぎに、抵当権設定対象は請負経営権であることは当然として、その条件として、合法的に取得したものであり、なおかつ法的に有効であることを証明する資料（農村土地請負経営権証、請負経営あるいは賃貸借契約書等）が存在し、土地請負経営権の財産関係が明瞭で「法に基づき、自発的で、有償である」という土地流動化の原則に合致しており、地目変更を行っていないことが求められる。そして、抵当財産の資産価値評価については、現在は農村土地請負経営権価値評価仲介機構が設立され、当該機構が専らに評価を行っている[47]。当該機構が設立される以前は、「年間平均収益×経営期間＋種養物の価値＝請負経営権の抵当価値」という計算方式によって、資産価値が算出されていた[48]。

また、抵当権設定登記に関しては、当該請負経営権が当該地の村民委員会に帰属する場合は、村民代表による同意表決を得た後に村民委員会から抵当権設定同意書面（意見書）が提出される。当該請負経営権が農民個人に帰属する場合は、農民個人が村民委員会の抵当権設定同意書面（意見書）上に署名して確認する。その後に、抵当権設定登記申請書に従って、債権者及び債務者双方が署名した抵当権設定契約書および関係資料を県の農業局に提出して抵当権設定登記を行い、さらに郷（鎮）の農村土地管理部門および村の集団経済組織に対して報告して記録を残す。しかし、抵当権設定登記に限らず、不動産物件の登記制度が完備できてない地方都市が圧倒的に多く、最大の課題となっている[49]。このほかに、天候等に自然条件に影響されやすい農業生産に伴うリスクを最大限回避すべく、貸付金額は抵当資産価値評価額の

　い等、17項目にわたる大規模なアンケート調査を実施した結果が詳細に記録され、かつ分析されている。
47) 前掲注44柴ほか書83頁によれば、概ね1畝（6.667アール）あたり3,000元が資産価値として評価されているようである。
48) 前掲注44柴ほか書82頁。
49) 前掲注37陳ほか書154頁。

70％以内とされ、償還期間は請負経営期間と生産周期によって決定されるが、一般的には償還期間は1年間とされることが多いようである。また、請負経営権に対する抵当権設定に関する試点政策が実施されている村の多くには土地請負経営権抵当権設定協会が設立され、村民の中から最も信頼されている人物が会長および副会長に選挙され、協会会員には仁徳良好な者が当たり、彼らはそれぞれ1,000元を供出して共同償還債に充てている。なお、債務者が債務不履行に陥った場合は、抵当権が実行されるが、通常の抵当権のように競売に付されることはなく、債権者または土地請負経営権抵当権設定協会に抵当目的物である請負経営権が譲渡されて清算手続きが完了するが、元利あわせた債権回収できなかった場合については不明な点が多い。

　2008年以来試験的に実施されてきた農地請負経営権の担保化に対して、農民の多くは消極的であるという指摘がなされている[50]。担保化を含む農地流動化は、農村の経済発展にとっても、また農村の労働力の適正配置にとっても必要不可欠であるはずだが、農民にとって唯一の財産であり、生活基盤である農地を失うことへの大きな不安が障害となっている。このことには、農村の社会保障制度の不備ないしは制度的欠如も大きく影響している。したがって、農地流動化政策を軌道に乗せるためには、農村の社会保障制度の拡充が課題となる。また、貸付を行う銀行側の不安要素も政策的に除去する必要がある。担保目的物たる農地には多くのリスクが存在するうえに、担保価値も都市の土地に比べればはるかに低く、確実な債権回収が困難になる可能性が高い。とくに、商業銀行は安全性、流動性、収益性を経営原則とし、自主経営を行い、自らリスクを負担し、自ら損益に責任を負い、自らを規制すると規定する商業銀行法4条との抵触が懸念される。

　このほかに、物権変動をめぐってもいくつかの問題が生じている。まず、物権法9条1項は、不動産物権の設立、変更、譲渡および消滅に関しては、法律に基づく登記を経て効力を生じ、登記がなければ効力は生じないが、法律に別段の規定がある場合を除くと規定している。つづいて、同条2項は、法に従い国家所有に属する天然資源について、所有権は登記をしなくてもよ

---

50) 前掲注42蒋ほか書51頁。

いと規定している。さらに、同法127条1項は、土地請負経営権は、土地請負経営権設定契約が発効した時点で設定されるとしている。つまり、不動産物権変動に関しては登記を効力発生要件とする形式主義を原則として採用しつつ、用益物権たる土地請負経営権については意思主義を採用していることになる。他方で、同法127条2項は、県レベル以上の地方人民政府は、土地請負経営権者に対して土地請負経営権証、林権証、草原使用権証を発行し、あわせて登記簿を作成し、土地請負経営権を確認しなければならないと規定しているが、本条項における登記簿の作成が意味する内容については注意をしなければならない。ここで登記を行うのは、あくまでも地方人民政府という行政機関であって権利者ではない。土地登記弁法2条および3条は、国家所有の土地所有権、集団所有の土地所有権、集団所有の土地使用権および土地抵当権、地役権等の権利は、県レベル以上の地方人民政府の土地管理部門が登記手続の責任を負うと規定しており、登記対象となる権利から土地請負経営権は除外されている。しかし、この状態では物権法127条2項と抵触するため、農村土地請負経営権証管理弁法4条3項は、耕地の請負経営権に関しては、県レベル以上の地方人民政府の農業主管部門が登記手続きの責任を負うと規定して調整を図っている。さらに注意すべきは、林地請負経営権および草原請負経営権に関しては、物権法127条2項でもその他の登記に関する行政法規でも、登記制度そのものを予定していないということである。以上のような要因を解決することで、農地流動化が進展し、農村に資金が流れて農業経済発展の促進が大いに期待されたのである。

7．小　括

　これまで、農村都市化に対して法政策が与えたインパクトについて考えてきたが、この問題に関して物権法の存在意義とインパクトは弱いといわざるを得ない。農村集団所有権および請負経営権に関しては、むしろはじめから基本法としての役割を放棄したかの感さえ否めない。とくに、土地収用に対しては、収用に伴う補償をいかに合理的に解決するかという大きな障壁が存在する。物権法は、結果としてこの障壁を飛び越えることができなかった。

しかし、そのことは、先行して来た農地流動化政策や都市化に伴う土地収用問題の複雑さと深刻さを考えるならば仕方のないことであろう。都市化の問題は、多分にして行政法的要素が強く、むしろ民法にその解決の責任を委ねようとすることは酷である。土地権利関係の私法的調整による都市化には限界が存在するのである。

　そうならば、成都市と重慶市において実施されている国家都市農村総合改革政策に基づく、戸籍制度の転換による都市化は当然の帰結であったといえよう。しかし、この政策にも問題がないわけではない。成都市では、都市部から遠い農村では双放棄政策に積極的であるが、近郊の農民は、より好条件の優遇政策が打ち出されることを待ち、成り行きを見守る者が多いという。このような状況では、既述のように「双放棄」される土地が点在してしまい、価値の高い土地へと転換することが難しくなろう。また、重慶市では、都市生活に伴うリスクを考慮して、農村戸籍からの離脱を躊躇する農民が多く、それでも都市への移住を決断した農民は、元来かなりの貧困状態にあり、移住後にさらに経済的困窮に陥った者であるという問題点が指摘されている。また、農村への金融システムとしての請負経営権の担保化も、担保価値評価、競売等の執行制度あるいは物権変動理論にいまだに多くの課題が残されており、汎用的な実現には時間がかかりそうである。人為的に始まった都市化が、人為的にソフトランディングできるのか否か、中国政府はまさに正念場を迎えているのである。

第4章　沖縄の地割制に関する研究

1．問題の所在

　わが国の家族法の父、中川善之助の名著である『民法風土記』には、第二次世界大戦後まだ間もない頃に、東北地方において「貰い子」という制度が残存していたことが記述されている[1]。貰い子とは、他人の子を貰って育てることだが、金銭で買う場合もあることから人身売買といえる一方で、必ずしも家を継がせるための養子制度ではなく[2]、あくまでも家内労働力補充という目的のための特殊な制度として定着していたようである。血縁関係に基づく家族制度を当然としてきた者にとっては、このような制度が比較的最近までわが国の一部地域に広く定着していたことは、想像を超越するに十分である。そして、もともと琉球およびその後の沖縄県（本稿では、とくに琉球王府時代に関しては「琉球」の呼称を用いるが、それ以外の問題に関しては、広く地域を呼称するものとして「沖縄」という呼称を用いる）には苗字を持つ風習がなく、士族に関しては、1609年の島津家による琉球侵攻以降に苗字を持つことが主流になるものの、平民に関しては、1879年に明治政府が沖縄県に対して出した「苗字撰定届出方」という布達によって、はじめて苗字が創設されたという[3]。

　明治政府は、1870年に「平民苗字許可令」を出して、これまで武士等の支配階級の特権であった苗字の使用を平民にも解禁し、1875年には「平民苗字必称義務令」を出して、全国民に例外なく苗字の使用を義務付け、先祖以来

---

[1]　中川善之助『民法風土記』（講談社学術文庫、2001）73〜101頁。
[2]　実子がいなければ養嗣子としたり、実子に本家を継がせて貰い子に分家させたりする事例もあったようである。
[3]　武智方寛『沖縄苗字のヒミツ』（ボーダー新書、2011）28〜36頁。

の苗字が不明の場合にはこれを創設すべきこととした。少なくとも、これらの2つの法令により、平民の多くは先祖伝来の苗字を持っていたものの、江戸時代においてはその公称が許されていなかったということがわかる。ところが、沖縄では、琉球王府時代以前において、平民には苗字がなかったのである。

　苗字あるいは氏は、家制度と密接に関係しており、江戸時代以前は、財産は家に帰属し、明治政府下においては家の代表たる戸主に帰属した。苗字が存在しないということは、家制度が存在しなかった、もしくはその概念が極めて希薄であったということを意味するのではないだろうかという疑問が浮かんだ。しかし、沖縄であろうと日本本土（以下、本邦の沖縄を除く地域を特定する場合には「本土」という呼称を用いる）であろうと、江戸時代以前の基幹産業は農業や漁業であり、そこからの収益を基に貢租が賦課されていた。つまり、農漁村においてはどうしても一定の労働力の確保が必要であり、血縁に基づく家制度は重要な労働力供給源であったはずである。前述の「貰い子」制度は、地理的、経済的条件の厳しさ等により、血縁関係による労働力の確保が難しい場合の補完的手段であったと考えることができよう。それでは、家制度が不存在、ないしは極めて希薄なものであったと思われる沖縄では、とくに琉球王府時代には、どのようにして農業労働力を確保し、さらに、琉球侵攻以降に苛斂誅求を極める貢租負担に対処してきたのであろうか[4]。

　前述の通りに認識した問題意識は、2016年に訪れた久高島と渡名喜島で、いまもかすかに残存している「地割地」という、耕地を細長い短冊状に区切る慣習的土地利用制度を目の当たりにして、さらに複雑な様相を呈するようになった。両島の地割地は、かつて沖縄において広く実施されていた「地割制（「割地制」とも称されるが、本章では「地割制」の呼称をもって統一する）」

[4) 沖縄にも、『民法風土記』で紹介された東北地方の「貰い子」に似たものとして、「糸満売り」という制度が存在した。これは、主に沖縄本島南部の糸満地方で、借金の形に10歳未満の少年を漁師のもとで年季奉公させた制度である。あくまでも借金の担保であったことに加え、虐待や差別待遇などもあり、年季が明けると親元に帰っていたことなどから、東北地方の「貰い子」とは明確に異なり、1955年には当時の琉球政府によって禁止されている。

の遺構とされ、非常に不思議な、それでいてモザイク状の美しい農地景観を生み出している。ちなみに、島全体が共有地である久高島では地割が行われた状態で1968年に、共有地のままの状態を維持しながら、字名義で所有権保存登記がなされて今日に至っている[5]。地割慣行は失われたが、島の耕地全体が地割制遺構といえよう。また、現在はニンジン生産で有名な津堅島では、1975年の沖縄県による総合土地改良事業の実施まで、旧態のままの地割地と地割制が残存していたことが知られているが、耕地整理によって完全に失われている[6]。そして、渡名喜島では、1988年の沖縄県による農村基盤総合整備事業が始まるまで地割地が残存していたことが確認される[7]。

いずれにせよ、地割制に関しては、すでに多くの学術的調査が様々な学問分野においてなされ、先行業績も比較的多く存在する。それらを検証してみると、その多くは沖縄の地割制の起源について研究するものが多く、そのアプローチは多種多様である。とくに、租税制度の視点からの研究は、ある一定の解答を示しつつあるように思われる。また、法学的見地から、地割制を現在進行形の総有制度として位置付けようとする研究も散見される。地割制を、入会地や入会権に代表される総有制の中で説明しようとすることは、学問的方向として基本的には正しいと考えるが、地割制の内容を詳細に検証すればするほど、どうも総有制の範疇に組み込むための前提条件のような学問的視点が欠けているのではないかと考えるに至った。それは、「家」制度に基づかない農村村落共同体における土地利用という視点である。本章は、沖縄における慣習的土地利用制度として長く存在してきた地割制について、血縁関係を基盤とする「家」制度とそこから提供される労働力の不存在という視点から検証を行い、地割制を、貢租負担を有する土地利用の原初的状態として学問的に位置付けることを目的とする。

---

5) 伊藤栄寿「「神の島」沖縄・久高島における土地総有の意義—総有理論に関する批判的一考察」愛知学院大学宗教法制研究所紀要第50号（2010）7頁。
6) 沖縄県教育庁文化課編集『沖縄県文化財調査報告書第6集　津堅島地割調査報告書』（沖縄県教育委員会、1977）1頁。
7) 中俣均『渡名喜島　地割制と歴史的集落景観の保全』（古今書院、平成26年）92頁。

2．本土における地割制

　地割とは、村落内の土地を共有とし、これを一定面積に区分して村民に分与し、一定期間ごとに割替えた制度である。この割替制を、一般的には地割制と称し、沖縄だけでなく、本土でも慣行として広く行われており、国外においてもベトナム、インドネシア、ミャンマーなどで同様の制度が確認されている[8]。ここでは、わが国の地割制、とくに本土における地割制について、その発生や意義について検討する。地割の慣行は、地域ごとにその起源や特徴に大きな差異がみられ、日本全国でこれを一般化することは困難である。なお、地割制の起源に関しては、これを奈良時代に行われた班田収授法の残影であるとする研究もある[9]。また、本土の地割制に関しては、これを第二次世界大戦後の農地改革の前後で区別して論ずる必要があり、農地改革以前の地割制に関しては、江戸時代の税制との関連が指摘され、封建社会に固有な制度であり、この制度は農地改革によって変容したとする見解が有力に主張される[10]。この見解は、地割制が水害などの自然条件に基づく収穫不定地が、江戸時代の貢租関係の中に組み込まれた場合に発生したものであり、検地に集中的に示される封建時代後期の土地制度一般と本質的には何ら変わるものではなく、したがって本来の割替権者は入会権者と同じく、年貢負担者＝本百姓であり、この制度の具体的形態はそれぞれの村落内部の構造とその変質に基づくものであるとして理論補強がなされ[11]、その後の地割研

---

8) 上野重義「沖縄における旧慣間切内法・村内法の類型的考察」九大農学芸誌第44巻第1・2号（1989）17頁は、アジア諸国に残る慣習法としての地割制度を概括的に紹介している。このほかに、ベトナムにおける制度紹介として滝川勉「南ベトナムにおける農地改革の展開」丸毛忍＝山本秀夫『現代世界の農業問題』（敬文堂、1970）198頁以下が、19世紀のジャワ（インドネシア）における事例紹介として加納啓良「19世紀ジャワの土地制度と村落（デサ）共同体」斎藤仁編『アジア土地政策論序説』（アジア経済研究所、1976）175〜177頁がある。
9) 原田敏丸「戦前における山割制度の研究史について」彦根論叢126＝127号（1967）60頁以下、堀健彦「佐渡国仲平野の条理地割分布に関する研究の現状と基礎資料の遺存状況」佐渡・越後文化交流史研究2号（2002）41頁以下等。
10) 古島敏雄『近世日本農業の構造―日本歴史学体系第3巻』（日本評論社、1943）187頁以下。

究が水損地における制度実態の解明に重点を置くようになるなど、理論面で大きな影響を及ぼした[12]。しかし、この有力見解にも問題点が指摘されている。それは、水害などの自然条件が前提となって地割が実施されたという部分である。じつは、金沢藩、高知藩、宇和島藩、松山藩、今治藩などにおいて、藩単位で水害等の自然的不利条件とは無縁に地割が実施された事例が存在し、さらには農村の社会条件や経済条件の変化に伴って地割が行われた事例もあり、江戸時代の貢租制度との関係を前提にしながら、藩や農村、社会や経済等の変化を加味する視点からの研究がさらに蓄積していった[13]。

いずれにせよ、地割制が江戸時代の貢租制度と深く関わりがあるとして、当該貢租制度は、16世紀末の太閤検地以降に確立する石高制および村請制を前提とする。太閤検地は、中世から近世への幕開けともいうべき一大事業であり、とくに農村社会にも大きな変化をもたらした。近世の村が中世のそれと比較して根本的に異なる点として、「兵農分離によって武士が農村を離れたこと」、「村が地理的に確定され村高が決定されたこと」、「村高に対して貢租が賦課されたこと」、の3点が挙げられている[14]。とくに、最後の村高制

---

11) 古島敏雄『割地制度と農地改革』(東京大学出版会、1953) 6頁。
12) たとえば、千曲川沿岸の地割は、直近では平成28年に実施されており、現在もなお制度が生きている。千曲川沿岸における地割制に関する研究としては、江波戸昭「地割慣行における土地利用―長野県須坂市相之島の場合」明治大学教養論集152号(1982) 1頁以下、吉田和義「千曲川沿岸における地割慣行地の地理学的研究―長野県小布施町山王島集落の事例」新地理35巻1号(1987) 1頁以下、内藤武美「千曲川洪水と土地割地(地割)慣行制度」平成15年度長野県不動産鑑定士協会会報37頁以下等があるが、いずれも当該地域における地割慣行が今なお存続している理由として、洪水常襲地域におけるリスク分散を挙げている。なお、千曲川は新潟県内に入ると信濃川と名を変えるが、同様の理由により新潟県内でも地割慣行が存在していたことの研究として、佐藤康行「割地制度とコモンズ―新潟県西蒲原郡の事例」村落社会研究第17巻第1号(2010) 23頁以下がある。
13) 藩単位の地割制の研究としては、若林喜三郎『加賀藩農政史の研究・上巻』(吉川弘文館、昭和45)、山口隆治『加賀藩地割制度の研究』(桂書房、2007)、青野春水『日本近世割地制史の研究』(雄山閣、昭和57年) 等のほかに、藩単位で実施された地割制度が明治期の地租改正を経てどのように変質したかについて研究として、奥田晴樹『地租改正と割地慣行』(岩田書院、2012) がある。また、村落社会の変化に軸足を置いた研究としては、長谷部弘=高橋基泰=山内太編『近世日本の地域社会と共同性―近世上田領上塩尻村の総合研究Ⅰ』(刀水書房、平成21年)、中村義隆『割地慣行と他所稼ぎ―越後蒲原の村落社会史』(刀水書房、2010) 等がある。
14) 前掲注13青野書25頁。

に応じた貢租賦課は、村請制の成立を意味しているが、それ以前は田の所有者である名主が貢租を負担していた。もともと、室町時代以降に土地所有権の分化が進むと、貢租を負担する下級所有権者を確定する作業に不便が生じたため、統治者側においても名主請負制から村請制へと移行させることが望まれていた。検地は、こうした社会状況や時代背景をもとに進められ、名主が貢租徴収者として農村の支配者となるとともに、貢租負担者として農民を土地に緊縛することを促したのである[15]。こうして、貢租負担単位としての農村が地理的にも人的にも確立するとともに、農村内における階層分化が始まり、個々の農民は確定された農地の経営単位、すなわち農家として当該農地とともに生活を営むことになった。農業が、個人経営から家経営に変化した瞬間であったといえよう。

　ところで、江戸時代以前のわが国の農村における階層分化であるが、農民は比較的細かい階級に分かれていたことに留意しなければならない。家屋敷と耕地を有して貢租負担を負う者を「本百姓」あるいは「一軒前」と称し、家屋敷を持たずにこれを借り、あるいは主家からこれを与えられて小作の地位にあり、貢租負担のない（無高）者を「水呑百姓」あるいは「半軒前」と称した。両者の決定的な差異は、貢租負担を負っているか否かにあるが、主家との従属関係の強弱によっても身分に差異がみられたようである。たとえば、無高であっても家屋敷を有している場合は主家への従属性が低くなり、下位ではあるものの本百姓となり得たが、耕地を有していても家屋敷を有さない場合には、主家の従属小作人として位置付けられ、彼らが本百姓になることはできなかったという[16]。

　石高制と村請制によって成立した近世農村は、土地の経営者たる農民集団によって構成されるが、その構成員や農地環境が変化しても、検地によって確定された村高が直ちに変更されるわけではなかった。たとえば、断絶や逃亡によって無主地が生じ、あるいは水害等の自然災害によって耕地の消失や

---

15) 有賀喜左衛門『有賀喜左衛門著作集Ⅰ　日本家族制度小作制度（上）』（未来社、1966）218～219頁。
16) 有賀喜左衛門『有賀喜左衛門著作集Ⅱ　日本家族制度小作制度（下）』（未来社、1966）673頁。

障害が発生した場合には、実際の村高は減少しているにもかかわらず、村高に基づいて算定される村の貢租負担には変化が生じないので、全体として負担が加重される。こうした場合に、貢租負担の均分化を図るべく実施されたのが地割制度と考えられるのである[17]。米による貢租負担に基づく地割制は、その後、明治時代に入って地租改正を経て貢租負担が土地所有者に対する金納へと変ぜしめられ、さらに耕地整理事業が進展して、近代法、とりわけ民法に基づく土地所有権が確立すると急速に消滅していった[18]。

　このように、本土において近世以降に成立して発展してきた地割制は、石高制と村請制によって貢租負担が確定された村落と、そこに定住する土地経営主体としての農家の存在が前提となっているといえる。そうすると、安定的かつ適正な貢租負担を維持するためには、農家が永代にわたって労働力を生み出すこと、すなわち血縁に基づく「家」の存続が農村社会全体の大きな関心事項となる。前述の『民法風土記』において紹介された、東北地方の「貰い子」制度などは、やはり、このような血縁的な労働力供給システムを補完するためのものであったというべきであろう。

3．沖縄の地割制の起源

　本土における地割制が、近世農村の成立とともに生成、発展してきたのに対して、沖縄では検地の影響が少なく、家制度が進展しなかったため、本土の地割とは異なる、極めて古い形態の、定期的な地割慣行が根強く残存したのではないだろうか。以下においてはこの点を明確にすべく、沖縄の地割制の沿革やその制度的意義を検証する。

　近時の沖縄の地割研究を飛躍的に進展させた山本弘文博士によれば、沖縄では、田畑・山林・原野に対する私有権の成熟が遅く、琉球王府の時代から19世紀末まで、村落の耕地・山林・原野の共有制と村民配当地の割替制が存

---

17) 前掲注13青野書35〜38頁。同書は、地割制が創設されるまでに、「石高制・村請制→闕（かずき）→地ならし→割地」という段階を経て発展してきたという説を展開している。
18) 前掲注13奥田書468頁。

第4章　沖縄の地割制に関する研究　　87

続していたが、1899年～1903年にかけて実施された土地整理事業によって公式には廃止されたと説明される[19]。山本博士の説明には、いくつか検証すべき問題が、キーワードとして存在する。それは、沖縄においては「私有権の成熟が遅かった」という点と、「地割制が存続した」という点である。前者については、本稿の中心的議論ともいうべき「家制度の未確立」という問題に連なり、後者は、沖縄の地割制は、沖縄に石高制が布かれてもなお残存した慣習であり、逆に言えば石高制の導入以前から存在した慣習ということになり、それは沖縄の「地割制の起源」の問題でもあり、また、本土のそれとは異質の制度ではないかという問題にも連なる。そこで、まず「地割制の起源」について検証し、「沖縄の家制度」については章を改めて検証する。

「地割制の起源」については、戦前の沖縄の地割制研究の中核をなしていた。内田銀蔵[20]、河上肇[21]による研究が先駆けであり、昭和初頭には田村浩[22]、仲吉朝助[23]による研究が有名である。そして、地割制の起源については、仲吉朝助に代表される、原始共同体の慣行に由来するもので、「古琉球」に淵源するとみなす「古琉球起源説」と、田村浩に代表される、島津家の琉球侵攻以降の近世前期のある時期に発生したとみなす「近世起源説」とが対立して、今日に至るまで決着をみていない[24]。仲吉は、琉球王朝の貢租制度を確立した英祖王（？～1299）の事績から、当時の村落土地共産の状態に従って地割が行われたとする一方で、田村は、英祖王以来長期間にわたって実施されてきたのは井田法による班田収授であり、それが慶長検地後に、鹿児島藩の門割（かどわり）制度に倣い、藩庫財政上の必要と徴税上の便宜のために定期地割が行われたとする[25]。両説には、典拠とする古典資料の信憑

---

19) 沖縄大百科事典刊行事務局編『沖縄大百科事典　中巻』（沖縄タイムス社、1983）472頁。
20) 内田銀蔵『日本経済史の研究　下』（同文館、1921）所収の論稿「沖縄県の土地制度」。
21) 前掲注6沖縄県教育委員会編集書所収。
22) 田村浩『琉球共産村落の研究』（至言社、1977）所収。
23) 仲吉朝助「琉球の地割制度（第一回）」史學雜誌39巻5號（1928）、同「琉球の地割制度（第二回）」史學雜誌39巻6號（1928）、同「琉球の地割制度（第三回）」史學雜誌39巻8號（1928）所収。
24) 各学説の論拠等については、安良城盛昭「渡名喜島の「地割制度」」渡名喜村編『渡名喜村史　下巻』（渡名喜村、昭和58年）816～823頁が詳しい。
25) 前掲注22田村書227頁。

性や、基盤とする社会思想の影響などから、いずれにも欠点があるという指摘[26]もなされている。

　ところで、仲吉は古琉球に起源を発する地割制が変質することなく継続してきたといっているわけではない。仲吉は、地割制を地人各戸の男女総数に平等（人頭制）に地割配当する「純粋の共産的地割」、各戸に一定不変の配当率を設定し地割ごとにその割合を変更せず（貧富割）にただ土地だけを移動する「資本主義的地割」、この両者の中間にある「折衷的地割」という3つに分類し、「共産的地割」は比較的土地が広く地割期間の短い地域にみられ、「資本主義的地割」は土地が狭く割替地を長期間占有する地域にみられ、それぞれ時代の変化のなかで登場してきたとする[27]。他方で、田村は英祖王以来実施されてきた遺制（口分田による班田収授法とする）と地割制との連続性や関連性を完全に否定し、地割制は慶長検地以降に新設されたものであるとするが[28]、この点に関しては、英祖王時代に中国の律令制に基づく制度が伝来した形跡も見当たらず、根拠はかなり薄弱といわざるをえないであろう[29]。また、近世起源説の多くが、琉球王府時代に名宰相とうたわれた蔡温（1682～1762）の起草による『農務帳』の記述に言及している。農務帳は、琉球王府が農事指導の目的で、1734年に布達した文書のひとつである。琉球王府の政策は多岐におよぶが、その政策の主軸は、農民、役人のそれぞれの立場での心構えに関すること、農村統治上の諸制度に関すること、貢租徴収の体制に関すること、生産向上および農業技術指導に関すること、などであった。農務帳は、土壌肥沃度を改善し、農業生産性を増やすために、主に農業技術指導を主軸に組み立てられているところに特徴がある[30]。この農務帳には、つぎのような件がある。

---

26) 前掲注24安良城論文822頁。
27) 前掲注23仲吉論文（第二回）585～588頁。
28) 前掲注22田村書44頁。
29) 前掲注7中俣書43～44頁も同旨。
30) *John Michael Purves, Bixia Chen*「蔡温の農務帳：*An English Translation of Sai On's Noumuchou (Book on Agricultural Affairs)*」琉球大学農学部学術報告第61号（2014）1頁。

「田畑について、時々農地の割直しをし、耕作者の指定をする。農地に耕作者がいなくなって共有のままにしておくと、農地の保全が粗略になって地力が次第に減退してくる。それは好ましくない。だから地割することを申し付ける。それ以後お上は百姓に対し、永久にその農地を授けるというし、お上の堅い御意志を体し、土壌保全の大切なことを十分に汲取り、地力保全をしなければならないこと」[31]

「地割」という表現は、この農務帳が初出であり、このことをもって地割制の創出の根拠とされてきた。あるいは、蔡温は、従前からの地割制を廃止しようとしたが、現実にはその意図は実現されず、18～19世紀を通じて、琉球農業の基本的土地制度として、地割制は存続しつづけたとする見解もある[32]。おそらく、この見解は正鵠を得ており、農務帳における「地割」という文言のある文章は、地割制の創出というよりは、最後の地割を行って、土地の私有化とそれに基づく農地経営および石高制の定着を企図したものと読むべきではないだろうか。つまり、蔡温の頃までは、農民は共有地での共同労働が基本であり、貢租も人頭割の収穫高であったのが、石高制の導入により模合持をやめさせて、最後の地割を命じ、本土の農民と同様に、土地を家族単位に所持させ、農民の自立を期待したのではないかと考えられる。しかし、現実にはなかなか自立には至らず、一部は持地による地割や貧富割などに移行したが、地割そのものを廃止することはできなかったのではないだろうか[33]。沖縄では、明治になるまで模合持を基本としてきたが、このことは、琉球王府による石高制社会の確立は失敗したということに起因しているのである[34]。そうなると、地割制が農務帳を契機として創設されたとする近

---

31) 原文は、次のとおりである。
　「田畠之儀、時々割直為指究、主付無之模合持の筋に仕置候に付て、地方の格護、致大形地位斬々薄く相成　不宜候。依之、地割申付、永々授置候条、堅得其意。此心得専大切に存、格護可有之事。」
　なお、この現代語訳は、比嘉武吉『農務帳を読む』（緑林堂書店、1997）1頁による。
32) 坂本忠次「沖縄県「旧慣温存」時代の租税構造（1）―人頭税を中心として」岡山大学経済学会誌第23巻第4号（1992）9頁。
33) 田里修「地割についての研究ノート」高良倉吉＝豊見山和行＝真栄平房昭編『新しい琉球史像―安良城盛昭先生追悼集』（榕樹社、1996）206～207頁。
34) 田里修「地割についての諸問題」田里修＝森謙二編『沖縄近代法の形成と展開』（榕樹書林、2013）196頁は、このことをもって、沖縄は「幕藩制社会」に組み込まれるこ

世起源説は、琉球王府が採用した人頭割に基づく税制や布達した各種法令をもとに、詳細に再検討することが必要となっているのではないだろうか。

　結局のところ、近時は、古琉球起源説に依拠しつつ、地割制が時代を経て様々に変質してきたことを重視しようとする考え方が有力になりつつある。たとえば、上地一郎博士は、地割制は、土地の共有、定期的な割替と配分という点では沖縄のどの地域にも共通するが、割替対象地、割替までの期間などその内容については地域差が著しく、地割制が1903年の土地整理事業によるその廃止まで沖縄のほぼ全域にわたって行われていたこと、また地割制の地域差が著しいということからみて、地割制が、王府の政策によって画一的に推進された制度と考えるよりも、おそらく古琉球に遡るような土地慣行であったものが、薩摩侵入を契機とした「近世琉球への転換」以降、王府の統治機構のひとつとして包摂され制度化されたと考えた方がよいであろうという見解を展開している[35]。また、坂本忠次博士は、幕末から明治前期に地割制がどこまで変容していたのかが最大の論争点のひとつであって、いわゆる旧慣温存時代の沖縄県の地割制のなかに、土地の共有制から個人所有制への移行ないしはその萌芽をどの程度見出し得るかが研究の重要点であると指摘している[36]。なお、旧慣温存時代とは、1879年の沖縄県設置から、1899年にはじまった土地整理事業が終了する1903年までに行われた制度改革の期間を指す。これは、ちょうど本土において1873年に実施された地租改正に相当するものであり、地割制を解体させ、近代的な土地所有権制度を基礎づける改革として、近代沖縄の史的展開のなかで、その社会構造に大きな変化をもたらした出来事として位置付けられる[37]。

とはなかったとする。
35) 上地一郎「共同体と土地の利用―沖縄の地割制度への法社会学的アプローチ」沖縄法政研究第8号（2005）86頁。
36) 前掲注32坂本論文9〜10頁。ただし、坂本博士は、地割制は、島津の琉球征服後の18世紀頃から19世紀にかけて加重された貢租を地人が平等に負担するために発生したものとみなす説がほぼ妥当するものと考える。
37) 森謙二「沖縄における家と身分制―八重山・石垣の事例を中心に」田里修＝森謙二編『沖縄近代法の形成と展開』（榕樹書林、2013）280頁。

4．沖縄の地割制の概要

　沖縄の地割制が、おおむねどのようなものであり、どの程度の地域差があるのかについてその概要を紹介し、近世以降に本土の農村において広く行われた地割制との差異を明らかにしたい。ただし、琉球王府時代の地割制の実態については、1945年の沖縄戦において資料の多くが消失してしまっていることもあり、ここでは、明治期の旧慣温存時代の島尻、中頭、国頭の3地方における地割制について紹介する。
　まず、地割の対象とされた土地は、百姓地、地頭地、オエカ地（地方役人に与えられた役地のこと）、ノロクモイ地（巫女等の宗教者に与えられた役地）、百姓模合地（共有地）、仕明地（開墾、埋立地等）雑種地（蘇鉄敷、茅敷、松敷、雑木敷、竹敷）など、およそあらゆる土地であった[38]。
　つぎに、地割年限については、田は最短期2年・最長期30年、畑は最短期2年・最長期35年、雑種地は最短期2年・最長期50年で、この範囲内で3年、4年、5年あるいは9年、10年、12年、15年、20年、25年等種々の定めがあり各村各様であった。また、全く年限を定めていない村もあり、地割を必要とする時は村民多数の意見により一同集会の上決める村もあった。地割年限については、1855年8月に王府が地割期限を10年以内に定めて割替えを行うべきことを指示[39]しているが、実際の地割期限は、当該村の自治に一任しており、村によってかなりの差があった[40]。
　割替の周期や方式は時代や地域によって多種多様で、1883年の沖縄県報告書によれば、周期は田の場合はほぼ2年から30年、畑は2年から35年、雑種地は2年から50年であったが、まったく不定期な村もあった[41]。

38）前掲注23仲吉論文（第一回）458頁。
39）「田畑之儀、十か年振には厚薄段々出来致し、其上混乱之儀も有之べく候間、其心得を以て田方は四、五年、畑方は八、九年振、時節見合無親疎割直せ候事」
40）前掲注32坂本論文11〜12頁。なお、島尻・中頭地方では10年を超える長期のものがあるが、これは土地の私有財産化への可能性を有しているとの指摘もなされている。
41）前掲注19沖縄大百科事典刊行事務局編書472頁。なお、前掲注35上論文90頁によれば、一般的には田よりも畑の方が割替までの期間が長いという。

地割の配当を受けるべき者については、当該村内に本籍を有する百姓＝地人を原則とし、例外として居住（寄留）人の士族も配当をなす場合があった。居住人というのは、首里、那覇の市街地に住む人々が生活難に追われて農村に移住し地割地の配当を受ける場合があったことを指す[42]。

地割の組立法については、「既定の地数（「地」とは、区または組の意味があり、土地割替における標準単位であった）により算出することを基本とする方法（単純に一定面積を示す場合）」、「叶米（小作米）を標準とする方法」、「人頭割に基づく方法」、の3種類が存在した。人頭割には、「年齢によるもの」と「年齢によらないもの」との2種類があり、年齢によるものは、各人の年齢により等差（分量頭）を設け、その等差に応じて持地の数を定めている。たとえば、10歳以上20歳以下は0.5分量頭、21歳以上40歳以下は1.0分量頭、40歳以上60歳以下は0.5分量頭とされた[43]。

地割方法には、「持地数に異動を来すもの（さらに、人頭割、貧富割、貧富および耕耘力割、貧富および人頭割、貧富および勤労割により割替が行われる）」と、「持地数に影響を及ぼさず、ただ耕作地の所在を転ずるにすぎない場合」との2種類があり、前者が地割の「正則」であり、後者は「変則」とされていたという[44]。なお、地割の方法は、間切（琉球王府時代の行政区分で、今日の市町村に該当する。）によっても村によっても相違があるが、おおむね、国頭郡では人頭割で、中頭郡では貧富の差を加味した、面積による地割の方法が採用されていたが、島尻郡では耕地の良否に重点を置き、叶米（小作料）を基準とした割替が大部分であったという[45]。

地割地の売買・質入れについては、豊見城間切・間切内法では「百姓地質入れ禁止」とされ、違反すれば本人ならびに村役人に科金が課される[46]が、実態としては、村落の了承の下でつぎの地割期限まで、百姓地占有者による売買・質入れが行われていたとされる[47]。

---

42) 前掲注23仲吉論文（第一回）459頁。
43) 前掲注32坂本論文15〜16頁。
44) 同上16頁。
45) 前掲注22田村書285〜286頁。
46) 前掲注8上野論文26頁、前掲注35上地論文88頁。
47) 前掲注23仲吉論文（第三回）808頁。

このような特徴を持つ沖縄の地割制は、結局、その自壊による私的所有権の内発的な成立をみる以前に、割替共有地の集積と長期占有化の傾向が強まった時点で、明治政府による旧慣土地制度・租税制度の総決算ともいえる土地整理事業によって解体された。土地整理事業直前の村落は農民層の階層分化が進みはじめていたが、それでも最後の割替では村落内における農民の生存維持を優先する倫理はなおも残されていたという評価もされている[48]。そして、明治期の地割制をめぐる特徴と変容から、それは島津支配以来の租税負担の加重に対するいわば「民衆の知恵」として各村々で合理的な土地の配当が行われ、村落共同体的規制の残存のもとではあれ、各村の農業生産と生活＝租税負担の防衛的・合理的配分が図られたことであろう。そして、明治期廃藩置県後の地割制の変容過程については、島尻、中頭地方の一部などを中心に人頭割から貧富制への移行、地割期限の長期化などがみられている。地割制が、土地整理事業を通じて初めて土地私有権の本格的な確立へと近代化され変革されたことはいうまでもないとして、地割制は廃止されたのではなく、変化ないしは変質したという考えもある[49]。

いずれにせよ、沖縄における地割制は、明治の地租改正によって廃止されたが、その遺産は今日なお極端な零細地片として残され、農業合理化にとって大きな制約条件をなしていた。このような制度がなぜ行われたのかは明らかではない。本土の地割制と比較した場合、本土のそれはどちらかというと部分的、あるいは石高の見直しのような臨時的場合に実施され、沖縄のように田畑を含む全耕地を対象とするものではない。その意味で、全耕地を対象に定期的に実施された沖縄の地割制は、本土のそれとは異なる特殊な性格を示しているといえよう[50]。

5．沖縄の「家」について

現在でも地割制の遺構が存在する久高島は、「島全体が総有（入会）地で

---

48) 前掲注35上地論文96頁。
49) 前掲注32坂本論文28～29頁。
50) 前掲注8上野論文18頁。

ある」とされてきた。久高島は、1899年から実施された土地整理事業の対象地とされず、琉球王府時代の古い土地所有形態を残存させてきた。しかし、過疎化や高齢化の波は、「神の島」と称されてきた久高島にも確実に押し寄せ、現在では1988年に制定施行された「久高島土地憲章」において旧慣が確認され、そのなかで久高島の土地は総有であると宣言して従来の土地所有制度を維持している。このような状況から、久高島をして「コモンズの島」といわしめているのであろう[51]。他方で、地割制に関する先駆的かつ古典的研究では、沖縄全土の至る所の村落で地割が行われていたが、地割の区域は、久高島と慶良間島を例外として、各々一村（現在の大字）に限られていたとされる[52]。つまり、久高島においても地割制は行われていたが、それは沖縄において広く行われていたそれ、すなわち一村地割制とは異なるものであったということである。久高島は、比較的最近まで母系による財産相続制が残存しており、一村地割制の例外とされたのはこのことが影響しているのではないかと考えられる。なお、現在の久高島では、前述の「久高島土地憲章」に基づき、「字」を基本にして土地の所有および利用が行われている。

　久高島にみられる母系性は、比較的最近までの沖縄全体についても当てはまる。とくに、村落共同体における「家」という点で見ると、われわれは、本土において普遍的現象と思い込んでいる父系性と継承性のある「家」制度の概念を、一度念頭から消去しなければならない。森謙二教授の研究によれば、もともと沖縄では、本土のように近世における小農の自立という歴史的な過程を持たず、その意味で「家業」、「家産」、「家名」を一体として継承するような「家」の形成は沖縄には見られなかったが、明治期の土地整理事業による土地制度の改革は、沖縄における土地私有制度の形成を、そして資産を持たなかった沖縄の庶民階級にも新しい「家」観念を作り出していくことになり、農地のいわば総有制を前提として村落構成員に地割りを続けてきた社会に、土地制度の改革だけではなく、家族や家を含む生活全般に大きな影響を与えることになったという[53]。森教授は、沖縄の伝統的な「家族」が、

---

51) 前掲注5伊藤論文1頁以下。
52) 前掲注23仲吉論文（第一回）21頁。
53) 前掲注37森論文280頁。

生活単位と生殖単位とが一致したものか否かについても疑問を投げかける。そして、沖縄では夫婦が同居をする前に極めて長い期間にわたって「妻問い」が行われてきたこと、「家」が特定身分層、すなわち士族階級にのみ認められたものであったこと等の事象から、本土において近世以降成立して発展してきた家父長制に基づく「家」の存在を否定する[54]。

さらに、森教授は、日本における「家」を論じる際に、①生活単位としての「家」(世帯)、②経営体としての「家」、③「株」としての「家」、④観念としての「家」の4つの位相において論じる必要があるとする。①は、同居して生計を同じくする生活単位としての「家」であり、これは沖縄を含めていずれの社会でも存在するという。②は、超世代的に継承すべき「家産」の有無を意味し、本土では、「家業」と「家名」を一体化した「家産」として継承してきたのに対して、沖縄では土地整理事業が終了するまでは、土地の私有財産の形成が未熟であったために継承すべき「家産」がみられなかったとする。③は、租税徴収による支配体制を維持するために存続させる「家格」を意味し、沖縄では本土のように村落共同体のなかで本百姓・水呑百姓のような「家格」が形成され、村落共同体の構成員と「家格」が結びつくことはなかったという[55]。その理由としては、沖縄では「家」が貢租負担者ではなかったということ、「絶家再興」という観念が比較的希薄で、分家をした後に「絶家」ではなく「廃家」を選択する例が多かったことなどを挙げる。このことから当然に、④の観念としての「家」という考え方も希薄になる。琉球王府は、士族階級には身分統制の必要から「家」を制度化したが、庶民階級に対しては「家」の存続を求めていたわけではない。

庶民階級において「家」が存在しなかったこと、刈分小作(中世から第二次世界大戦後の農地改革まで行われていた小作制度の一例で、小作料を定めずに

---

54) 前掲注37森論文281～289頁。このほかに、前掲注8上野論文17頁、前掲注35上地論文113頁も同旨。
55) ただし、沖縄に伝統的な、父系的な同族集団である「門中組織」の存在が問題になる。この点については、前掲注37森論文286頁において、父系的といいながら家父長制的統制が微弱であり、本家家長による統制という観念も微弱であり、どの門中に属するのかは父系的な「血」の共有によって決められ、どの家族の出身なのかは曖昧であったことから、門中組織も家を構成単位としていないと説明される。前掲注35上地論文113頁は、戸主＝「男性」という観念は、比較的新しいものといえるであろうと指摘する。

収穫量に応じて地主と小作人の間で一定の割合にて分配した制度を指す。）や母系的相続制度が存在したことなどから、沖縄には封建制がなかったという考えも存在する[56]。封建制に拠らない農業社会形態に対しては、世界的にはむしろ一般的で、本土の農業の方が特殊形態であるという見解[57]がある。この見解に依拠すると、沖縄農業と本土のそれとの共通性は薄くなり、逆に東アジア、東南アジアとの共通性が強くなると考え、こうした沖縄の歴史的特殊性を集約的に示すのが地割制であるということになる[58]。

さらに、沖縄の地割制のもとでは、本土におけるような農地所持を基礎とする「本家と分家」という従属的、支配的関係は成立しない。その代わりに、沖縄では「与（クミ）」という制度が機能していた。与は、行政的区分として地縁的な「結（ユイ）」を意味し、かつては父系性に基づく門中において行われていた共同作業が、与を単位として行われた。結には、2つの意味があり、1つは共同で労働すること、もう1つは一家族の労働では処理しきれないときなどに手伝いするようなこととされる[59]。後者には茅葺などが該当し、前者には田植えや稲刈りなどが該当するのであろう。

農業等の労働が、血縁に基づく「家」単位で行われないというような状況は、昭和期に入ってもなお存続していたと考えられる。たとえば、第二次世界大戦前の黒糖製造に際して機能したユイマールの構成がそのことを証左している。ユイマールのグループの結びつきは血族、姻族、隣近所、友人といった関係が複合的に重なっていた。そして、血縁は父方だけでなく、母方も含めて、双方にまたがっていた。さらに、その構成員は固定的ではなく、時期により、あるいは構成員の都合により入れ替えが可能な緩やかな結びつきであったということが指摘されている[60]。このような戦前の沖縄の農村におけるユイマールは家と家の結びつきではなく、個人と個人の結びつきとし

---

56) 前掲注8上野論文17頁。
57) 磯辺俊彦「沖縄農業における土地所有＝利用構造について」磯辺俊彦他『農家の土地保有・利用関係基礎調査報告書（昭和61年：沖縄県糸満市・沖縄県国頭郡国頭村）』（沖縄総合事務局農林水産部農政課、1986）17頁。
58) 前掲注8上野論文17頁。
59) 前掲注33田里論文205頁。
60) 仲地宗俊「戦前期沖縄の農村における労働交換慣行の構造─黒糖の製造におけるユイマールを対象に」村落社会研究第7巻第2号（2001）23頁。

て構成されていた。しかし、それは、村落の構成員が近代的に自立した個人として相互の関係を結んでいたのではなく、制度としての家の成立がない、あるいは未熟な段階において、個々人が家にとらわれることなく、それぞれの関係でもって労働の交換を行っていたという見解もある[61]。

このように、沖縄においては血縁的な家は基本的に農村には成立せず、むしろ、地縁的な与と称される結が労働の基本単位となっていた。この与は貢租負担単位でもあったが、構成員はあくまでも個々人であったため、耕地の人頭割を軸とする耕作強制的な色彩を濃厚に帯びたものであったとされ[62]、このような事情から、沖縄の地割制は本土とは異なり家を基本とせずに存在し、家が存在しないからこそ、貢租負担を伴う農業を継続するために地割制も存続させなければならなかったのである。ただし、明治時代に入り、とくに1896年に民法が公布されることにより、沖縄でも戸籍制度が整えられ、同時に戸主を頂点とする家制度に組み込まれることで、本土と同じ民法の仕組みで農村社会にも大きな変化が現れ、地割制も徐々に消滅して行くことになった[63]。

ところで、前述の通り、琉球王府は18世紀中頃に地割制の廃止に着手するものの、石高制の導入がうまく行かなかったことと連動して失敗するが、その後は、地割制を黙認したような形跡が認められる。これは、人頭税によるもの以外に、地割制の実施が必要とされたという事情の存在が指摘されている。じつは、17世紀末に、集落の増加と再編成およびその前提となる耕地の新開（地頭地やオエカ地の整備）が、多かれ少なかれ琉球王国一円で進行していた。島津家の琉球侵攻後の窮乏期を経て、1669年に始まった耕地の新開と集落の増加、これに基づく地頭地・オエカ地の編成と系図座の創設（封建的秩序の整備）は連動しているとされる[64]。

系図座とは、1689年ないしは1690年に設置された家譜編纂事業（第1次家

---

61) 前掲注60仲地論文23頁。
62) 山本弘文『南島経済史の研究』（法政大学出版局、1999）113頁。
63) 前掲注37森論文288〜289頁では、八重山の士族に関するものの、明治民法の「家」制度が、沖縄の養子制度、相続制度、分家制度などに対して、このような概念が初めて創出されたのではないかという指摘がなされている。
64) 前掲注62山本書104頁。

譜編纂時）にあたる役所のことを指す。系図座の設置と家譜編纂により、琉球王国は近世的な封建的身分制を確立するとともに、士族内部の階層分化を促した[65]。さらに、1712年には、軽輩身分の官吏や第 1 次家譜編纂時に家譜を作成しきれずに百姓身分とされていた者たちの家譜編纂を認め、新たな士族層が誕生した（第 2 次家譜編纂時）。こうして、17世紀末から18世紀前半にかけて、 2 度にわたって行われた家譜編纂事業を受けて、近世身分制が確立され、士族階層が量的に拡大された[66]。ちなみに、第 1 次家譜編纂時（1690年）と第 2 次家譜編纂時を経た時点（1729年）とで比較すると、総人口が128,000余人（1690年）から173,000余人（1729年）へと約1.3倍に増加し、町方（首里・那覇・泊・久米村）人口も24,000人（1690年）から32,000人（1729年）へとやはり約1.3倍の増加であったのに対して、士族人口は6,300余人（1690年）から14,000人（1729年）へと約2.2倍に激増している[67]。

　こうした新士族の急激な人口増は、王府をして、失業問題、産業経済問題、宅地問題というような、典型的な都市問題に直面せしめた。王府は、これらの諸問題を解決すべく、矢継ぎ早に、これまでにはない斬新な政策を打ち出した。まず、1715年には、拡大する都市消費を満たすべく首里に市場を開かせて流通体制を整備し、1733年には商売人の税を免除して、産業経済問題の克服に努めた。つぎに、1725年には、これまで固く禁じられていた士族の兼業を解禁し、地方に移住して農業に従事することまでも認め、貧窮士族の自活を促し、失業問題の解消を図るとともに、農業生産力を増強させることに成功した。最後に、町方に所在する臨海部の干拓や埋め立てや、近隣の耕地を町方に編入して士族に与えて、宅地問題を解消しようとした[68]。結局、新士族への新たな土地の割り当てが行われるのと連動して、多くの農民が他所の土地への入植を余儀なくされ、当該地においては地割を行うことで新規入植者に対応したことも、地割制を存続させなければならない要因のひとつとなったのであろう。

65）田名真之『沖縄近世史の諸相』（ひるぎ社、1992）104頁。
66）同上259～260頁。
67）同上260～261頁。
68）同上265～267頁。

6．小　括

　沖縄の社会や文化については、その独自性のなかに日本文化の成り立ちを明らかにする手がかりが含まれていると考えられることから、古くから多くの研究がなされてきた。しかし、そのなかで多くの関心が寄せられたのは、民俗や宗教・祭祀の分野であり、人々が生活していくうえでの基盤をなす生産の仕組みや経済の関係についての研究は立ち後れているといわざるをえない[69]。このような状況において、本稿では、沖縄独特の制度とされる地割制について検証を試み、結果として、沖縄の地割制は本土とは異なり「家」を基本とせずに存在し、「家」が存在しないからこそ、貢租負担を伴う農業を継続するために地割制も存続させなければならなかったのである、という結論を得た。

　しかし、前述のように、沖縄の地割制に関しては、さまざまな観点からの先行研究が存在するが、その観点の多様性によって琉球王府以前から今日に至るまでの地割制の変遷過程を不明瞭にしている可能性がある。そこで、本稿では、まずは島津家の琉球侵攻以前から、沖縄には地割制が存在したという説を支持しつつ、沖縄には明治期に至るまで「家」が存在せず、その結果、家制度を前提とする石高制は導入できず、他方で家制度が確立した士族階級の人口増加に対処すべく、このいずれもの状況に応えるべくして従前からの地割制が存続したという現象を、時系列的に検証した。以下において、その検証経過を箇条書きにて記し置く。

　① 　古琉球時代より家制度を前提としない地割制度の存在。
　② 　島津家の琉球侵攻と石高制の導入。
　③ 　琉球王府による地割制度廃止政策（1734年「農務帳」）の実施。
　④ 　家の不成立により石高制導入および地割制廃止政策の失敗。
　⑤ 　17世紀末から18世紀前半にかけての都市人口（新士族階級）の激増。
　⑥ 　廃藩置県に伴う旧慣温存政策により地割制の変質が始まる。

69）前掲注60仲地論文22頁。

⑦　土地整理事業（1899年～1903年）により地割制が廃止され、近代的所有制へと移行する。

　ところで、先行研究には「水利」と地割制との関係に着目したものがほとんどない。1734年の農務帳では「水利施設の保護や破壊の禁」を規定し、1775年および1786年の琉球律では「営造」の罪が新設され[70]、1831年の新集科律では「河防」が規律されている[71]。また、渡名喜島では、地割制と対をなすカーラと称される水利施設の存在が確認されている[72]。この水利問題は、おそらく地割制を存続させなければならなかった要因のひとつではないかと考えている。

　17世紀初頭の島津家の琉球侵攻とその後の慶長検地によって、琉球王府は強制的に石高制下に編入され、当初は芭蕉布その他の特産物、1617年からは出米その他の島津家への上納を義務付けられた[73]。石高制への強制移行は、稲作に偏向した農業への移行を意味し、平野部の開田、大規模な灌漑施設の築造や、場合によっては村落自体の移転も促したといえよう。実際に、17世紀後半以降に、本島では国頭地方の佐手、与那、辺野喜、名護、島尻地方の南風原、そして離島では渡名喜島、渡嘉敷島において、それまで丘陵部の湧水を利用した迫田とこれに依存した孤立小村集落が、沖積世平野部に移動して開田を行っている事例が確認されている[74]。たとえば、久米島では、17世紀末から18世紀半ば過ぎ頃までは、島内の各地に池塘や用水堀が相次いで建設された時期であった。このような事実は、この頃に、島内各所で水田開発が盛んにおこなわれたことを意味している。いうまでもなく平野部の水田開発は、急傾斜地の迫田経営と違って水不足を招き、人工的な灌漑施設をどうしても必要とするようになる[75]。水利と地割制は、「結」による「与」を基

70）崎浜秀明『沖縄の法典と判例集』（本邦書籍、昭和61年）238頁。
71）前掲注70崎浜書275～276頁。
72）前掲注7中俣書11～12頁。
73）前掲注62山本書32頁。
74）同上38頁、前掲注22田村書105頁以下。
75）前掲注62山本書92頁。

本とする「共同労働」によって連動しているように思われるが、この問題に関しては引き続き研究を継続したい。

第2部　公共財としての水資源

　人類史においては、治水に成功した者が権力を掌握し、国家建設に成功してきた。他方で、治水に失敗すれば、それは直ちに政権の崩壊を意味していた。とくに、国土面積の7割近くが森林地帯で、高低落差の激しい河川を多数抱えるわが国では、治水対策は他国以上に最重要課題となってきた。現在のわが国において、治水対策の基本は1896年に制定された「河川法」である。同法の制定当時は、「治水」対策に重点が置かれ、流水、河川敷、堤防に私権の成立を認めず、河川管理は原則として地方行政庁が行うものとしていた。その後、第二次世界大戦を経て、1964年の改正では水力発電や工業用水確保を目的とする「利水」という視点が加わり、水系主義の河川管理制度が採用された。「利水」は、水利権という形で調整される。水利権とは、河川の流水を一定の目的のために継続的、排他的に使用する権利であり、以前は慣行によって成立していたが、1964年の法改正後は、河川管理者の許可によってのみ成立することになった。

　基本的に、水利権が問題となるのは農業灌漑を目的とする流水の占有である。日本における年間水使用量約900億トンの内、農業用水は約3分の2を占めている。また、農業用水の約9割は河川水に依存しており、その内の約95％は水田の灌漑用水として使用されている。農業用水は、農業生産にとって不可欠なものであるが、灌漑用水だけでなく、古くから防火用水、環境用水（景観形成、生態系保全、生活排水の希釈）、収穫物・機械の洗浄などにも利用され、地域の生活に不可欠な存在となっている。そして、農業用水の水利権の多くは、土地改良区や水利組合などの利水団体が有している。そして、利水団体の水利権の多くは、慣行水利権と呼ばれる許可水利の例外だということが最大の問題である。

入会地や入会権の研究を進めてきた過程で、農村地域において水利権が一種の財産権として扱われている実態を見聞してきた。その経験から、とくに農村の水利が、行政法上の許可と慣習法上の物権との二面性を有し、あるいはその矛盾が露呈しつつあることに関心を抱くようになった。このような水利に対する学問的関心が高まると同時に、河川法に関わる政府の研究会等に参加し、あるいは水法に関わる研究助成金を獲得して、河川法や水利権、あるいは水に関する法制度の研究を深める機会を得た。

　まず、2008年7月から2009年7月まで国土交通省河川局「河川法制研究会」委員を、2009年4月から2018年3月まで国土交通省水管理・国土保全局「企画競争等有識者委員会」委員を、2014年12月から2016年3月まで国土交通省水管理・国土保全局「資源としての河川利用の高度化に関する検討会」委員をそれぞれ務め、河川行政に関する助言を行うとともに、その知見を高めることができた。とりわけ「河川法制研究会」では、慣行水利権の調査研究を行う機会を与えられ、農村の共同体による慣行水利権の実態と問題点を掘り下げて解明することができた。その研究成果が、第5章「河川法と水利権をめぐる法的課題」である。

　つぎに、「地下水の保全管理のための法規範研究」というテーマで平成25年度公益財団法人河川財団河川整備基金助成事業に採択され、2013年4月から2014年3月にかけて、北海道、群馬県、兵庫県、香川県、大分県において地下水保全に関する慣習法や地方条例の研究をすることができた。その研究成果が、第6章「地下水保全管理の法規範」である。ここでは、流水の私権性を排除している河川法や伝統的なため池等で散見される水利慣行、さらには地方自治体における地下水規制に係る条例の動向について概観したうえで、それらの法的保護態様の差異を明らかにし、規律する法制度が未整備の地下水問題の課題と規範のあり方について検討した。

　そして、2015年に「総合的流域管理と水資源をめぐる比較法的研究」（課題番号：15H05175、研究代表者：奥田進一）というテーマで、科学研究費補助金（基盤研究（B））に採択され、フィールドワークを含む広範な研究を進めてきた。本研究は、中国、オーストラリア、欧州における河川流域管理および水資源管理に関するフィールドワークを行い、わが国の水循環に関する法整備や行政施策への示唆を得ることを一次的な目的とした。また、水という自然資源をめぐる権利関係に焦点を当てて、人間・社会・自然との関係を法的にいかに位置付けるのかを検討し、水市場を形成すること等の手法で健全な水循環を実現させる方策の提言を二次的な目的とした。このように、諸外国の先進的ないしは試験的な取り組みを比較検討することで、様々な特徴を有する河川が多数存在するわが国の事情に合致した法制度や権利関係の安定化に対して学問的、実務的な考察基盤を与えることを可能にしようとしたものである。その研究成果が、第7章「中国の水利権流動化」および第8

章「オーストラリアの水資源管理法」である。
　以上のように、第2部では「水は誰のものか」という問いを掲げ、水という共有資源をめぐる法規範の構造的問題や内部矛盾、あるいは地下水のような法の空白領域について、アジアから欧州まで文字通りグローバルな研究を行った成果として4本の論文を収録した。

第5章　河川法と水利権をめぐる法的課題

1．問題の所在

　河川水をめぐる問題は、水害、水利、水質の3つの類型に分けることができ、それぞれについて利害関係の対立が生じている[1]。この3類型は、ちょうど河川法の制定とその後の改正による同法の目的変化の軌跡と合致する。

　まず、水害問題についてであるが、わが国では1896年に洪水防御に重点を置く河川法が制定され、水害対策とともに農業生産が飛躍的に向上した。水害にかかる利害関係の対立は、洪水被害として顕在化することになる。ただし、戦前においては1907年の山梨大水害、1910年の関東大水害、1938年の阪神大水害などがあるが、大規模水害は戦後に多発する。これは、治水対策により河川改修において河川の直線化が推進されたことに加え、都市部における宅地開発が進み人口が急増したことに起因するところが大きい。そのため、水害は国の防災対策の瑕疵に基づく人災であると認識され、1947年に国家賠償法が制定されたことと相まって、昭和40年代に入ると水害訴訟が増加しはじめて原告勝訴も相次いだ。しかし、1984年1月26日の大東水害訴訟事件において最高裁が、「未改修河川の安全性について、同種・同規模の河川の管理の一般水準および社会通念に照らして是認しうる安全性を備えているかどうかを基準として判断すべきであり、未改修の部分で水害が発生しても、河川管理者たる国には損害を賠償する責任はない」と判断するに至り、それ以降の水害訴訟では原告敗訴が続き、水害訴訟は「冬の時代」を迎えたといわれる[2]。

---

1) 長谷部俊治「水問題と水利権」社会志林55巻2号（2008）16頁。
2) 橋本博之「行政判例における『判断基準』—水害訴訟をめぐって」立教法学65号（2004）197〜217頁。

つぎに、水利については1964年の河川法改正によってこれが明確に打ち出される。同改正法の基本精神は、これまでの治水対策に加えて、とりわけ工業用水や上水道用水などの新規の大量利水開発にあった。その結果、水系一貫管理の方策のもとで、水資源開発促進法とともに、全国の水系において大規模な電源開発やダム建設が盛んに行われるようになり、水資源開発者と農業や漁業などの既存利水者と、産業や都市などの新規利水者との対立構造に、水資源開発の犠牲となる地域住民が組み入れられて一層複雑な利害関係が生じることになり、全国各地で反対運動が湧き上がることになった[3]。

とくに地域社会への影響は深刻であり、大規模なダム建設などが行われると地域住民を賛成派と反対派に分断して対立させ、地域活力の低下、過疎化、地域消失への過程をたどり、結果として地域コミュニティが崩壊することにつながる[4]。

そして、水質については1997年の河川法改正でこの問題が正面に出されることになる。産業構造の転換、水に対する価値観の多様性という流れにより経済成長や産業発展あるいは生活水準の向上と水需要とが比例しなくなり、水需要の減退、水供給の過剰という事態を招いている。また、これまでの過度な水資源開発、洪水対策などにより環境問題が顕在化し、自然生態系への影響だけでなく、国民の価値観が大きく変化し、河川環境や多自然型河川への再生が国民的課題となり、1997年に河川法が改正されることになった。この改正では、治水、利水および環境の３本柱が謳われ、100年以上を経過して初めて河川の本来の姿へ回帰する法的整備が行われたといえよう。また、河川整備計画の策定に当たっては、必要に応じて住民等の意見を反映されることになり、住民等が河川の将来計画に関わることができるようになった[5]。

---

3) 若井郁次郎「水資源開発におけるコンフリクト」土屋正春＝伊藤達也編『水資源・環境研究の現在』（成文堂、2006）110頁。
4) 前掲注３若井論文108頁。また、萩原優騎「失われた将来像」上野英雄編『ダムを造らない社会へ』（新泉社、2013）142～144頁は、政治もマスコミも「八ッ場ダム建設に賛成か反対か」という対立ばかりを強調する状況を放置してきた結果、とりわけ具体的な生活再建案が提示されないままにあったことが対立構造をより一層複雑で強固なものにしたとする。重要なことは「八ッ場の再生を認めるかどうか」であるとする。この萩原氏の洞察は、水資源開発に伴う地域再生を考慮する上で参考になろう。
5) 前掲注３若井論文111頁。

ところで、水利問題は利用形態の違いによって生じる影響関係の調整問題と、水資源の有効利用問題とに二分することができるという見解がある[6]。水質問題は水利問題と密接な関係にあり、水を利用すれば当然に排水が必要であり、逆に水質が悪化すれば水利用を妨げる恐れも生じる。なるほど水質は一般的に汚染の濃度が問題となり、その濃淡は水量によって影響されるといえよう。つまり、水利権に基づく水利用において水量侵害行為があった場合には、水質汚濁による不法行為の可能性も生じ得るのである。

　今日のダムや河口堰の建設計画や建設中の事例の動向をみると、社会・生活基盤の整備向上、水需要の減退と水供給の過剰など社会的要因、産業における節水技術的要因などにより、ダムや河口堰の建設・立地による経済的効果や波及効果、公共利益は小さいかあるいはほとんどないようである。このため、地域住民や関係者の多数はダムや河口堰の建設計画に対して反対という意思表示を行うようになって来たのが現状である。また、予測された効果と現実的な効果との格差が大きくなり、さらに、開発利益の帰属に偏りがあり、こうしたことが水資源開発における利害関係の調整を困難にしているのみならず、コンフリクト構造を一層複雑にしているという指摘がある[7]。

2．河川法の役割

　1896年に河川法が制定され、その後の1964年の大改正を経て、さらに1997年の改正を経て、河川は多様な機能を付加的に担いながら、その法的性質を複雑なものにしてきた。

　1896年河川法の制定当時は、治水対策に重点が置かれ、流水、河川敷、堤防等の河川区域内の土地に私権の成立を一切認めず、河川管理は原則として地方行政庁が行うものとしていた。その後、1964年河川法においては、河川区域内の土地については私権の成立を認めたうえで、河川管理上必要な範囲内でのみその行使を制限するという立場をとり[8]、私権の存在とその継続性

---

6) 前掲注1 長谷部論文16頁。
7) 前掲注3 若井論文113頁。
8) 私権の成立を認める考え方の基本には、①河川の敷地は本来必ずしも私権の目的にな

に配慮したものとなっているように思われる。河川管理については、1964年河川法において、1級河川は国が、2級河川は都道府県知事が、準用河川は市町村が管理するという水系主義の河川管理制度が採用された。なお、1級河川であってもその全区間、全管理事項について国が直接管理する必要が必ずしも存在しない場合もあることから、1級河川について区間や事項を限って都道府県知事もしくは政令指定都市の長に管理権限を委譲することができる（同法9条2項）。

　河川法によれば、河川は「公共用物」であると定義され（同法2条1項）、河川の流水は私権の目的となることができない（同法2条2項）。また、国家賠償法によれば、河川は「公の営造物」とされ（同法2条1項）、とくに湖沼や海岸等とともに「自然公物」とされている。もっとも、「自然」と「公物」を結合させた「自然公物」という語は違和感の多い概念であり、河川に関しては堤防やダム等の治水施設がまったく存在しない場合についても国家賠償の対象となり得るのかという議論が存在する。たとえば、積極説は、堤防等の治水施設を全く備えない河川については、社会通念上当然治水施設を設けるべきであるのにもかかわらず、これを備えないような場合であれば、そこから生ずる危険は、社会通念上合理的に受忍されるべき範囲を超え、行政主体の負担とするのが妥当であるから、その氾濫による損害は河川という営造物の設置・管理に瑕疵があるものと考えるべきであるとする。他方で、消極説は、国賠法2条が適用されるのは、原則として堤防その他の工作物がある場合に限られ、河川を放置したことによって責任は発生しないとする。いずれにせよ治水対策において何らかの瑕疵があれば、それは国家賠償法の対象として訴訟によって解決する可能性があろう[9]。

　　り得ないものではなく、また、流水の冠水している土地が土地所有権として使用収益が不可能ではないこと、②高水敷は何年かに一度冠水するだけであり、土地利用を必ずしも否定すべきものでもなく、かつ、私権を認めた方が補償問題も生じず行政上も便宜であることという考え方がある。また、原龍之助『公物営造物法（新版）（オンデマンド版）』（有斐閣、2004）78頁は、「私有地が河川敷になったとしても、その土地の私所有権は当然消滅するものではなく、ただ、それが河川として公共の用に供せられる結果、その所有権が公法上の制限に服するにすぎない」と考え、私権の存在とその継続性を強調する。

[9] 大東水害訴訟事件最高裁判決（最判昭和59年1月26日・民集38巻2号53頁）は、「河

つぎに、利水について考察する。利水は、水利権という形で調整される。水利権とは、河川の流水を一定の目的のために継続的、排他的に使用する権利であり、以前は慣行によって成立していたが、1964年の法改正後は、河川管理者の許可によってのみ成立することになった（同法23条）。このことは、これまで慣習法上の物権として、建前上は存在が否定されてきた水利権が、法的根拠を得て一種の財産権として扱われるようになったことを意味する。水利権の内容は、水力発電、農業灌漑、水道、工業用水、鉱業用水、養魚、し尿処理等の目的での河川流水の占有である。あくまでも占有目的を権利内容としているので、たとえば農業灌漑に利用した流水をそのまま利用して養魚を行ったとして、占有する流水量は同じであるが、占有目的が異なるので、別個の水利権の許可を受ける必要がある。なお、新規に水利使用の許可申請に際しては、既存の権利者を保護するために、関係河川使用者の同意を得て、その者の損失を補償した後でないと許可されない（同法40～43条）。また、河川管理者の許可を得ることで、水利権を譲渡することも可能とされている（同法34条）。

基本的に、水利権が問題となるのは農業灌漑を目的とする流水の占有である。日本における年間水使用量約900億トンの内、農業用水は約3分の2を占めている。また、農業用水の約90％は河川水に依存しており、その内の約95％は水田の灌漑用水として使用されている。農業用水は、農業生産にとって不可欠なものである。今後も農業の持続的な発展のため、農業用水の安定的な確保を進めなくてはならない。農業用水は、転用などによる水田面積の減少により、水田灌漑用水の減少が見込まれるが、畑地灌漑用水や水路機能を維持するための用水確保が必要であり、今後も横ばいで推移すると思われる。農業用水は、灌漑用水だけでなく、古くから防火用水、環境用水（景観

川は、本来自然発生的な公共用物であり、当初から人工的に安全性を備えた物として設置される道路とは異なり、もともと洪水等の自然的原因による災害をもたらす危険性を内包しているものである。また、河川の通常備えるべき安全性の確保は、管理開始後において、予想される洪水等による災害に対処すべく、堤防の安全性を高め、河道を拡幅・掘削し、流路を整え、又は放水路、ダム、遊水池を設置するなどの治水事業を行うことによって、達成されていくことが当初から予定されているものである。そして、治水事業の実施については、財政的、技術的、社会的制約がある」と判示して、河川管理の特殊性を強調している。

形成、生態系保全、生活排水の稀釈)、収穫物・機械洗浄などにも利用され、地域の生活に不可欠な存在となっている。農業用水の水利権の多くは土地改良区や水利組合等の利水団体が有しており、営農形態の変化や受益面積の減少等により変更が必要となっているものもある。

　さて、河川水を利用する際には、河川法の規定に従って河川管理者の許可を得る必要があるが、一部の水利用においては私的な利用に近い水利用、すなわち慣行水利権が存在する。慣行水利権は、河川法87条に規定される「みなし許可制度」により成立し、河川法102条違反（1年以下の懲役または50万円以下の罰金）にはならない。慣行水利権は、河川法上は「みなし許可水利」と称されるが、あくまでも河川管理行政は許可制による一元管理を建前としており、慣行水利権もこれを法定化し、許可水利に取り込もうという姿勢で実務を継続してきた。慣行水利権は慣習法において秩序化されているが[10]、河川法制定以前から水利秩序に関する慣習はすでに存在したのであり、河川法が慣行水利権の存在を認めたことは、慣習法による水利秩序の存在を認めたことを意味する[11]。つまり、結果として河川法は、水利秩序全体を規律することができなかったわけで、慣行水利権については慣習法が規律するという複雑な法構造をとらざるを得なかったのである[12]。また、慣行水利権が、河川法上の許可水利とみなされたからといって、その性格が変質するものではない[13]。

　このような河川法が抱える二元的法構造による問題が顕在化するのは、ダム建設等の大規模公共事業が展開される際に、「慣行水利権の放棄」という形で紛争になった時である。本稿において問題としたいのは、そもそも水利

---

10) 渡辺洋三著、北条浩＝村田彰編『慣習的権利と所有権』（御茶の水書房、2009）161頁は、水利権は通常、水の供給主体の側の権利のことを指すのであって、水の利用主体すなわち水需要者の権利のことをいうのではないとする。
11) 三好規正『流域管理の法政策』（慈学社出版、2007）95～96頁は、河川法23条が許可権限の所在を示しているに過ぎず、水利権の詳細な意味内容や許可基準については同条も含めて法令上明記されずに通達や前例に依拠していることから、法律による行政が行われているとは言い難いとする。
12) 黒木三郎＝塩谷弘康＝林研三＝前川佳夫共編『社会と法』（法律文化社、1995）101頁。
13) 財団法人日本農業土木総合研究所『現代水利紛争論』（財団法人日本農業土木総合研究所、昭和61年）42頁。

権は誰のものであって、その権利は一体いかなるものなのかということである。それは権利の性質をどのように認識するのかによって変わってこよう。同様の問題は、山野や漁業においても発生しうる。すなわち、入会権や漁業権をめぐる問題である。そして、このような権利の法的根拠の不明確さこそが、ダム開発や干拓事業差止などの頻発する公共事業に係る紛争の背景になっているのである。従来の利水の理念は、増加する水需要を満たす供給を確保するためにダムや堰などの利水施設を建設することにあり、いかに多くの水をいかに安価に提供するかにあった[14]。しかし、昨今の水を取り巻く環境の変化は、この考え方に大きな転換を迫っている。

ところで、慣行水利権の利水目的は、工業用水や上水など多岐にわたっているが、圧倒的多数は農業用水であり、とくに農業用水のみなし許可水利を慣行農業水利権と称することが多い。慣行農業水利権の利水目的は灌漑が中心的であるが、それに限定すべきではなく、農村地域の生活用水等の役割を有することから地域用水と理解すべきとする見解がある[15]。

3．水利許可と慣行水利権の競合

水利権の内容は、水力発電、農業灌漑、水道、工業用水、鉱業用水、養魚、し尿処理等の目的での河川流水の占有である。あくまでも占有目的を権利内容としているので、たとえば農業灌漑に利用した流水をそのまま利用して養魚を行ったとして、占有する流水量は同じであるが、占有目的が異なるので、別個の水利権の許可を受ける必要がある。なお、新規に水利使用の許可申請に際しては、既存の権利者を保護するために、関係河川使用者の同意を得て、その者の損失を補償した後でないと許可されない（河川法40～43条）。また、河川管理者の許可を得ることで、水利権を譲渡することも可能とされている（河川法34条）。

ところで、水利権の法的性質に関しては公権説、私権説、折衷説が存在する。このうち、「水利権も現に私的利益の対象になり、慣行水利権でさえも

---

14) 須田政勝『概説水法・国土保全法』（山海堂、2006）275頁。
15) 前掲注12黒木＝塩谷＝林＝前川共編書100頁。

優先権や排他的支配の性質を持っており私権たることを否定できないが、公法上の各種制限によって公法的規律を受けるにすぎない」とする折衷説が妥当であるとされる。ただし、これらの学説の対立もあまり実益はなく、公権説に立ったところで慣行水利権が私的利益の対象となっていることを否定できないし、私権説に立っても水利権が公法上制限を受けることを否定することもできないからである[16]。

以上の手続きを踏まえると、河川法23条により取得した水利許可と河川法87条により許可を得たものとみなされた慣行水利権とが競合し、その結果として水利許可が慣行水利権を侵害する場合があり得よう[17]。また、慣行水利権は成立していないものの、漁業等の河川利用者や河川環境そのものに対して水利許可に基づく利水行為が何らかの障害となる場合もあり得よう。とくに、発電等の目的による利水行為に関しては、それが河川水量の著しい減少や消滅等という形で、河川環境に多大な負荷を与える現象が発生している。既存水利権に対する侵害行為に関しては、侵害行為と損害の事実が明確になることが通常であり、判例も多く、学術上の議論も従前からそれなりになされてきている[18]。翻って、河川水量への侵害のように、損害の事実が不明瞭であり、被害者は不特定少数者であり、ともすれば被害の主体は河川やその周辺環境そのものである場合には、訴訟にすらなり得ない。しかし、水量侵害も公害であり、たとえ人的被害が発生していなくとも、環境には取り返しのつかない程の極めて大きな負荷を与え、自然公物たる河川の機能そのものを不全に陥らせ、最終的には水利秩序を崩壊させている場合もある。洪水の流下の妨害（ダムや取水施設の設置により生じかねない）、河川水の減少による公益の阻害（水質汚濁、景観の損傷、河口閉塞、漁業被害など）等を発生させ

---

16) 前掲注14須田書285～286頁。
17) 河川法改正前の判例であるが、最判昭和37年4月10日・民集16巻4号699頁は、「農水使用権は、それが慣習によるものであると行政庁の許可によるものであると問わず、公共用物たる公水の上に存する権利であることにかんがみ、河川の全水量を独占的排他的に利用しうる絶対不可侵の権利でなく、使用目的を充たす必要な限度の流水を使用しうるにすぎないと解するを相当とする」と判示しており、必ずしも水利許可と慣行水利権とが競合関係に立つものではないことを示唆している。
18) たとえば、宮崎淳「慣行水利権の類型とその効力」水資源・環境研究22巻（2009）1～12頁など。

るような、公共的な機能を妨げる水利使用は許されないばかりか、河川空間のオープンスペース機能、河川湿地の自然生態系機能などの河川環境を損傷しないことも重視されるべきだという見解も存在する[19]。

いずれにせよ、慣行水利権、とくに慣行農業水利権と新規の水利許可とが競合することが、現行河川法の課題であるといえよう。それでは、なぜ1964年の改正において慣行水利権の成立を認めなくてはならなかったのであろうか。この問題は、慣行水利権の法的性質を検証することによって明らかとなろう。

4．志村博康論文（1978年）が示した問題点

1978年に、志村博康「水資源の再分配と農業水利」（日本土地法学会『不動産金融・水資源と法（土地問題双書10）』（有斐閣、1978）所収）という論稿が公表されている。当該論文において、志水博士（東京大学農学部名誉教授）は、1964年の河川法改正を受けて1970年代以降の慣行水利秩序に大きな変化がもたらされるであろうと指摘し、農業水利の近代化の方向性について巨視的に私見を展開している。以下において、特に重要と思われる個所を引用する。

> 1970年代、河川水利に注目すべき動きが現われた。それは水資源の再配分、いわゆる水利転用の登場である。もっともこれまでにおいても、農業用水を都市用水に転用することは、一部で私的に行われてきた。しかし70年代に入ると、行政の施策として水資源再配分がとり上げられ、水利用に関わる諸々の制限の中には、水利転用が正式に組み込まれたのである。
>
> この動きは、これからの農業水利に大きな影響を与えるように思われる。近代以前から継承されてきた慣行的水利秩序は、現代的な水利用の諸形式に変わっていくのではなかろうか。
>
> …（中略）…
>
> もし農業水利が従前のままに止まるならば、大都市による水利用の席巻を前にして、現状維持すらも困難となるだろう。そこで農業水利も巨額の公共補助の下で、大規模な農業水利投資を図り、これからの時代に耐え得る施設

---

19) 前掲注1長谷部論文26頁。

整備を進めていく。

　水資源開発コストの上昇は、転用コストの上昇を随伴し、次第に転用の水市場を作っていくであろう。そして農業水利に相応の資本形成を進めていくであろう。

　原水コストの上昇は、そのうち、水田の年間使用水量の相当価値を水稲栽培の純収益以上のものにする可能性がある。私の私見では、大都市をもつ水系では、もう時間の問題になっているように思われるのであるが、その時には、農業は農産物を生産すると共に、原水も「生産」するという節水型の農業となるであろう。あたかも高度経済成長期に省力型の農業が生まれたのと同じである。

　この段階は、これまでの農業が一体としてきた土地と水を分離し、それぞれを固有の財とするであろう。農業経営における所有と経営の分離と連動して、あらたな農業水利構造を生み出すかもしれない。農業水利飛躍期の到達点の一つがそれかも知れない。

　この時、水資源の効率的配分、地域的水利制御の高度化、農業の高度化が並行的に実現される可能性がある。しかし、一歩間違えば、総生産の減退、食料の外国依存度の増大となる可能性もある。また、かつての人間と自然との交流形式に代わって、人間と自然を分かち、自然のリサイクルを切るシステムになる可能性もある。農業水利飛躍期のむずかしさである。しかし、人間の英知により、都市を含めた人間と自然との新たな交流形式を創造する可能性も宿っているだろう。どちらに農業水利をもちきたらすかは、これからの水利用の舵取りによって決まってくるのではなかろうか。将来の水利用のために今から考究すべき課題は、この辺にあるように思われる[20]。

　上記の志村論文において指摘された農業水利をめぐる将来構想は、1970年代当時において官民ともに期待されていたことであろう。しかし、あれから40年余りの歳月が流れ、志村博士が「一歩間違えば」ということで危惧した状況が、まさにそのままの形となって今日において的中した。総生産は見事に減少し、食料自給率はカロリーベースで約40％にまで低下した。また、水利の近代化（水路の暗渠化やパイプ化）は水田や水路から生命の息吹を消し去り、メダカやドジョウといった身近でありふれた生物種は絶滅の危機に瀕し

---

20) 志村博康「水資源の再分配と農業水利」日本土地法学会『不動産金融・水資源と法（土地問題双書10）』（有斐閣、1978）125～127頁。

ている。また、水資源需給についても、当時の予測とは随分と誤差が生じている。とくに農業用水については、1975年時点で570億 m^3 の需要があり、これが10年後の1985年には590億 m^3 に増加することが見込まれていた。しかし、実際には当初予測よりも微増にとどまり、1989年の586億 m^3 をピークとしてその後は減少傾向にある。

それでは、志村博士が危惧した「一歩の間違い」とは、一体いかなる現象を指していたのであろうか。志村博士は再配分を軸とする水利市場（ダムによる水資源開発市場ではない）が形成される過程に慣行農業水利権が取り込まれ、商品化されて行くことを予測している[21]。しかし、そのことは慣行農業水利権を完全に私財化することを予定しているのではなく、あくまでも公共財としての性格を肯定していることに注意しなければならない。問題は、「水利権」という表現にありそうである。河川水利においては、水を利用する権利面ばかりが強調されてきたが、権利の背後にある排水義務についてはほとんどこれが意識されることはなかったと言ってよい。むしろ、過去の水利慣行では排水義務の方が重視されてきた[22]。水利流量ばかりを基本的水利量と考えるようになったのは、公水管理の体系がそうさせたという指摘もなされている[23]。

つまり、水利権というものは、本来ならば義務として構成すべきであったのに、これをあたかも私法上の権利と同質のものとして扱ってしまったことが、志村博士の言う「一歩間違え」たことなのではないだろうか。以下においては、慣行水利権の法的性質について、民法上の議論を概観してみる。

5．慣行水利権の法的性質

(1) 民法上の性質

民法175条は、「物権は、この法律その他の法律に定めるもののほか、創設することができない」と規定しており、当事者が契約により新たな物権を創

---

21) 前掲注20志村論文129頁。
22) 渡邊洋三『農業水利権の研究（増補）』（東京大学出版会、1963）290頁。
23) 前掲注20志村論文137頁。

り出すことを禁じているが、慣習上の物権には本条が適用されるのか否かについては争いがある。ただし、民法施行法35条は、「慣習上の物権と認めたる権利にして民法施行前に発生したるものと雖も其施行の後は民法其他の法律に定むるものに非ざれば物権たる効力を有せず」と規定しており、慣習上の物権を明確に否定している。さらに、法の適用に関する通則法（旧法例）3条が「公の秩序又は善良の風俗に反しない慣習は、法令の規定により認められたもの又は法令に規定されていない事項に関するものに限り、法律と同一の効力を有する」と規定して、民法90条に反するような慣習は認めないとした。判例は、本条の法律に、法の適用に関する通則法3条にいわゆる慣習を含むということに否定的であるが、学説はこれを肯定する方向にあり、慣習法上の物権が認められると解されている。このように、民法175条、民法施行令35条および法の適用に関する通則法3条により、慣習法上の物権は何重にも否定されたのである。

しかし、明治期のわが国において、社会全体に江戸時代以前の慣習に基づくさまざまな権利や商慣習等が根強く残存し、広く行われていたことは想像に難くなく、民法においてそれらの存在を完全に圧殺することはできず、多くの慣習やそれに基づく物権を是認せざるを得なかったといえる。学説も、慣習法を民法175条にいわゆる「法律」に包含させて慣習法上の物権を認めようとする「民法175条適用説」、慣習上の物権が法定主義の趣旨に反しない場合には民法175条は適用されず、法の適用に関する通則法3条における「法令に規定されていない事項に関するもの」となるとする「民法175条不適用説」などがあるが、いずれも慣習上の物権を肯定しようとする点では共通する[24]。さらに、後述するように、判例も明確に物権とは言い切っていないものの、何らかの物権的な権利として肯定してきたといえる。このような考え方の背景には、制定法上の規定がないことから、水利権の法的性質が公権であるか、私権であるかという論争がある。概ね、公法学者は公権論に立ち、私法学者は私権論を支持した。慣行水利権は、後述するように、その内

---

24) 慣習法上の物権と民法175条との関係をめぐる学説の動向については、多田利隆「「慣習法上の物権」の問題点」『民法と著作権法の諸問題（半田正夫先生還暦記念論文集）』（法学書院、1993）3頁以下において十分に整理されている。

容から判ずるに基本的には私権であり、それは物権ないしは物権類似の権利とするのが今日においても多数説である[25]。慣行水利権が物権ないしは物権に類似する権利であることの特徴は、権利の効力面において顕在化する。物権は、物を直接支配することによってその物の効用を享受する排他的独占権であり、優先的効力と物権的請求権を効力として有する。慣行水利権がこれらの効力を有するか否かについては、次のような歴史的背景から検証されよう。

江戸時代を通じて、天領においては幕府が、その他の地域では知行する各藩が、領地内で水利紛争が発生すると、当事者間において自主的に解決させることが通常であった。もし、自主的解決ができない場合は、村落共同体の長たる庄屋・名主（地域によっては大庄屋・大名主）の裁量と差配に委ねられた[26]。つまり、水利権の侵害行為に対しては、水利権の主体がこれを排除し、予防を請求する権利、すなわち物権的請求権の行使があったことが確認できるのである。また、上流優先の原則あるいは古田優先の原則の存在[27]から、優先的効力を有していたことは明らかである。

しかし、このような性質を有しているからといっても、河川の流水までを私的な物権であると捉えているものではない。この現象に、「河川の流水は、私権の目的となることができない」とする現行河川法2条の淵源を求めることもできよう。つまり、河川流水は公共財であるという考え方は、現行法によって確定したのではなく、これもまた慣習法であると言っても過言ではない。

さて、現行河川法が伝統的な水利権概念を継承しているならば、水利権とは公共財としての河川流水を占有的に利用する権利であり、決して所有権ではないのである。したがって、水利権は自らが占有的に利用するのではない

---

25) 我妻榮＝有泉亨＝清水誠＝田山輝明『我妻・有泉　コンメンタール民法（総則・物権・債権）』（日本評論社、2005）328頁。
26) 江渕武彦編著『筑後川の農業水利』（九州大学出版会、1994）87～98頁。
27) 金沢良雄『水法（法律学全集15）』（有斐閣、昭和35年）87頁によれば、上流優先の原則とは、河川の自然的性格に立脚した慣行であり、上流の使用者が下流の使用者に対して優先するという慣行である。また、古田優先の原則とは、時間的に先に水を利用した者が後から利用した者に優先するとする原則で、既得権優先の考え方あるいは水利開発を先に行った者が保護されるべきであるとの考え方に立脚するものと考えられている。

水に対してまで権利を主張することはできず、あくまでもその利用目的に応じて必要な水量だけを取水して利用することを内容としている。言い換えるならば、実際に使用しない水は、河川管理者に返還しなければならない。現在の河川法では、水利権者が自らの水利権水量を利用しなくなれば、その水利権を河川管理者に返還し、その後に河川管理者が水利を必要としている他の人に再分配するという制度になっている。このプロセスは、現実の水資源の需給を見極めるという意味においても重要である。水利権の私権性は、あくまでも行政の許可の上で成立するものであり、公法上の制限を受けるものである。

(2) 慣行水利権の内容

前述の学説の動向を踏まえると、慣行水利権とは、「水利用の事実が反復継承され、それが合理的であり、正当なものであるとして社会的承認をうけ、これを通じて形成された権利」と定義できよう。社会的承認とは、同一水系において利害関係を有する共同体の構成員によって取水、配水、排水という一連の行為が秩序立って行われ、慣習化することである。反復するが、この慣行水利権は、1964年河川法において許可水利制度が導入された際に、1896年河川法以前より利用していた水利秩序に対して与えられたものであり、この瞬間に慣行水利権が私権化したとともに、河川法という公法上の制約を受けることになった。たとえば、現行河川法34条による権利譲渡制限、同38条以下の水利調整、同75条の河川管理の監督処分等がこれに該当する。

この慣行水利権を、河川法の管理下においてどのように規律して行くのかという問題に対しては、2つの考え方が存在する。まず、農業利水者は河川管理による管理を排除し、旧来の慣行水利を堅持しつつ、その私権性をより強調すべきとする見解である。つぎに、権利形態の差異を絶対化して、慣行水利権の主体でなければ権利の実現が保障されないと考えるのではなく、河川管理者、他種の水利権に対する農業水利権者側の交渉能力を高め、利水上の問題を調整する調整機構の整備に重点をおいて水利秩序の組織化を考えようとする見解である[28]。両見解は、必ずしも対立的な構造にあるわけではなく、いずれも水利権が有する性質の一面をそれぞれに強調しているにすぎな

い。両見解の決定的な相違点は、河川の公的管理に対抗する論理が、旧来の論理（自由な水利）であるか、新しい論理（自治的な利水調整組織による交渉）であるかである。慣行水利権を堅持しようとする見解は、権利の効果として公的管理を排除できることを前提とするので、行政との接触の場を理論内在的に想定しないものであり、水利調整・紛争解決は裁判での解決を想定するものとなる[29]。

(3) 水利権に関する判例

これまで判例は、水利権を何らかの物権的な権利として肯定してきた。河川流水に由来する水利権に関しては、以下の通りの判例の存在が確認される。なお、判例の選定に際しては、公式の判例集等で入手可能なものに限定したため、判例集未搭載のものでもいくつか重要判例が存在することを付言しておかねばならない。

- (a) 大判明治38年10月11日・民録11輯1326頁。
- (b) 大判明治39年3月23日・民録12輯445頁。
- (c) 大判明治39年4月4日・民録12輯507頁。
- (d) 大判明治42年1月21日・民録15輯7頁。
- (e) 東京控判大正3年5月9日・法律新聞948号24頁。
- (f) 大判大正5年12月2日・民録22輯2341頁。
- (g) 広島控判大正5年12月23日・法律新聞1216号23頁。
- (h) 大判大正6年2月6日・民録23輯203頁。
- (i) 浦和地判大正6年6月23日・法律新聞1293号24頁。
- (j) 大判昭和6年10月9日・法律新聞3329号16頁。
- (k) 東京控判昭和12年6月18日・法律新聞4045号16頁。
- (l) 宮城控判昭和14年9月18日・法律新聞4480号9頁。
- (m) 東京控判昭和15年7月19日・法律新聞4640号5頁。
- (n) 広島地方尾道支判昭和25年1月13日・下民集1巻1号15頁。
- (o) 名古屋高等金沢支判昭和31年11月26日・下民集7巻11号3374頁。
- (p) 東京地判昭和36年10月24日・下民集12巻10号2519頁。

---

28) 両見解の詳細については、前掲注27金沢書83〜89頁参照。
29) 前掲注22渡邊書103〜105頁、前掲注27金沢書85頁。

(q)　長崎簡易判昭和38年5月9日・下民集14巻5号938頁。
　(r)　徳島地判昭和39年4月24日・下民集15巻4号935頁。
　(s)　岡山地方津山支判昭和43年8月12日・判時554号69頁。
　(t)　松江地判昭和50年3月12日・判時795号86頁。
　(u)　広島高判昭和55年3月12日・判時965号75頁。
　(v)　神戸地判昭和63年9月30日・判タ699号209頁。

　以上の判例を分類すると、流水利用の利益を何らかの「権利」とする判例、「水利権」は否定しないが制限的であるとする判例、「水利権」を否定した判例、の3種類に大別することができる。

①流水利用の利益を何らかの「権利」とする判例
　(a)～(e)、(g)～(o)、(q)～(u)がこれに該当する。流水利用の利益について、(a)は「一種の権利」、(b)は「慣習上の権利」、(e)は「流水を専用する権利」、(i)は「専用の権利」、(j)は「流水の使用権」という表現をしている。また、権利の性格については、(d)(e)(h)(i)の各判例が「我国一般に古来より認むる所の原則」による権利であると判断し、(m)は「私権として保護せられるべき」権利、(k)は「（行政庁の許可に基づく流水使用利益が）一種の財産権たる私法上の権利」と判断している。そして、これらの「権利」の根拠について、(a)(b)(c)(e)(i)(m)の各判例は「慣習」、(g)および(l)は「慣行」、(h)は「慣習法」であるとする。しかし、これらの判例は、流水利用に関して生じる権利は慣習上の権利であるということは肯定しているものの、それが物権的効力を有するものであると認めたとは即断しがたい。なお、判例(l)は、町村制施行以降の行政村が主体となって水利権を主張するという形態の訴訟で、裁判所は水利権の住民への総有的帰属という判断を下しており、水利権が入会権的性格のものであることを確認したといえよう。

②「水利権」は否定しないが制限的であるとする判例
　(f)および(v)がこれに該当する。判例(f)は、私人間の紛争において、「水流利用の範囲は其水流地に於て各自の必要を充たす程度に止まるこ

とを要し特別の慣習又は下流使用者との間に特別の契約の存せざる限りは上流使用者の為に水流の利用に関する絶対の優越権を認むることを得ず」と判示しており、水利権が絶対的なものではないことを明らかにした。

③「水利権」を否定した判例

（p）がこれに該当する。水利権を否定した数少ない判例であり、いわゆる「三田用水事件」として水利権をめぐる判例の中では特に着目されている。本判決は、国と東京都を相手とした普通水利組合による用水路敷地所有権の確認訴訟[30]であるが、裁判所は当該地域が「脱農化」にあることを理由に水利権を否定している。本判決が示した判旨は、その後の控訴審（東京高判昭和42年7月25日・下民集18巻7号822頁）においても、上告審（最判昭和44年12月18日・土地改良制度資料集成第4巻425頁）においても維持された。本判決では、水利権の大前提として共同体が存在することが明確になったといえるのではないだろうか。

また、河川流水に由来しない水利権に関してではあるが、溜池の枯渇により水利権が消滅したとする判例も存在する（福岡地裁飯塚支判昭和31年11月8日・下民集7巻11号3169頁）。当該判決では、「水利権は水の存在を前提とする権利であるから水源地である溜池の水が自然且勝継続して全く枯渇し溜池としての経済的効用を失うに至りたるときはその事実により右溜池から引水する水利権は当然に消滅するものと解するのが相当である」と判示して、客体の物理的消滅に伴って権利も消滅するという物権法一般の原則を適用した[31]。ここで特に重要事項として捉えられることは、水利権の本体構成部分

---

30) 河床の所有権と流水占有権という考え方は、一般においては理解しにくいものであり、おそらく司法においても判断方法が確立しているとは言い難いと思われる。たとえば、藤前干潟訴訟事件（名古屋地判平成13年6月29日・判例地方自治225号31頁）は、現在、干潟となっている土地が過去に陸地であって自然に海没したものであって、現在も所有権の客体たる土地としての性格を有していると認定したうえで、一般廃棄物処理場建設用地とする目的で締結された当該土地に係る売買契約は、不能を目的とする無効なものであるとはいえない等として、原告らの請求が棄却された事例であるが、判決では「支配可能性と財産的価値を有する海面下の地盤については私人の所有権が認められる」と判示した。このとき、裁判所は、流水部分は公水であって私権の対象とならないとしているが、河川においてはこの論理は適用できないであろう。

は、必要水量を独占的排他的に利用（もしくは取水）し得る「法的地位」であるということで、これが慣習秩序を形成するためには同一行為の反復継続が要件となるということである。本件では溜池の水が枯渇して反復継続した取水行為が長年にわたって中断していたことが、水利権消滅の大きな自由とされたが、客体である水が完全に消滅した場合は当然として、水利行為の中断に関してはさらに検討すべき課題があろう。つまり、客体が存在しつつも、何らかの事情、たとえば農業の場合における休耕や耕作放棄等の事情により取水行為が中断した場合に、これを一律水利権の消滅として扱うべきかという問題である。このような場合には、過去とは別の水利秩序が形成されたとみるべきとの考えもある[32]。

「三田用水事件」および溜池に関する判決において示されたのは、水利権が共同体の存在とそこで反復継続して行わる取水に係る慣習の存在を前提としているということであり、慣習が廃絶したり、共同体が消滅すると、水利権も当然に消滅するということ、そして何よりも水利権が個々の農業者には帰属しない性質であることを明らかにしたといえよう。

(4) 慣行水利権の主体

慣行水利権の内容は、その主体面からも特殊性を明らかにすることができる。前述のように、慣行水利権の主体は伝統的な村落共同体であった。共同体は、堰堤や水門、用水路や水車等の水利施設を設置し、これを維持管理し所有した。そして、特定の水系に沿って存在する各共同体間では、取水の量や時期をめぐって紛争が頻発し、それらは基本的に当事者間において解決された。これらの紛争や解決方法を通じて、水利慣行が形成されたのである。水利紛争においては、各共同体が所有する水利施設が標的とされることが多かった。このことは、往時は、水利施設の所有と水利は表裏一体の関係にあり、水利権の内容が水利施設の維持管理によって享受できる取水量にあったことを推認させる現象である[33]。水利施設の維持、管理、取水、配水、排水

---

31) 溜池の水利権に関しては、竹山増次郎『溜池の研究』（有斐閣、昭和33年）が河川水利権と比較で優れた研究を行っている。
32) 前掲注13財団法人日本農業土木総合研究所書102頁。

の方法等に関しては、水利権を有する各共同体の寄合において決定された。これは水利権が入会権と同様の権利であることから、総有的利用形態の効果として当然のことであり、共同体の構成員たる個々の農民（農家）は、構成員たる資格において自由に水を利用し得たが、離農や離村等の事情により構成員たる資格を失えば水を利用する権利も喪失した。個々の農民は、寄合において決定された方法に従って水利行為を行ったが、水利権の管理および処分の権能は有さず、これらはあくまでも共同体に総有的に帰属した。したがって、実際に取水後の水を利用する個々の農民にとっては、水利施設の所有には関心がなく、取水、配水、排水という水利行為そのものに強い関心が寄せられていたことは言うまでもない。このとき、農民は配水によって水の利用を享受する一方で、それを元の水系にうまく排水すべき義務を負っており、むしろこの排水義務をいかに尽くすのかが水利権の内容として認識されていたきらいがある[34]。なお、農民が所有に関心を有さなかったということは、水利に限ったことではなく、当時の農民の多くは小作的地位にあり自己所有の農地を有しておらず、農地についてもそこを所有することよりも利用することにのみ関心が寄せられていたのである[35]。

　至極当たり前のことであるが、農業は元来、農地と水利とが一体となって営まれるものであり、両者は常に合わさって機能していたのである。そして、少なくとも第二次世界大戦以前においては、農地も水利も共同体の管理コントロール下に置かれ、それぞれについて利用に関する慣行秩序が形成されていたとみるべきであろう。したがって、共同体が消滅ないしは崩壊した場合には、新たな利用秩序を人為的に形成するか、新たな管理団体を組織する必要がある。農地については、1947年にはじまった農地解放と1952年の農地法により、農地は新秩序において管理コントロールされることになったのだが、水利に関してはこのような秩序形成は行われず、新たな管理団体として土地改良区等の形で水利集団が形成されたものの、その実態は旧慣秩序を形成していた旧共同体であることが多い[36]。

---

33) 前掲注22渡邊書268〜278頁。
34) 同上356頁。
35) 中川善之助「水利権と耕作権」私法第3号（1950）58頁。

分割的利用が可能な土地については、共同体の解体によって土地の共同体的支配も容易に消滅する。しかし、利水が治水事業と密接にかかわる結果、比較的広域の一定組織を中心とした、体系的な管理システム抜きに水利用を営むことは不可能であり、これが土地改良区という組織が存在する理由である。そして、共同体が解体ないしは消滅したとしても、当該共同体とリンクしていた水利組織は解体ないしは消滅できないという現象が発生するのである。なお、土地改良法は、耕地整理法と水利組合法を統合したものであるから、土地改良区はもっぱら水利組織として機能することを目的に設立されることが多い。河川水利集団としてもたざるを得ない公共的性格が、土地改良区に公共的法人の形態を必要としているが、その形態の背後には私的共同体の実態が存在する。かつての「藩営」と「民営」という相対現象が、今日も継続していると考えられる[37]。

転用を通じて形成された土地改良区の資本は、土地改良区が管理するものであって、決して個々の農業者に分配されてよいものではない。このことこそが、土地改良区がかつての私的共同体を継承しているものであることを証左するものである。

水利権の帰属は、今日、必ずしも定かではないが、これまでの議論をまとめると、土地改良区の管理下にあるという見方（土地改良区帰属説）が一般的であるが、個々の農業者（あるいは水田）にあるとする見解もある（私的所有説）。また、水について土地改良区と個々の農業者（あるいは水田）との関係は、水利権という極めて限定された流量を、限定された時期に授受するという関係にあるのではなく、個々の農業者（あるいは水田）が水稲栽培を円滑に行えるように適宜排水するという義務が土地改良区にあり、個々の農業者にはその排水を要求する権利があるという、一種の排水についての契約関係であるとする見解もある（配水契約説）。

以上を踏まえて、農地と水利権との関係を総括すると、自作農の創設により個々の農家は自己の農地を所有するに至り、その点において旧慣秩序から解放されたかに見えるが、農業において最も肝心な水利権の適正再配分が行

---

36) 室田武＝三俣学『入会林野とコモンズ』（日本評論社、2004）206〜207頁。
37) 前掲注26江渕編書160頁。

われなかったことで、農家は水利の面から旧慣秩序から脱却することができなかった。法的側面からいえば、農地法の施行により農地は近代法秩序の中に組み込まれたが、水利権は近代法以前の慣習法秩序から脱却することができなかったのである。そして、農地の経営に最も必要不可欠な水利権が旧慣秩序の中で機能したため、農地は水利権に従属する存在になったといってもよく、このことは1964年の河川法改正により創設された許可水利制度により決定的になったのではないだろうか。つまり、農地と水とは、農地解放前後も河川法改正前後もそれが不可分一体であり続けたのだが、いずれが主でいずれが従かという関係は逆転したと考えられる[38]。この問題に関して渡邊洋三博士も、「農業水利の伝統的秩序は、農村内部における民主主義的秩序の形成を阻止し、農業生産力の発展にとっての桎梏となるばかりでなく、それは現在、農村外部からの収奪に直面しても、その矛盾を露呈せずにはいられない」と指摘している[39]。

6．水利集団と水利調整

(1) 水利調整

これまで概観してきた、慣行水利権の法的性質や内容は、河川水利用の新規参入に際して行われる水利調整にどのような影響を及ぼすのであろうか。水田面積が減少し、水利用形態が大きく変化している都市近郊などで、上水道などが慢性的に不足している地域では、農業用水を減じて、上水や工業用水を殖やそうとする水利権の転用が行われている。また、すでに繰り返し述べてきたように、水利権が公権的性質も帯びていることから、余水に関して

---

38) 中川善之助『民法風土記』（講談社学術文庫、2001）149～150頁では、讃岐（香川県）において中川博士が見聞した「地主水」の慣行について紹介されている。中川博士は、地主水に対して、「田の所有権と、それを灌漑する水の支配権とは別物で、田をもっているから、水が使えるというわけではなく、田の権利と水の権利をもたないと百姓はできないということになる。従って田は田で売買され、それとは別に、水は水で売買されるのである」とその特殊性を強調されている。中川博士がこの地主水の慣行を了知されたのは、同書の記述から昭和36年と推測されるが、その後の河川法の改正によって、珍奇な慣習であったはずの地主水は法制度化されたのである。
39) 前掲注22渡邊書482頁。

は、本来これを公に帰せしめるべきであるが、これがほとんど行われていない。それは、水利集団が水利権を完全なる私的財産権として認識していることが原因ではないだろうか。さらに言うならば、営農集団や水利集団が、過去においては明確に認識できていたはずの管理的内容を主とする水利行為（水利施設の所有と維持管理）ではなく、いつしか所有的内容を主とする水利の権利所有に関心が移ったといえよう。また、個々の農民においても、かつては排水義務を負うものとして水利行為を捉えて取水と配水とに関心を示していたはずなのに、いつしか自らを水利という権利の所有主体であると認識するようになったのである。排水量は、その農業用水に課せられている義務的な排水量（ある種の公共財）と考えることが妥当であり、過去の水利慣行では確かに排水義務が重要視されていた。つまり、水利権は、水利施設を維持管理し、排水を行う賦役の総和であり、義務として構成されるべきものであったのである。ところで、排水義務よりも水利権流量を基本的水利量と考えるようになったのは、水資源の開発が大規模になされるようになってからであり、公水管理の体系がそうさせたという指摘がある[40]。しかし、多くの土地改良区が「取水」と「配水」という私的側面を重点に機能している実態を考えると、水利権の私的財産化はより進行させるべきものであるが、依然として公共性の強い性格のものであることを考慮して、一定の公的管理のもとで水利秩序を構築すべきである。

　なお、農業用水（不特定利水）から都市用水（特定利水）への転用が行われた場合、転用分は不特定利水容量から減じて考えるべきではないかという疑問が存在する。農業用水は不特定利水容量によってある程度取水流量が確保されているが、都市用水は特定利水容量に拠っている。この場合において、農業用水から都市用水に転用したものに関する利水容量はどのように考えるべきかについてはち不明な点が多い。このことも、河川水を公共財と私財とに明確に区分して議論することである程度の方向性が見えてこよう。いずれにせよ、水利許可に関してはその公共性が強いにもかかわらず、誤った方向で私権性が強調されているという実情が、今日のわが国河川法を貫く大きな

---

[40] 前掲注20志村論文137頁。

問題として認識され、その是正に向けた検討が早急に開始されることが期待されるのである。

(2) 遊休水利権問題

　遊休水利権という用語は、法律の条文には出てこないが、国の通達や解説の中で普通に使われている。同義語として、未開発水利権という用語も使われている。旧建設省は、戦後復興の中で、過去の水利権の整理の方針を示し、1950年3月14日付で「遊休水利権に関する件」という通牒（通達）を各県に出している。

> **「遊休水利権に関する件（昭和25年3月14日各知事宛河川局長通牒）」**
> 　標記の件に関しては、日頃種々御配慮を煩わしているが、発電その他の目的のため水利使用の特許を受けたにも拘らず水利使用をなすに必要な諸設備をなさず又はなし得ないため折角の水利権が活用されないまゝの状態にあるもの（遊休水利権）が全般的に見てかなり多数あり、ために円滑なる電源開発等の障害となっている事例が少くない。これが発生するに至った原因については種々は事情が挙げられるのであろうが、主戦後再び電源開発が強く叫ばれ、これが基盤をなす発電用水利権が経済的社会的に高く評価されるに至った今日、速やかにかゝる未開発水利権を整理し、併せて利水行政確立の基礎を築くことが緊急と考えられるので、慈今左記要領にてこれを整理する方針で進みたいと思うから予め御含み置き願いたい。（最終決定は関係各省と協議する予定）尚戦災その他の事情のため中央地方を通じ水利権台帳が極めて不備のまゝ放置されている現状にあると思われるので今回これを整理いたしたく、差当り貴県関係分としては別記地点が一応遊休水利権に該当すると考えられるので、これが自由の及びこれに対する意見を別記様式により調整の上至急報告されたい。
>
> **別記**
> 一　遊休水利権の発生した原因を個々に究明し水利権設定の際における命令書条項を厳格に適用して当然失効すべき水利権はこの際執行処分として台帳から抹殺の措置をとること。
> 　右に該当するものとして次の場合がある。
> 　a　水利権設定後所定の期限内に工事の実施認可の申請をせざるもの。

b　水利権設定後所定の期限内に工事に着手しないもの。
二　工事実施認可申請に対し管理者より認可の処分なく今日に至っているものがあるが、この際内容を検討して至急認可不認可の処分をなすこと（本省に稟伺中のものは当方にて緊急に措置する方針である）。
三　工事実施途次にて中止したものについては継続実施の意志がある程度客観的に証明されるものは、竣功期限伸張の手続をとられ意志なきものはこの際水利権を取消し、残存物件の措置をすること。
四　遊休水利権の期限伸張は原則として認めない。但し最近に開発の見込みありと証せられるもののみにつき関係省と協議の上暫定的に例外措置として短期間（1-2年）条件附に伸張を認めること。

　上記通牒が言わんとすることは、水利権を実行しない者は、権利の上に眠る者であるばかりでなく、その遊休水利権が他の緊急かつ有用な水利権の成立の障害となり、河川の有効な利用を妨げる可能性が大であるということである。にもかかわらず、なぜ遊休水利権の返還はなかなか実現しないのであろうか。あるいは、逆に遊休水利権を回収するためには、政府としてはどのような施策を講じるべきなのであろうか。そのためのモデルのひとつとして、入会地において実施されてきた近代化施策が何らかの参考になるのではないかと提言する。入会地に関しては、1966年に公布された「入会林野等に係る権利関係の近代化の助長に関する法律」、いわゆる入会林野等近代化法（以下、近代化法とする）によって、入会権が事実上の解体が行われた。同法に関して、筆者はこれを評価しないものであるが、それは入会権が結果として有していた環境保全的機能に着目するからである。他方で、水利権もこれを入会権に類する権利として扱おうとする見解が有力であることは前述の通りであるが、水利権に関してはその公共性が強いにもかかわらず、誤った方向で私権性が強調されているという実情に鑑みると、近代化法が志向した近代的権利化を図ったうえで、河川法による一元管理が実現できるのではないかと考える次第である。そこで、次章において近代化法による整備事業の状況を概観し、制度的な枠組みと問題点を明らかにし、水利権の近代化に幾ばくなりとも裨益することを期待したい。

(3) 水利集団の形態

　水利集団の形態は、1890年の町村制施行以後、町村組合、耕地整理組合、普通水利組合などの形態を採ることが多かった。第2次世界大戦後は、それが地方自治法における一部事務組合や土地改良区という形態へと転換した。このような集団化が可能であったのは、村落共同体の存在によるところが大きい。

　既出の判例 (1) は、町村制施行以降の行政村が主体となって水利権を主張するという形態の訴訟であったが、裁判所は水利権の住民への総有的帰属という判断を下した。すなわち、農業水利権は、農家に集団的に帰属するものであって、その法律関係は林野入会権と同様に、総有に属するものといえよう。

　慣行農業水利権の内容から考えた場合、用水確保と管理の主体と利用主体とは切り離して考えるべきであろう。このような考え方を採るのは、農業用水の利用においては、「共同体」は全体の水量を確保することを重要課題としているのに対して、個々の水利用者たる「農家」は水を利用すべき時期を重要課題としている。つまり、水利権の主体は、量的利用者たる「共同体」であり、個々の農家は時間的利用者としての地位にすぎず、それは共同体の内部的効力は有するが、対外的には効力はないと考えるべきではないであろうか。したがって、水利権の問題は、農家の権利を云々するというよりは、それらの農家の総体としての共同体の存在や性質を議論することに着目すべきなのである。

　ところで、少なくともわが国の農村地域における「共同体」は、法的にどのように評価されてきたのであろうか。この問題については、水利権に関してよりも、入会権に関しての方が多くの議論がなされている。

7．小　括

　本章では、水利権とくに慣行農業水利権について、その私権性を保ちつつ、これを公共的管理下で一元管理すべき方向性を考えてきた。水利権が持つ公共性は、農地についてもある程度当てはまると言えよう。逆に言えば、

農地をめぐる法理論を水利権にも当てはめて考えることができるのではないかという結論に達した次第である。たとえば、都市圏内の農地について、農民の利用と市民の利用とにおいて利害関係の衝突が見られ、これを調整するための法律として農地法や都市計画法を軸として、農地転用等の形で機能する。都市化において都市民と農民との利害関係が衝突するという点では、水利権についても同様である。ただし、水利権に関してはその利害関係を調整する法律が存在しないのである。ただあるのは河川法のみであり、河川法は取水管理をするのみで、利害関係の調整にはほとんど機能できていない[41]。

農民が、水利権を慣行上総有的な権利であるから、水利集団全員の総意（合意）がなければ処分できないし、そもそも自分達に持分があるのだと認識して転用に応じないのであるならば、本来河川法が負っているはずの水の公的管理はいつまで経っても実現しないどころか、不自然な形（違法性を黙認する状態）で水は商品化され、いびつな水取引市場が形成されてしまうことになろう。人間の生命の源泉であるはずの水の公共性は、いかなる理屈をつけようともこれを消滅せしめることはできない。他方で、内容に対する時代的変化や多少の誤認はあるが、慣行水利権が私的財産権的性格を強く帯びていることは事実で、これをひとたび与えられた後に、不要水が生じた場合にこれを河川管理者に返し、新たに河川管理者が新規利水者に許可で利水させるという再配分方式は、慣行水利権の主体には受け入れがたいものであろう。また、この状況では余剰水が生み出されない[42]。

水の有する公共性を確保しつつ、他方で水利権の私財性を尊重するための制度改革としては、いくつかの段階を経る必要があろう。まず、公的一元管理を志向するためには、入会権においてなされたような権利の近代化によって、慣行水利権を地域共同体（水利集団）の旧慣秩序から解放して整理する必要がある。そのうえであらためて河川法における許可水利制度に一元的に組み込み、しかし私権性を認めてその流動化を図ってはどうであろうか。こ

---

41) 前掲注11三好書97頁は、「水利権概念や許認可手続きは法律上明記されることが必要であり、この際、表流水のみならず、地下水についても一体として水利権の対象にすべきものである」という興味深い見解を示している。
42) 同上97頁も同旨。さらに、水利権者が水利権を既得権として手放さないことが、ダム建設を誘引していると指摘する。

のときに、河川法において新たな制度を創設する必要はなく、私権性の確保と流動化は、現行河川法34条が規定する譲渡規定の柔軟化によって対応できよう。統計をとることは不可能であろうが、全国的には農業用水の無断転用や売水行為は頻繁に行われている。法制度化されている水利秩序において、このような違法状態を黙認していることは法秩序の安定という側面からも是正されなくてはならない。そのためにも、権利内容の変更による水利権譲渡を禁じている現行法を改め、利水者間における譲渡を緩和してはどうであろうか。もちろん、あくまでも公的管理の下で、治水と水利秩序への影響のないような状態を担保する形での譲渡を規律する必要はある。

ところで、昨今、地域社会における水の重要性や親水性が強調され、1987年の河川法の改正においても地域社会に合致し、親水性を確保した河川整備ができるように市町村が河川工事を行うことが可能となり、ここに「地域環境用水」が形成された。しかし、後述するように、地域環境用水には、その主体性と水量確保をめぐって解決すべき問題が多々存在する。

現在、農村における共同体の解体にともない、農業用水の役割や価値も大きく変化してきている。とりわけ、地域用水としての多様な役割を担ってきた農業用水は、都市化とともに農業水利施設として、灌漑や排水を行うという機能面のみの役割を担うに過ぎなくなってきた。しかし、最近では地域の生態系や景観の面から水が持つ役割の重要性が認識されるようになり、さらには人々が水と関わることにより精神的安らぎを得ようとする、いわゆる親水性が強調されるようになり、水環境の整備とその管理の必要性が叫ばれるようになった[43]。水環境の整備主体が行政であることは当然であり、問題はその後の管理主体である。水環境をさらに向上させるのは当該地域社会の構成員である。本来ならば、農業により結束していた村落共同体などの地域共同体が担うべき役割であったのであろうが、かかる共同体がもはや存在しなくなった地域においては、入会地の場合と同様に、新たな共同体の構築を企図すべきであろう。

---

43) 前掲注12黒木＝塩谷＝林＝前川共編書105〜106頁。

第6章　地下水の保全管理のための法規範

1．問題の所在

　地下水は古来より水質が良好で水温が安定しているため人々に利用されてきたが、現代では人口増加、産業構造の変化、人口増などにより大量取水が可能な河川水への依存が高い地域の方が多い。わが国の水資源利用量全体に占める地下水利用は約12％に過ぎないが、生活用水と工業用水になると約50％を占めるという[1]。他方で、河川水の利用には水利権の取得やダム建設等のインフラ整備を伴い、農村地帯では地下水への依存が高い。また、地震等の災害時には河川水に由来する上水道の供給は滞りがちになり、地下水利用がますます重要になる。しかし、河川水と異なり、地下水利用に関してはこれを規律する法制度が未整備の状態にあり、水源地や取水地の土地所有権との拮抗という問題も存在する。また、地下水汚染に関してもその原因や汚染が顕在化するまでに相当期間を要するという問題も軽視できない。地表水の管理について定めた立法としては、治水対策を主目的として1896年に制定された旧河川法が初出であり、1897年にはやはり堤防決壊などに対する治水目的で砂防法が制定された。これら2つの法律はいずれも水に関する最古級の立法例といえるが、地下水に関しては何らの規定もない。旧河川法制定当時は、現在のような大深度掘削による地下水取水は行われておらず、つるべや手動ポンプなどを利用した小規模な井戸などによる利用がせいぜいであったことから、地下水を管理するという発想がなかったのではないかという理由が考えられている[2]。他方で、わが国において地下水を専門的に規律する法律は現在のところ存在しないが、個別に地下水に関する規定を有する法律

1）益田晴恵編『都市の水資源と地下水の未来』（京都大学学術出版会、平成23年）24頁。
2）同上224頁。

を概観すると、利用規制に関する規定を有する法律と、水質規制に関する規定を有する法律とに大きく分けられる。

本章では、このような地下水の利用と保全をめぐる諸問題について、明確な法規範が存在しない、ため池等に関して存在する水利慣行を概観したうえで、地下水問題の課題と規範の在り方について検討する。

2．ため池をめぐる水利慣行

慣行水利権は、総有に係る土地所有権と一体化した水利慣行に基づいて実行されるのが一般的であるが、水量が希少な地域、とりわけ河川水に依存できず、ため池などの貯留水（止水）を取水源としているような地域では、総有的な土地所有権とは切り離された、どちらかといえば個人の土地所有権あるいは土地所有者に付随する水利慣行が顕在化してくるのではないだろうか。そこで、わが国でも有数のため池群を有する香川県におけるいくつかの水利慣行事例を紹介し、河川流水の慣行水利権とは異なり、個人の土地所有権等と一体化した水利秩序が求められる地下水法制の在り方に対して参考に供するべく検証を加える。

香川県では、用水不足のために、ため池や地下水などを様々な形で農業用水に利用してきた。このように多種類の用水源があるため、その灌漑区域を固有の用水源の名を冠して、何々池掛り、何々川掛り、何々出水（地下水）掛りと称している。あるいは、水利施設を介して導水や配水が行われるために、水利施設名を冠して呼ぶ場合があり、井関（堰）掛り、ポンプ掛り、井出（用水路）掛り、股掛りなどと称されている。ちなみに、幹線水路から分水する地点を股あるいは分け股といい、その下流の灌漑区域を「何々股掛り」と称する。このように固有の用水源名あるいは水利施設と一体となった呼称があり、これらの灌漑区域を総称して水掛りという。この水掛りの特徴は用水源あるいは施設が特定された灌漑区域であり、伝統的に用水事情が厳しかったことを反映して、一枚一枚の水田はどの水掛りに属すかは明確に定まっており、水掛り区域は厳密に確定していたという。また、用水源と水掛りは原則的に一対一で対応し、水掛り間では用水を融通しないのが原則で

あった[3]。

　ため池の水利権は、水利の段階に応じて承水（引水）権、貯留権、利用権の３つに分けることができるとされる[4]。このうち、承水（引水）権は河川法上の許可水利権と慣行水利権のことであり、貯留権と利用権がため池水利に特徴的な水利慣行といえる。ところで、許可水利が取水量を最も重要な内容としているのに対して、慣行水利権の多くは取水量よりむしろ、取水時期、方法、取水堰等の構造や寸法等がその主要な内容を構成していることが多く、取水量はあいまいで正確な数値を把握することに困難を伴い、たとえ取水量について届け出があっても、その水量が実際の取水量を超越する場合があり、このとき必要量を超えた水量にも権利があるのか否かは疑問であるという指摘がなされている[5]。具体的な取水状況にもよるが、届出水量を超越すると、あるいはそれを下回ると、ここで水利慣行がますます重要に機能してくるのではないだろうか。また、権利主体についてもため池の水利権はやや複雑な様相を呈しており、承水（引水）権および貯留権と利用権とで異なる。承水権と貯留権の主体は、承水、貯留、配水という一連の行為を自己の責任において処理し、運営管理している水利団体（国、県、市町村、土地改良区、水利組合等）であり、水利権者たる水利団体に対して、自己の灌漑面積等に応じてため池の貯水を自己の耕作地に配水することを要求する権利、すなわち利用権の主体は水掛りの耕作者であるとされる[6]。なお、貯留権とは、特定の水掛りに必要な分量の用水を貯留することを目的とする権利とされる（灌漑期間中の雨水、河川からの引水、栽培作物の種類、作期等の関係で、水掛りの必要水量とため池貯水量とは必ずしも一致しない）。そして、貯留権の及ぶ範囲は、少なくとも最高水位における水平面が土地に接する線によって囲まれた地域（通常、満水面という）であり、その地域において一定量の水量を貯留確保することになる[7]。

---

3) 讃岐のため池誌編さん委員会編『讃岐のため池誌』（香川県農林水産部土地改良課、平成12年）1513～1514頁。
4) 四国新聞社編集局＝香川清美＝長町博＝佐戸政直『讃岐のため池』（美巧社、昭和50年）516頁。
5) 同上516頁。
6) 同上517頁。

このようにして貯留された水がいよいよ配水され、水掛りの耕作者が利用権を行使するに際して、渇水期や水量が絶対的に不足している香川県下のある特定地域においては、「水ブニ」や「地主水」といった特異な水利慣行が存在する。農業用水権は、一般的には水掛りの土地所有権者全員の総有に帰する土地に付随する権利であるのに対して、水ブニや地主水はどちらかといえば耕作者（人）に付随する個人所有権的色彩の強い水利慣行とされる。すなわち、水ブニは、個別の水田が一定量の用水権の持分を持つ慣行で、用水権が総有的なものであることに対する例外であり、「地主水」と呼ばれる慣行は土地所有権とは分離した慣行で、用水権が土地に付随するという原則から外れた慣行であるとされる[8]。ちなみに、地主水の慣行が行われていたのは、香川県下でも木田郡下高岡村（現三木町）の一箇所のみであるという[9]。そこで、ここでは水ブニについてのみ詳述するにとどめる。

水ブニの「ブニ」とは、香川や岡山で持ち分や取り分という意味で用いられた方言で、水ブニは水の持ち分、水を取り入れる割合などを意味し、水田一筆毎に持ち分が定められている点に特徴があり、同一の地区であっても水田によって引水量に差が認められている[10]。水ブニの発生は、各土地の用水権の持分を明確にしておくことで、用水計画も立ち、下流は保護され、干ばつ時等における無用な紛争を防止する上で役立ったのではないかと考えられている[11]。

---

7) 前掲注4 四国新聞社編集局＝香川＝長町＝佐戸書516～517頁。
8) 前掲注3 讃岐のため池誌編さん委員会編書1525頁。
9) 同上1527頁。なお、地主水は、土地の所有権とは別個のものであり、土地の所有権の取得と、それに必要な用水を得るための用水権の取得とは、それぞれ別個に取引が行われ、このことが地主水の呼称の由来であるとされる。もっとも、土地を所有せずに用水権だけを所有することもあり得るという。
10) 角道弘文「水を使う知恵―水利慣行」『Civil Engineering Consultant』Vol.259（April 2013）13頁。
11) 前掲注3 讃岐のため池誌編さん委員会編書1526頁。また、満濃町誌編さん委員会＝満濃町誌編集委員会編集『新修満濃町誌』（満濃町、平成17年）516～520頁によれば、干ばつ時等において旧慣の変更ないしは慣行の異なる村落間において発生した、戦前と戦後の2つの興味深い水利紛争事例が紹介されている。戦前の事例は、1922年に、満濃水系中の重要な分水点のひとつである藤兵衛股において、2つの集落が分水をめぐって実力行使を以て衝突した「藤兵衛股の水利紛争」であり、戦後に事例は、1955年に、旧慣の変更により異なる土地改良区において、分水をめぐって実力行使を以て衝突し、高松

水ブニによる配水は常に実施されるわけではなく、渇水発生時またはそのおそれが予測されるときに限定されていた。配水方法には、引水時間によるもの（番水）と分水設備（分水工・分木・定規）によるものと2種類がある。水ブニによる配水が始まると、各水掛りにおいてこれまで行われてきた引水方法が中止され、各自の水ブニ量に応じて配水が行われる。とくに番水による配水が多く行われており、線香や抹香の燃焼する時間によって番水時間が決定されたことから、この方式を線香水とか香水と呼んでいた。線香水や香水による番水が実施されると地区農民は総出となり、配水時に欠席すると配水を受けられないというペナルティもあったとのことである[12]。また、渇水がさらに深刻化してため池の貯水が少なくなってくると、7分配水、5分配水といった放流制限が加えられ、それに応じて線香の長さが台帳記載の長さの7割、5割に短くされ、他方で、引水が一巡しても地区に割り当てられた配水時間が余っているときには、さらに線香割を追加されたという[13]。

水ブニ等の水利慣行は、1947年に始まる農地解放とともに次第に消滅していったが、ため池という水利施設はいまなお近代的水利施設と一体化して活用されており、そこで行われる水利システムは、かつての水利慣行を基本的に踏襲している。香川県では歴史的、慢性的な水不足を解消すべく、1968年から1981年にかけて、高知県の早明浦ダムを水源として吉野川を流下し、徳島県の池田ダムの上流にある香川用水取水工から讃岐山脈を貫いているトンネルを通って、香川県三豊市財田町の東西分水工に流れ、そこから香川県全域に配水を可能とした総延長106kmに及ぶ香川用水を開削した。しかし、香川用水だけで香川県全域の用水を賄うことはできず、まずは県下に広がるため池群の貯水量を使用し、つづいて不足分を香川用水で補うという計画になっている。つまり、ため池群という「調整池」により、幹線用水路の施設

地方裁判所丸亀支部における農事調停（1956年6月19日）にまで発展し、「大川頭首工に関する協定書」が締結された「札の辻水利紛争」である。
12) 前掲注3讃岐のため池誌編さん委員会編書1526～1527頁によれば、各自が自己の水ブニに係る用水をいずれの田に引水しようと、また誰に譲ろうと随意であるため、配水は水掛りのすべての者から引水に関する意見を聴取する必要があり、その際に定まった時刻に集合しない者は配水を受ける権利を放棄したものとみなされると説明する。
13) 前掲注10角道論文13頁。

容量の増大、建設コストの増大を抑制し、より経済的な香川用水の建設が可能となったとされている。さらに、香川用水の配水操作についても、既存ため池群が調整池として活用され、香川用水がこれらのため池にいったん注水、貯留された後に、各ため池で従前から行われていた水利方式にもとづいて各農地に配水されているという[14]。このように、香川県の事例は、伝統的な水利施設と水利慣行を近代的な水利施設と併用することで、新たな水利システムの可能性を生じさせたものとして評価されよう[15]。このようなため池とそこで培われてきた水利慣行は、地下水の保全と利用に際しても、裨益するところは頗る大きいものと考えられるのである。

3．地下水の利用規制

　第5章において概観した、河川法および河川水の保全と利用をめぐる法規範の動向や検討事項、さらには本章前節において検証したため池水利のような、個人所有権に付随する水利慣行の実態検証を踏まえて、地下水をめぐる権利関係や法規範の状況について考察する。地下水の利用規制に関する規定を有する法律としては、1948年に制定された温泉法が挙げられる。温泉も地下に存する水体であることから、同法は地下水に関するわが国における初めての法律といえよう。なお、同法は制定当初は泉質について専ら規律する法律であったが、2007年11月の法改正で用水規制、汲み上げの規制が取り込まれた[16]。さらに、1905年に制定され、1950年に全面改正された鉱業法は、石油や可燃性天然ガスの開発に一定の規制をかけつつ、これらの資源を含む地下水の開発を認めている。ちなみに、温泉法は土地の所有者に、鉱業法は鉱業権者にそれぞれ地下水の採取を認めている点は、本稿で議論しようとする地下水利用権の在り方を考えるうえで参考になる。このほかに、1956年制定の工業用水法や1962年制定の建物用地下水の採取の規制に関する法律（ビル

---

14) 前掲注10角道論文15頁。
15) 同上15頁。
16) 温泉法の改正経緯については、小澤英明『温泉法－地下水法特論』（白楊社、2013）334～338頁に詳しい。

用水法）が挙げられる。これら２つの法律が制定されるに当たって、たとえば私企業の工場敷地内で地下水を汲み上げることに対して、これをいかなる理由をもって規制するのかという議論がなされている。つまり、工場の敷地は私的所有権の客体であり、当該所有地の地下水を利用するということは、本来は当該私企業の自由ではないかということである。この問題に対して、当時の国会において建設省河川局長が、「地下水が所有権の対象になるということを前提として規制をして行くことになるが、学説は分かれていて明確な答えは出し切れない。しかし、規制をかけなければ地盤沈下が深刻になっており、これを防ぐことを主な目的として法律を制定する」という答弁を行っていることが明らかとなっている[17]。この問題意識は、地盤沈下に関する法律が未制定であるという、現在の環境法とくに環境基本法が抱える問題に通底している。地盤沈下に関して法律が制定されないのは、そもそも地下水の流動システムが未解明であるというという状況に加え、地下水の汲み上げ自体も地盤沈下の要因となっており、規制の在り方が一律に捉えられないという点に原因が求められよう。規制対象や規制方法が不明瞭であることは、規制主体も不明瞭になって来よう。工業用水法では、指定地域内の井戸により地下水を採取してこれを工業の用に供しようとする者は、井戸（揚水機の吐出口断面積が６平方cmを超えて地下水を採取する施設）ごとに、都道府県知事の許可を受ける必要がある。また、ビル用水法の規制も、工業用水法とは地下水を採取してこれを建築物の用に供しようとする点が異なるのみである。いずれも、許可が与えられると、義務違反をしない限りは地下水の状態が悪化しても行政庁には許可の取消・停止をする権限が与えられていないが、緊急時には地下水採取制限命令を出すことができる。こうした工業用水法やビル用水法による採取制限が功を奏して、戦後に掘削技術の急速な進展により全国的に進行していた激しい地盤沈下は沈静化したといえるが、近年は新たな地盤沈下が懸念されている。たとえば、湾岸部の埋め立てによる上載荷重増加や温泉施設等の大深度地下水の汲み上げによる地盤沈下、あるいはコンクリートやアスファルトによる地表面被覆による地中への水分不浸透

---

[17] 松本充朗「地下水法序説」四万十流域圏学会誌第７巻（2008）26～27頁。

や森林減少等による地下水供給源の減少等の懸念事例が指摘されている[18]。

4．地下水の水質規制

　地下水の水質保全については、環境基本法の中で政府が水質の汚濁に関する環境基準を定めるとしていることを踏まえ、1997年3月に地下水も対象とした水質汚濁にかかる環境基準についての告示を行っている。そして、水質規制に関する規定を有する法律としては、たとえば1970年に制定されてその後たびたび改正されてきた水質汚濁防止法が挙げられる。同法は、地下水も公共水域に準じてその対象に加えるとともに、同法12条の3は有害物質に関して地下浸透を禁止し、さらに同法14条の3は有害物質に該当する物質の地下浸透によって人の健康被害が現実に生じ、または生じるおそれがあると認められるときは、都道府県知事は地下水の浄化のための措置をとることを命ずることができると規定している。また、飲用水に関しては1957年に制定された水道法のほかに、1994年に環境庁（当時）が制定した特定水道利水障害の防止のための水道水源水域の水質の保全に関する特別措置法（水道水源特別措置法）および同年に厚生省（当時）が制定した水道原水水質保全事業の実施の促進に関する法律（水道原水保全事業法）のいわゆる水道水源二法が存在し、詳細な科学的データに基づく規制がかけられている。水道水源特別措置法は、水道の浄水過程で生成されるトリハロメタン等に係る障害を防止することを目的としている。同法は、国が特定水道利水障害の防止のための水道水源水域の水質の保全に関する基本方針を定めることを規定するとともに、環境大臣が都道府県知事からの申し出に基づき指定した指定水域および指定地域において、都道府県知事は水質保全計画を策定し、水質汚濁防止のための規制その他の措置を総合的かつ計画的に実施しなければならないと規定している。水道原水事業法は、水道原水の水質の保全に資する事業の実施を促進する措置を講ずることにより、安全かつ良質な水道水の供給を確保し、これによって公衆衛生の向上および生活環境の改善に寄与することを目

---

18) 黒川哲志＝奥田進一編著『環境法へのアプローチ（第2版）』（成文堂、平成24年）159頁。

的としている。同法は、水道原水水質保全事業として、①下水道の整備に関する事業、②し尿処理施設の整備に関する事業、③浄化槽でし尿及び雑排水を集合して処理するものの整備に関する事業、④浄化槽でし尿及び雑排水を各戸ごとに処理するものの整備に関する事業、⑤畜産農業の用に供する施設の整備に関する事業のうち、家畜の糞尿を堆肥その他の肥料とするための施設の整備に関する事業などを規定している。このほかに、廃棄物処理施設からの排水も汚染原因となり得ることから、廃棄物の処理及び清掃に関する法律（廃掃法）が、処理方法（6条の2第2項～第3項）、業者の規制（7条、15条）、保管方法（15条の2）に関して規制をかけることで地下水への影響を回避する措置を講じている。

　これらの法律を概観すると、地表環境に起因する汚染防止に関しては比較的整った状態にあるといえるが、浸透した汚染物質や汚染水による土壌汚染防止のいかんによって、地下水汚染防止は大きく左右されることを考えなくてはならない。土壌汚染に関しては、2002年に制定され、2010年に改正された土壌汚染対策法（土対法）および1970年に制定された農用地の土壌の汚染防止等に関する法律（土防法）が制定されている。土対法は、汚染地の所有者に汚染の調査・浄化等の責任を負わせる状態責任[19]を規定していることが特徴的である。土防法は、カドミウムおよびその化合物、銅およびその化合物、ヒ素およびその化合物の3種類の特定有害物質によって農用地が汚染されたと認められるときは、都道府県知事は当該農用地を農用地土壌汚染対策地域に指定して農用地土壌汚染対策計画を定め、さらに都道府県知事と市町村長は当該計画に基づいて、排土、客土、水源転換、転用等の対策事業を行うことを規定している。土対法にせよ土防法にせよ、地下水汚染防止の観点は薄弱で関連規定に乏しい。土壌汚染と地下水汚染は同時発生の可能性が高く、地下水を通じて土壌汚染が拡大することも、またその逆もあり、地下水

---

19) 土壌汚染対策法8条は、土地所有者が行政庁の指示や命令（同法7条の1項、4項）により汚染除去等の措置を講じた場合に、汚染原因者にその費用を求償できることを規定している。なお、東京地判平成24年1月16日・判時357号70頁は、行政庁の指示や命令を超えて自主的に講じた措置に関して要した費用の求償は対象外とし、同法8条は措置命令等によって生ずる負担を汚染原因者に求償できることを定めた特別規定であると解釈する。

を含む地盤環境を総合的に考慮する法整備が待たれる[20]。この点に関しては、1970年代に当時の環境庁、建設省、通産省などが地下水の水質保全や適正利用など地下水の総合的な保全や管理を目的とする地下水保全法案を提出したが、目的性について議論がまとまらずに法制化しなかったことが知られている[21]。近時でも、2009年12月に森林法の一部を改正する法律案とあわせて地下水の利用の規制に関する緊急措置法案が議員立法により衆議院に提出されて前者は成立したものの、後者は継続審議の末に廃案となった。同時期には、外国資本による水源地の買収問題が取り沙汰され、北信広域連合議会が地方自治法99条に基づき2012年2月20日に長野県知事、衆参両院議長、内閣総理大臣ほかに宛てて「地下水等水資源の保全に関する法整備を求める意見書」を提出するなど、地方自治体からも土地所有権との関係で地下水源保全を考える立法を求める声が高まり、2013年6月に水循環基本法案が衆議院に提出されたが政局の混乱を受け、参議院で審議未了の末に廃案となり、ようやく2014年3月27日の衆議院本会議において水循環基本法が採択されて成立した。同法は、国土交通省や厚生労働省など7つの省が縦割りで河川や上下水道、農業用水などを管理してきた現行の体制をあらため、内閣に設置される「水循環政策本部」が一元的に管理、規制し、地下水も国や自治体の管理対象に含めるとしている。しかし、蝸牛の歩みのごとく遅々としていた国による法整備に業を煮やしたかのごとく、全国各地で水源地保全に関する地方条例が数多く制定され、それは遅きに失した法律を先行するものであることも確かである。

5．地下水に係る地方条例の動向

　2011年5月の国土交通省土地・水資源局水資源部の調査報告によれば、2011年3月の時点で32都道府県、385市区町村において、517件の地下水採取規制・保全等に関する条例・要綱等が制定されており、これらの条例等を目的別に分類すると地盤沈下防止が220件、地下水保全318件、水道水源保全は

---

20) 前掲注1 益田編書226頁。
21) 同上226頁。

69件となっており、地下水の適正利用、涵養の推進、湧水保全のための措置を規定している条例等が頗る多い[22]。これらの条例等が制定された時期等を考察すると、高度経済成長期には都市部における地盤沈下対策を主目的とする条例等が多かったが、公害問題が喧しくなり多くの関係法が相次いで制定された昭和40年代に入ると水源保全を主目的とする条例等が多く制定される。その後は漸増傾向にあり、オゾン層破壊物質を含む揮発性有機化合物（VOC）や化学物質による環境中への影響などの関心が高まった昭和末から平成初期になると、地域ごとの実情に即して地下水を水源として扱いその保全を主目的とする条例等の制定が急増する[23]。

こうした条例等のうち、1976年にわが国で初めて地下水を公水として位置付けたのが京都府長岡京市地下水採取適性化に関する条例である。同条例は、井戸の設置を許可制とし、取水量の報告義務を課し、さらに「財団法人長岡京水資源対策基金」を組織して地下水をくみあげる企業から協力金を徴収して地下水涵養対策費などに充当されている。長岡京市は、2000年に京都府英水道が導入されるまでは、市内の水道水の100％を地下水が占めていた。また、2000年に制定された神奈川県秦野市地下水保全条例も地下水を市民共有の貴重な財産であり、かつ公水としている。秦野市の約75％の水道水は、丹沢山系からの豊富な湧水によって占められており、同条例により地下水利用は原則として許可制とされ、1日20m^3以上の地下水を利用する事業者に対して1m^3あたり20円の地下水利用協力金の納付を求めている。このほかに、1977年に制定された熊本市地下水保全条例も、秦野市条例の影響を受けて2007年に全面改正を行って地下水を公水と位置付けた。熊本市は、水道水源の100％を阿蘇山の伏流水に依存している。しかし、減反政策や耕作放棄の増加によって涵養域にあたる白川流域の水田が減少し、長期的に熊本市内の湧水量が減少傾向にある。そこで、熊本市は2004年より熊本市をはじめとする地下水大口利用者から集めた基金をもとに、白川流域の休耕田を一定期間借り上げ、そこに湛水する人工涵養事業を開始した。このために、近

---

22) 国土交通省土地・水資源局水資源部編『平成24年版日本の水資源』（海風社、平成24年）43頁。
23) 前掲注1 益田編書229～230頁。

隣の市町村や地元農家などからなる水循環型離農推進協議会と協定を締結して広域的流域管理を行っている[24]。熊本市のかかる取り組みは、単なる個別地域内における地盤沈下や取水制限のみによる管理手法を超えた、水循環や水収支の観点から最適な状態を確保する広域的な管理の先駆的事例として評価されるが、生物多様性などの自然保護を含む総合的な管理計画およびその体系化まで昇華させるためには、少なくとも国家レベルでの政策目標に対応した体系的な計画が不可欠との指摘がなされている[25]。

ところで、極めて近時の動向からは、地下水水源地の所有権に視点が注がれている条例等の制定が増加していることが看て取れる。とくに、2013年前後に制定が相次いだ水源地保全等に関する条例では、たとえば水源地の土地を誰かが購入あるいは売却した場合に、都道府県知事に届け出を求めるというような内容を盛り込んでいるものが相当数存在する。このような水源地における土地取引に何らかの行政的規制をかけようとする条例は、2011年に制定された北海道ニセコ町水道水源保護条例が初出であり、その後に都道府県では、2012年に北海道水資源の保全に関する条例および埼玉県水源地域保全条例が制定され、2013年には山形、群馬、茨城、山梨、石川、富山、長野、岐阜、福井の9県が同様の条例を制定している。しかし、これらの条例を詳細に検討して行くと、権利移転等に係る届出の目的性において微妙な温度差があることがわかる。

たとえば、ニセコ町水道水源保護条例は、同条例によって町長が指定する水源保護地域内における規制対象施設[26]の設置を禁じることで、事実上の水源地に係る権利移転や設定を制限している。また、北海道水資源の保全に関する条例は、水資源保全地域内の土地所有権、地上権その他の規則で定める使用および収益を目的とする権利またはこれらの権利の取得を目的とする権

---

24) 守田優『地下水は語る』(岩波書店、2012) 179～180頁。
25) 勢一智子「自然管理の法理と手法」永野秀雄＝岡松暁子『環境と法』(三和書籍、2010) 231頁。
26) ニセコ町水道水源保護条例6条は、規制対象施設として、①水道の水質を汚染するおそれのある施設、②水源の水量に影響を及ぼすおそれのある施設、③水源涵養となる樹木の伐採が必要となる施設、④取水を目的として水源の枯渇を招くおそれのある施設を挙げ、さらに同7条において「何人も、水源保護地域内において、規制対象施設を設置してはならない」と規定する。

利を有している者について、当該土地に関して対価を得て行われる権利の移転または設定をする契約を締結しようとする場合には、当該土地売買等の契約を締結する日の3か月前までに、当事者氏名、権利移転等の年月日、土地の所在および面積、権利の種別および内容、地目等につき知事に届け出なければならないとしている。他方で、群馬県水源地域保全条例や埼玉県水源地域保全条例など多くは、水源地に係る権利移転等について事前届出制を講じる点ではニセコ町や北海道と共通しているが、森林所有者等の責務の明確化が強調されている。このような条例の動向には、森林所有権の変動に関する届出の義務付けが規定された2011年の森林法改正の影響がある。

　これらの条例を比較すると、たとえばニセコ町や北海道のような前者の種別に属する条例は、水資源の保全を直接の目的とし、この目的を達成させるため、水資源の保全に関する基本的施策の枠組みを定めるとともに、水源地の周辺における適正な土地利用を図るための制度を創設する条例と位置づけられる。これに対し、群馬県や埼玉県のような後者の種別に属する条例は、森林の有する水源涵養機能が十全に発揮されるよう、土地利用の適正化を図るための制度を創設するものであり、この結果として水源地域の保全が図られるという構成をとっている。つまり、水源地域における適正な土地利用の確保という点で各条例は共通しているが、力点の置き方や性格が異なっていることがわかる。

6．地下水の法的性質

　土地所有権という点に着目して、「地下にあるもの」あるいは「地下」を所有権とは別途切り離して意識した法律の存在を考えておきたい。たとえば、鉱業法は、土地の構成物である公物に対する支配権を土地所有権から切り離して国に帰属させて、国が独占的に鉱業権を付与して初めて鉱物資源の採掘ができると規定する。また、民法269条の2は区分地上権について規定しているが、区分地上権はあくまでも地下空間を目的とした地上権を規律しており、これが地下水問題にいかように影響するのかについては今後さらなる検討が必要であろう。また、地下の物理的な範囲について私権の及ばない

範囲を決めようとする法律として2001年に制定された大深度地下の公共的使用に関する特別措置法（大深度法）がある。このように、土地所有権と地下あるいは地下にあるものを切り離そうとする法律の存在を念頭においたうえで、地下水の法的性質を明らかにしたい。

　学説は、私水説と公水説とに大別される[27]。私水説は、「土地の所有権は、法令の制限内において、その土地の上下に及ぶ」とする民法207条を根拠とし、土地所有権は下に及ぶがゆえに、下にあるものすべてに所有権の権能が及ぶと考える。判例[28]も、地下水というものは「元来其土地所有権ニ付従シテ存スル」ものだと考えてきた[29]。近時は、私水説をより理論的に構成し、私権性についての説明を補強しようとする学説も現れ、たとえば、ある土地において土壌汚染が露呈した場合に土対法が状態責任を課していることとの整合性を考え、地下水については私権を認めるべきではないかという見解がある[30]。しかし、地下水の性質を考えるとこの見解にはにわかには賛同しがたい。土対法が課す状態責任は、地中に静的に存在している汚染土壌あるいは天水によって汚染された土壌の除去責任を土地所有者に負わせるものであって、基本的に地下で流動している地下水の利用に関する問題とは峻別すべきではないだろうか。もっとも、地下水のすべてが流動しているわけではなく静的な状態である止水も存在する。土地の構成要素は決して単純ではなく、表土があり、粘土層があり、その下に地下水があることを考えると、汚染や地下水に関して法律においてさらに細かい定義付けが必要となるのかもしれない。

　他方で、公水説は、地下水を河川流水と同様に解して公水あるいは公共物

---

27) 渡辺洋三「地下水利用権の濫用」末川先生古希記念論文集刊行委員会編『権利の濫用　中』（有斐閣、昭和37年）80頁は、そもそも、地下水の利用が法的にいかなる性質を帯びるかについては、温泉権や農業水利権のような旧慣上の地下水利用権と、旧慣のないもとでの地下水利用権とに分けて考えるべきであるとし、その理由は、前者は土地所有権から独立して存在する物権の問題となり、後者は土地所有権に付随する権利としての問題と認識されるからであるとする。
28) 大判明治29年3月27日・民録2輯3巻111頁。
29) 民法は明治29年に公布されており、大審院は民法の規定を踏まえて判断したわけではなく、当時の常識的な判断として、土地の下にあるものも含めて土地は構成されるという認識だったのではないだろうか。
30) 宮崎淳『水資源の保全と利用の法理』（成文堂、2011）256～257頁。

として扱い、公共的管理の下に置くべきとする[31]。法的根拠に乏しいが、地方条例による地下水管理の実態に適合すると考えられている。河川法2条は「河川の流水は、私権の目的となることができない」と規定して、流水は公物であることを明言している。河川法は地表水を規制する法律であるが、地下水も流動性があれば流水であるとして私権が及ばないと考えることもできるのではないか[32]。土地利用の問題と水利用の問題は峻別すべきであって、土地所有者は通常は土地そのものを使用することが中心であり、地下水利用を中心に土地を所有することは極めて稀なのではないだろうか。仮に、地下水を所有権に含めて考えるならば、所有権絶対の原則が及ぶことになる。それが結果として開発の温床となりやすいことは、すでに各地で行われている産業廃棄物処分場や残土処分場建設をめぐる自然開発の事例が証左している。他方で、民法207条が規定している内容を尊重して解釈する必要はあろう。同条は、土地所有権は土地の上下に及ぶとしつつ、それはあくまでも「法令の制限内において」という制限を付している。仮に、地下水利用に関する法令ができて規制がなされて行くことになれば、土地所有権も然るべき制限を受けることになろう。そうならば、地下水の利用と土地所有を切り離した法的な管理のなかでの運用というものが可能になっていくのではないかと考えられる。なお、地下水の利用については、決して自由ではなく様々な制約を受けるという点で、地下水利用権限の制約について興味深い判断をした下級審判決が存在する[33]。

---

31) 名古屋高判平成12年2月29日・判タ1061号178頁は、地下水は一定の土地に固定的に専属するものでなく、地下水脈を通じて流動するものであり、その量も無限ではないことから、このような特質上、土地所有者に認められる地下水利用権限も合理的な制約を受けると解している。
32) 大判大正4年6月3日・民録21輯886頁は、「土地より湧出した水がその土地に浸潤して未だ溝渠その他の水流に流出しない間は、土地所有者において自由にこれを使用することができ、その余水を他人に与えなくとも、他人が特約、法律の規定または慣習等によってこれを使用する権利を有しない限りでは、これに対し何ら意義を述べることはできない。すなわちこの場合における土地所有者の水を使用する権利は絶対に無制限である」として、地表水と地下水の法的性質を峻別して考える。
33) 松山地宇和島支判昭和41年6月22日・下民集17巻5＝6号490頁は、水脈が同じである地下水について、その水脈が存する土地の所有者の共同資源と捉え、そこから地下水利用の合理的制約が導出されると解する。なお、本件判決は公水説に拠っているわけではなく、あくまでも私水説に拠りつつ何らかの制約を受ける場合があり、その制約につ

7．小　括

　地下水は、元来それが貴重な資源として認識されることはほとんどなかったといえよう。かつて、少なくとも江戸時代以前にあっては、農業用水源は河川水に依存することを基本とし、河川水に恵まれない地域は、ため池や井戸の掘削等の高度な技術を有しない限りは稲作以外の産業に従事するほかなかった。当時において、共同体における共同作業を主とする農業に従事していた農民は、河川水そのものは公的なものと認識し、その利用面に私的権利性と土地利用と不可分の慣習的規範性を見出してきた。また、たとえ私的権利性をする河川水の利用であっても、それは直接生産に結びつくものであって、そこに何らの投機的、蓄財的意味は有さなかったのである。しかし、このような伝統的状況が激変するのは、1873年の地租改正に始まる明治政府の一連の近代的土地制度改革によってである[34]。明治政府が遂行した土地制度改革と関連立法は、わが国における土地所有権思想の基本的特質を確立したと評価されているが、その社会的実質は寄生地主的所有が支配的で、生産活動とは関係のない投機的、蓄財的所有が蔓延するに至ったといえ、土地の現実的利用ではなくて所有すること自体を重んぜしめる結果を導いたという評価もなされている[35]。このような私的所有に重きを置く観念は、土地利用と不可分であった水利用にも影響し、たとえば現行河川法87条にいわゆる慣行水利（みなし水利）許可制度などはその好例といえよう。しかし、水資源のもつ公的側面は、法律上、河川の流水につき私権を排除した河川法2条2項によって表出されており、その具体的内容は、河川の流水を旧民法の定める「公共物」と解し、何人の所有にも属せず、すべての人が使用することができると捉えることによって説示される[36]。このことは地下水についてもあて

　　　いての具体的な判断をしている点に注意しなくてはならない。
34）甲斐道太郎＝稲本洋之助＝戒能道厚＝田山輝明『所有権思想の歴史』（有斐閣、1979）172頁以下が、土地所有権を中心とするわが国における所有権制度の歴史的沿革と変遷について詳しい。
35）同上191頁。
36）宮崎淳「水資源の保全と利用に関する基礎理論」創価法学第40巻第3号（2011）95

はまり、すでに諸外国では地表水と地下水を同等に扱う立法も散見される。たとえば、イタリア、ドイツ、スイス、スペイン等では地下水を公水として明確に規定し、その採取に行政許可を要するものとしているという[37]。なお、フランスでは地下水を公水と位置付けながら、その管理を地方自治体の水道局に委ね、その水道局の民営化が進められて徐々に私水化が進められており、公共物の私的利用という考え方として参考に値しよう[38]。

これらの事例を考慮すれば、地表水について規律する河川法の規定と運用を参考にしつつ、地下水も法的に規律することは可能なのではないだろうか[39]。また、前述のため池における水利慣行のように、総有的な土地利用に付随する水利慣行とは切り離して、地下水利用に際しては利用者に付随する水利方式を採用することも一考に値する。それは低コストで高効率を生み出している香川用水の成功例によって証左されよう。なお、地下水に関しては、地盤沈下の問題も解決されたわけではなく、水質問題も河川水に比べればその対策は決して進んでいるとはいえない。地下水保全、地盤沈下対策、土壌汚染対策を連動させながら、土地所有権とは分離させた形で、保全・管理・利用を総合的に制御する立法が期待されるところである。

　頁。宮崎教授は、このような考え方は、健全な水循環系の構築にとって適合的であり、生態系の保全にも通底する思考であると考えられ傾聴に値する。
37) 三本木健治『判例水法の形成とその理念』(山海堂、1999) 107頁。
38) Joseph Szarka. (2002): *The Shaping of Environmental Policy in FRANCE*. Berghahn Books., New York, pp173-pp174.
39) 武田軍治『地下水利用権論』(岩波書店、昭和17年) 187頁は、地下水流に河川法が当然適用または準用されることはなく、地下水流中比較的形態の整然としているものには河川法の精神を参酌した条理が適用されるものと解する。なお、Joshua Getsler. (2004): *A History of Water Rights at Common Law*. Oxford University Press., New York. によれば、欧州では伝統的に地下水を含む水利権が慣習法の中で規律され、これが各国法において取り込まれてきたという歴史もある。

第 7 章　中国における水利権流動化

1．問題の所在

　中国では、憲法および水法において、水資源は、鉱物資源、森林、草原等の自然資源とともに国家所有に帰属すると明文で規定されてきたが、このことがかえって自然資源利用をめぐる権利関係を不明確にし、場所と状況によっては無秩序な「荒らし利用」や紛争、あるいは深刻な自然破壊の原因となってきた。こうした状況を打開すべく、中国では1980年代に本格化する改革開放政策以降、公有制を原則としつつ市場メカニズムを利用した自然資源をめぐる権利流動化システムが構築されてきた。たとえば、土地、草原、森林等は所有権と使用権（経営管理権）を分離することで、資源の適正配置を実現してきた。しかし、水資源に関してはこうした法政策的動向から取り残され、結果として深刻な水不足や水汚染を招来するに至った。さらに、急速かつ広範囲にわたって繰り広げられた経済開発は、水資源の深刻な不足現象だけでなく、西北地域においては河川の渇水や末端の湖沼の枯渇、土地の砂漠化を惹起し、南方地域においては、水質悪化に起因する水不足が経済の持続的な成長の足枷となっている[1]。とくに、中国北西部の内陸河川であるタリム河と黒河、そして中国を東西に貫く黄河は、その広大な流域面積全体を通じての水不足に加えて、渇水に起因する生態環境の悪化という深刻な問題が発生しており、中国政府はこれらの三大河川について国家権力を用いて規制する統制型水管理を行った。統制型水管理は、水量調整と分配プランを軸とする制度を構築することで実施された。

　しかし、統制型管理手法は、公的機関が水に対する管理責任と権限を持

---

[1] 中尾正義＝銭新＝鄭躍軍編『中国の水環境問題』（勉誠出版、2009）52〜53頁。

ち、水利用者がそれに関与できないが、結果として末端行政機関が水費徴収事務をめぐって不当な介入をするようになり、さらには灌漑区における水利システム自体が機能不全に陥ることもあった[2]。そこで、中国政府は、1990年代以降、中国各地において水資源の適正配置を実現すべく、水をめぐる権利について、公共性を維持しつつ財産権化（用益物権化）[3]し、これを市場において適切に取引する法政策を実施して、水利用量を減少させるための節水型社会建設を推進してきた。節水型社会の建設は、公権力を中心とする行政的管理手法による水資源の供給管理システムから、市場における契約的手法による需要管理システムへと移行する重要な方向転換として評価されている[4]。節水型社会のパイロット事業として最初に設定され、成功したといわれるのが黒河流域の中核都市である甘粛省張掖市である。張掖市における用水制度改革の中心は、水利用者である農民を水管理に参加させるための「用水者協会」という組織を通じて、水資源に対する権限と責任を化体した「水票」を分配するシステムにある。当該制度改革によって、張掖市の用水総量の95％を占めていた農業用水の総量の減少を実現できたという[5]。

筆者は、2015年8月24日〜8月31日にかけて甘粛省蘭州市および張掖市を訪れ、中国社会科学院乾燥地研究所（蘭州市）、張掖市農業局および水務局においてヒアリング調査を行い、黒河流域において制度化されている「水票制度」の実態解明を行う機会を得た。本章では、とくに黒河流域における最新の事例に焦点を当てて、現地調査の結果を踏まえて、中国における水資源

---

2) 飯嶋孝史「中国における参加型灌漑管理組織「用水戸協会」の基本的特徴と課題」農業土木学会論文集第233号（2004）108頁。
3) 王樹義主編『水権制度研究』（科学出版社、2005）89頁〜90頁は、「水権」は水物権と取水権の総称であり、水物権は完全なる私権であり、取水権は国家による関与の色彩の強い私見であるという説明をする。そもそも、水権自体がいかなる物権的性質を有するのかについては争いがある。なお、同書67頁以下では、水権は、国家所有の水資源に対して使用、収益ができるとする一権説、水資源の所有権と使用権であるとする二権説、複数の権利の束であるとする多権説についてそれぞれ紹介ならびに検証がなされ、多権説が多数説であるという。
4) 前掲注1 中尾＝銭＝鄭編書57頁。
5) 同上57〜58頁。同書では、地表水の使用制限により地下水使用が増大し、結果として地下水位の低下が発生したほか、新たに開墾された農地は、政策的に保護されず、水利権が得られないためにやはり地下水に依存せざるを得ないという問題も指摘している。

の財産権化とその流動化による契約型資源管理手法の最新動向について紹介し、その制度的意義と張掖市における節水型社会建設が成功事例とされる背景を法学的見地から検証するものである。

2．黄河、タリム河、黒河流域における用水制度改革の概要

　黄河は、青海省の海抜およそ4,500m のバヤンカラ山脈にその源を発し、四川省、甘粛省、寧夏回族自治区、内蒙古自治区、陝西省、山西省、河南省、山東省の９つの省と自治区を流れて渤海湾に注ぐ、全長5,464km、流域面積約75万平方 km、水供給対象人口約１億4,000万人、対象耕地面積は約1,600万ヘクタールという巨大河川である[6]。このように、地理的にも社会的にも影響の大きい黄河について、1987年に国務院が、黄河流域の省や自治区ごとに取水量を調整する「黄河供給可能水量分配プラン」を策定した[7]。1994年には、国務院水利部が、1988年「水法」および1993年「取水許可制度実施弁法」の規定に基づき、黄河本流および省や自治区に跨る重要な支流の取水許可に係る管理権限を黄河水利委員会[8]に移譲して、総量規制的手法に

---

[6] 姚傑宝＝董増川＝田凱『流域水権制度研究』（黄河水利出版社、2008）143頁。なお、黄河の流域面積については、これを約79万平方 km とするものもあるが、福嶌義宏『黄河断流―中国巨大河川をめぐる水と環境問題』（昭和堂、2008）32～33頁によれば、これは内蒙古自治区内を流れる黄河の南側のモウス砂漠（毛烏素沙地）の約40,000平方 km を含めた場合である。このモウス砂漠は、黄河との間に水の出入りがない内陸閉鎖部分であるため、河川管理上はこれを含めずに面積計算をするべきであるという。

[7] 晁根芳＝王国永＝張希琳『流域管理法律制度建設研究』（中国水利水電出版社、2011）149頁によれば、当該計画は当初は総量規制的な手法を講じていたが、増水時期や渇水時期等の時期による分配手法が必要となったため、国務院は2003年にさらに「黄河供給可能水量年度分配および本流水量調整計画」を制定してこの問題について調整を行っている。

[8] 福嶌義宏＝谷口真人編『黄河の水環境問題―黄河断流を読み解く』（学報社、2008）７～８頁によれば、黄河水利委員会は、中国共産党が1946年２月22日に山東省荷澤市に黄河水資源管理政策の実行機関として設置した黄河故道管理員会がその前身とされ、その後に冀魯豫黄河水利委員会という名称を経て、1949年６月に正式に黄河水利委員会と改称し、1950年１月には水利部直轄の流域管理部門として位置付けられ、1994年には黄河流域だけでなく、新疆ウイグル自治区および内蒙古自治区も管轄地域として現在に至っている。黄河水利委員会の職責は、水資源の分配計画の策定、取水許可証の発行、取水監視、水資源利用の監督、ダムの水位調整等を通じて河川の総合開発、利用、保護を行うことにある。

よる取水許可制度を実施した。しかし、黄河は1972年より表流水が海まで届かない、いわゆる断流[9]が発生し、1997年には山東省の河口から上流704kmにわたり、延べ日数で226日間に及ぶ最大規模の断流が発生した[10]。そこで、国務院は1998年に、総量規制的手法による取水許可制度に加えて、増水時期や渇水時期等の時期による分配手法を導入すべく、「黄河供給可能水量年度分配および本流水量調整プラン」を制定してこの問題について調整を行い、さらに水資源管理への市場メカニズムの導入が図られ、1999年8月以来、断流現象は発生していない。このように、公権力に依存する統制型水管理は、流域の水資源が過度に開発され、上流から下流域にかけての水使用をめぐる争いが熾烈な黒河とタリム川においても適用された。

新疆ウイグル自治区の内陸河川であるタリム河は、元来、流域の9つの水系から河川水が流れて本流を形成していた。しかし、1950年代以降、気候の変化と相まって急激な流域人口の増加、社会経済の発展等によって、粗放な水資源の開発や利用が横行し、水資源の合理的な配分ができず、その結果として本流に流入する河川水が減少し、現在は3水系のみが本流と地表面でつながって河川水が流入しているにすぎず、下流域における地下水位の低下や湖沼の枯渇に加えて植生も破壊され、深刻な生態環境の悪化が発生していた状況であったという[11]。このような状況を打開すべく、国務院は後述するような各種法政策を打ち出して解決に努めた結果、本流の上流域および中流域における過剰な河川水の消費状況が解消され、下流域の河川や湖沼の枯渇状況も改善され、植生も回復傾向にあるという[12]。

黒河では、中流域における大量の水利用が主原因となって、1950年以降に

---

9) 前掲注6 福嶌書96～98頁は、その上流域と下流域における灌漑用水当たりの食糧生産量を比較し、上流域の寧夏回族自治区や内蒙古の食糧生産に要する水量が、下流域の河南省や山東省のそれと比べて明らかに多いというデータに基づき、上流域の配水システムの灌漑効率性が低いことを、黄河断流の主原因として指摘している。そのシステムは、農業を行う場が取水堰に近いか出口に近いかで、使える水質に違いが出るような方式であり、個別農家からは技術改良を行おうとする意欲が起こってこないであろうこと、さらにはこうしたことが、人民公社化の失敗と経験を現代にまだ生かしきれていないという厳しい見方も可能であるということも指摘しており大変興味深い。
10) 前掲注7 晁＝王＝張書148頁。
11) 前掲注1 中尾＝銭＝鄭編書55頁。
12) 同上55～56頁。

河川の断流、地下水の低下、湖沼の枯渇、植生の衰退等の生態環境に大きな影響を及ぼす問題が深刻化していた。そこで、黒河の水資源を合理的に使用し、流域の水使用のバランスを取り、黒河流域の生態環境の総合整備を実現すべく、国務院が1997年に「黒河本流水量分配プラン」を策定し、下流域の流量を一定に保つ政策が実施された。さらに、国務院水利部は、2001年に、「黒河流域短期管理計画」を承認して、中流域と下流域の水の分配ルールを明確にして下流域の配分を増加させる政策を推進するとともに、その拠点となる甘粛省張掖市での節水型社会建設のために国務院水利部と甘粛省とが共同で「張掖市節水型社会建設パイロットプラン」を承認した[13]。これを受けて、2001年8月に張掖市臨沢県梨園灌区および民楽県洪水河灌区が、水利権を軸とする初めての用水制度改革のパイロット活動拠点とされた[14]。張掖市がパイロット事業の最初の拠点に選ばれた背景のひとつには、同時期に展開されていた西部大開発事業の影響が指摘されている[15]。そして、張掖市水務局は、2003年に、「張掖市節約用水管理弁法（試行）」を公布し、水票制度の実施に踏み切った。水票制度の概要は後述するが、同制度は、契約的管理手法による用水調整機能の拡充という目的のほかに、黒河流域上流の水供給力が低下し、中流、下流の水資源に対する需要が増大し、湖沼の消失等の下流の渇水被害が深刻化したため、中流と下流の水をめぐる紛争解決を目的として打ち出された政策であるという評価もなされている[16]。

3．水資源関係法の立法状況

中国では1980年代から水資源管理に係る法整備が強化され、1984年の「水

---

13) 鐘方雷＝徐中民＝程懐文＝盖迎春「黒河中遊水資源開発利用與管理的歴史演変」氷川凍土第33巻第3期（2011）697頁。
14) 鐘方雷＝徐中民＝窪田順平＝李佳＝秋山知宏「黒河流域分水政策制度変遷分析」水利経済第32巻第5期（2014）39頁。
15) 窪田順平＝中村知子「中国の水問題と節水政策の行方―中国北西部・黒河流域を例として」秋山智彌＝小松和彦＝中村康夫編『人と水Ⅰ　水と環境』（勉誠出版、2010）287頁。
16) 寇鑫「中国西北部渇水地域における農業用水の再配分問題―水利権調整問題をめぐる法政策学的実証研究」龍谷政策学論集第4巻第1号（2014）86頁。

汚染防治法」を皮切りに、「都市用水の節水に関する国務院通知」、「飲用水の衛生に係る国家基準」などの法律や行政通達や行政基準が策定され、1988年には「河川管理条例」および「水法」が制定された。水法は、水資源を合理的に開発利用し、保護し、水害を防ぎ、水資源が有する総合的な機能を十分に発揮させ、経済発展と人民の生活需要に適応させることを目的としている。この1988年水法は、2002年に、流域管理による制度整備を行うべく、水資源の開発、利用、保護のあらゆる面での大改正が行われたが、立法段階で合意形成ができずに条文化できなかった事項が多々存在し、これらに関しては中央政府あるいは地方政府主導で、本格的なものから実験的なものまで、多種多様な取組が行われた。しかし、明文化できなかったということは、結果として改正法は妥協の産物であり、中途半端なものになったという指摘もある[17]。なお、1988年水法は、治水もその対象としていたが、1997年に治水の専門法として「洪水防止法」が制定されたことから、2002年改正法81条では治水活動は洪水防止法によるものと明文で規定した。

なお、1988年の河川管理条例は水法の下位法規として、河川管理主体、河川整備および建設、河川保護、河川障害の除去、経費、法律責任等に関係する規定を設けており、全7章51条からなる。その法構造は、わが国の河川法に近似しているが、航路としての河川管理に関しては前年に公布制定された「航路管理条例（2008年改正、2009年施行）」に委ねている。そして、河川の管理主体に関しては、国務院水利行政主管部門（水利部）が全国の河川を主管し、各省、自治区、直轄市の水利行政主管部門が当該行政区域内の河川を主管すると規定し（法4条）、管理手法に関しては、国家が水系統一管理と分級管理を結合させて行うことを原則とすると規定している（法5条1項）。ただし、実際の管理は大河川に関しては大河川流域管理機関あるいは当該河川が所在する地方政府の流域管理機関が、流域統一計画に基づいて行い、その他の河川に関しては各地方政府の河川主管部門が管理を行うとされる（法5条2項）。このように、すでに1988年の時点で河川の流域管理がシステム化され、国家による水系統一管理と地方政府との分級管理を原則としてい

---

17) 片岡直樹「水資源の流域管理をめざす中国の制度改革」大塚健司編『流域ガバナンス―中国・日本の課題と国際協力の展望』（アジア経済研究所、2008）36頁。

る。また、河川の水質管理に関してみると、企業等の汚染排出行為に対する管理活動は環境保護部門と水利部門との共同職責であり（法34条）、河川の水質管理は河川管理主管部門にも一定の管理及び監督の職責がある（法35条）と規定しており、中央政府と地方政府あるいは所轄を超えた官公署間の連携を図ろうとする意識が伺える[18]。

このほかに、環境保護法、環境影響評価法、水汚染防治法、土地管理法、森林法、草原法、漁業法、鉱物資源法、土壌保護法（原語は水土保持法）、砂漠化防止法（原語は防沙治沙法）などにも、それぞれ水資源や流域管理に係る規定が設けられている。また、大河川が流れる地方においても様々な水資源管理や流域管理に関する地方性法規が制定されている。たとえば、主に新疆ウイグル自治区を流れる内陸河川であるタリム河の流域水資源管理に関して、1997年に「新疆ウイグル自治区タリム河流域水資源管理条例」が制定されている。同条例は、中国初の流域管理に関する地方性法規であり、経済社会の進展に合致させるべく2005年に改正されている。改正後の同条例において講じられている措置において特筆すべきは、タリム河流域水利委員会およびタリム河流域管理局という流域管理機関[19]を設置し、これらの機関が、流域計画、水資源論証制度、流域水量分配あるいは年度水量分配、旱魃等の緊急時における水量調整等の事前計画等の条例に定められた水資源配置制度を実施する職責を明確するとともに、有償による取水許可制度を法定したことである。また、新疆ウイグル自治区では、2002年に「地下水資源管理条例」を、2004年に「水資源費徴収管理弁法」を制定して、水資源の適切な利用と保全を総合的に調整してきた。もっとも、有償による取水許可制度に関しては、後述する2002年の水法改正を受けて制度化されたものである。

---

18) 兪樹毅＝柴暁宇『西部内陸河流域管理法律制度研究』（科学出版社、2012）127頁。
19) タリム川流域管理局は、1990年に新疆ウイグル自治区水利庁に下属する機関として設置され、2001年に水利庁と同格の組織に昇格した。また、タリム川水利委員会は、1998年に設置され、下部司式として常務委員会及び常務委員会閉会期間中の政策決定執行組織として執行委員会が設置され、これらの事務を流域管理局が担当する。水利委員会の主任は自治区政府常務副主席が兼任し、副主任には自治区政府の水担当副主席、新疆生産建設兵団副司令官が兼任するほか、国家発展改革委員会、国務院水利部、黄河水利委員会の幹部も兼任している。委員には、自治区政府秘書長のほか、一部の庁・局長、自治区内の各州長や流域管理局長が任命されている。

新疆ウイグル自治区と同様に水不足に悩む甘粛省でも、やはり同省を流れる内陸河川である石羊河の流域水資源管理に関して、2007年に「石羊河流域水資源管理条例」が制定された。同条例は、水資源の統一管理を徹底させるとともに、地下水の取水許可管理制度を導入している。石羊河流域は、1960年代初めから水利権をめぐる問題解決が検討され[20]、1990年に中国において初めて水利権分配制度が導入されており[21]、その権利分配の経験を通じて、同条例では流域管理をひとつの計画の下でトップダウン式に実施することを規定したのである。この石羊河流域における水利権分配制度を端緒として、黒河、黄河などの大河川流域でも水資源分配の各種手法が試行錯誤の末に案出された[22]。

4．2002年改正水法の要点

一連の水資源関係立法の中では、2002年の水法改正が大きな転換点となっている。本章では、2002年改正水法（以下、改正法とする）の要点について紹介するとともに、そこで掲げられた統一管理の内容と問題点について検証したい。

1988年水法（以下、旧法とする）3条は、水資源は国家所有に帰属するとしながら、農業集団経済組織が所有するため池やダムの水は集団所有に帰属すると規定していたが、改正法3条は、水資源は国家所有に帰属し、その所有権は国務院が国家を代表して行使するとしたうえで、農業集団経済組織が所有するため池やダムの水は、当該集団経済組織が使用できるものと規定し

---

20) 前掲注18兪＝柴書134〜135頁。
21) Zhongjing Wang, Hang Zheng, Xuefeng Wang. 2010. 'A Harmonious Water Rights Allocation Model for Shiyang River Basin, Gansu Province, China'. In, Sun Xuetao, Robert Speed, Shen Dajun, ed. 2010. *Water Resources Management in the People's Republic of China*. Routledge: London, 167-168.
22) 前掲注7晁＝王＝張書130頁以下では、「長江法」や「黄河法」などの大河川ごとにその特徴に即した形での流域管理法の立法が提言されている。また、呂忠梅等編『長江流域水資源保護立法研究』（武漢大学出版社、2006）58頁以下では、広大な流域面積と流域に大規模な工業都市を擁する長江に関して、主に水汚染の見地から「長江水資源保護条例」の早期制定を強調し、具体的な法案も提起している。

た。これによって、自然資源である水は国家所有であると規定してきた1982年憲法9条との整合性が実現し、水資源管理の中央集権化の方向が打ち出された。さらに、憲法では水資源の所有権の帰属主体のみが規定されていたにとどまっていたが、改正法は権利行使主体について具体的な規定を設けたことで、水資源所有権と水資源占有権ないしは使用権の主体的分離に成功したといえよう[23]。ただし、この点に関しては後述するように、やはり権利行使をめぐる問題が完全に解消されたわけではない。なお、もともと、権利関係の複雑化や権利主体の不明確性などによる弊害が指摘され、旧法制定時にも水資源の希少性とその管理の一元化の必要性から国家所有への一本化が検討されたが、農民の利害関係の調整が上手く行かずに見送られたという経緯がある[24]。

　改正法は、さらに、水資源利用に関する国家管理体制も確立させた（法7条）。具体的には、国務院の水行政主管部門が責任主体として実施する取水許可制度と水資源有償使用制度によって実現される。しかし、この制度についても、農村の集団経済組織およびその構成員が使用する当該集団経済組織のため池、ダムの水は適用外とされており、農民の既得水利には国家管理が及ばないという状況が作出されている（法7条但書）。国家管理体制は、水資源に対する統一管理・監督活動（法12条）と行政における職責分業（法13条）によって実現される。しかし、行政における職責分業に関しては課題がある。前述の通り、改正法3条は、水資源の所有権は国家に帰属し、国家のみが所有権を行使できると規定しており、現実的な権利を行使することになる地方政府には独自権限がなく、別途法律によって国家が地方政府に水資源を分配し、有償使用に際しての収益権限を授権しなければならない。他方で、改正法12条が描く、国家による水資源の一元的管理はどのようにして実現さ

---

23) 前掲注6 姚＝董＝田書3頁は、この点に関して、改正法は水使用に関する用益物権性を明確にしたわけでもなく、水権という法律概念を確定していないことから、所有権と経営権の不分離、中央政府と地方政府間の利害関係の衝突、各種利益主体の経済関係の不明確性等により、水資源の不合理な分配と低効率利用を誘引するとして批判的な見解を示す。

24) この点につき、前掲注17片岡論文34頁は、生産手段の所有制には国家所有（全人民所有）と集団所有という枠組みがあり、水についても農村における水利施設建設の経緯（農民の労働投入など）から集団所有を重要視する考え方が強かったと説明する。

れるのであろうか。「統一管理と行政分業」はハードウェアであり、「取水許可制度と水資源有償使用制度」はソフトウェアである。ハードウェアに関しては、これまでの中央集権的で縦割り的な行政機構では対応が不可能であり、まずは中央政府に水資源管理行政を行う部門を一つに集中させ、そのうえで流域ごとに統一した水資源管理行政を行う地方政府組織の再編成を行わなくてはならない。ソフトウェアである「取水許可制度と水資源の有償使用制度」については、これが地方政府においてどのような仕組みによって実際に運用されているのかが重要である。

　とくに、農村の水利用と管理に関しては法の適用外となることから、その運用実態が不明瞭である。取水許可制度と水資源有償使用制度は、農村のため池とダムの水利用には適用されない（改正法7条）。また、農村の集団経済組織や当該組織の構成員たる農民が水利施設を建設する場合には、受益者負担の原則を採用する代わりに、農民の水利施設建設や貯水行為を統一管理から除外した（改正法25条2項）。他方で、農村の集団経済組織によるダム建設には県レベル以上の地方政府の水行政部門の許可が求められており（改正法25条3項）、水利施設の管理責任主体が不明瞭な状態が作出されている[25]。

　なお、改正法7条および48条の規定によれば、河川、湖沼、地下から取水して使用する場合には、水行政主管部門や流域管理機関から取水許可を得て、水資源費を支払わなければならないとされる。これらの規定は、取水内容を明確にして利水を管理し、受益者に費用負担をさせることによって節水を促すことを目的としている。例外として、農村のため池やダムからの農業用水利用に関しては、取水許可も水資源費の支払いも不要とされている。しかし、このことは、農村の水利用の無秩序化と、管理責任の所在を不明確にしたという批判が強い。2002年の法改正の際にも、この問題が議論されたが、結局は農村の利害関係の調整が難航して見送られた。中国では全国のダム貯水量の4分の1が農村の集団所有ダムにあるとされ、その貯水行為を水系の流水管理から除外してよいのであろうかという疑問が呈されている。また、集団所有ダムの多くは1950年代に築造されたものが多く、そのほとんど

---

25) 前掲注17片岡論文36頁。

が老朽化してかなり危険な状態にあるという（清朝末期に作られたものもあるという）。そして、これらのダムをだれが維持管理し、もし事故が発生した場合にはだれが責任を負うのであろうか。改正法は、こうした問題に対して何らの解決策をも示さなかった[26]。

ところで、改正法によって新たに創出された取水許可制度と水資源有償使用制度を受けて、これを具体的に実現すべく、とくに2006年前後において多くの関連する政策立案および立法がなされた。

まず、取水許可に関して、1993年に国務院は「取水許可制度実施弁法」を制定し、2005年には国家水利部が「水利権譲渡に関する水利部の若干の意見（水利部関于水権転譲的若干意見）」（水政法［2005］12号）を下達して、水利権制度の枠組みを示した。これらの政策・立法を踏まえて、2006年に国務院が「取水許可と水資源費徴収管理条例」を公布して、水資源費徴収を取水許可と一体化させることになった。本条例は、許可によって取得した取水権の有償譲渡を認める規定（27条）を設けた。これは、もともと2002年の改正法において明文規定化が見送られたものであった。つまり、改正法を読むだけでは、中国において取水権の譲渡が可能か否かは不明であるが、本条例によりこれが可能であることが明確になっている。

なお、改正法において、農村のため池やダム等の水管理・利用が法適用除外とされたことを受けて、本条例も同様の措置を講じた。また、河川からの取水行為については本条例が適用されるが、本条例は河川からの農業用の取水行為に関しては二重三重の減免措置が用意されており、農業に係る資源費負担はないに等しく、農業分野が水需要の最大産業であることに鑑みても、節水効果は極めて限定的になるという指摘がなされている[27]。流域全体を見渡して取水権を譲渡することによって、異なる産業間の水利調整はある程度可能であろうが、流域全体において農業が一大産業となっている現状からは非現実的であり、新たな水源開発が必要となってくる。

つぎに、2006年には、特定河川を対象とした水利調整を規律するための初めての立法である「黄河水量調度条例」が国務院から公布された。同条例

---

26) 前掲注17片岡論文36頁。
27) 同上50頁。

は、水資源管理利用に関して流域管理のモデルを示す重要な立法である。もともと、黄河の水量分配に関しては、1988年に国務院が公布した「黄河水量調度管理弁法」という地方政府のための下位法規が存在しており、一種の行政マニュアルのようなものとして機能していた。同条例は、この弁法を国家レベルの行政法規へと格上げすることで、法律責任を明確にして、より一般的に効果を発揮できるようにしたものといえる。同条例は、黄河の巨大な流域を、省や自治区の間で、正常時と緊急時とに分けて、計画的に水利調整を行う、水量分配計画制度によって管理しようとした。しかし、分配計画はあくまでも省や自治区の間で行われる協議によるものとされ、極めて任意的で強制力はなく、省や自治区よりも下位レベルの行政機関での水量分配の具体的方法については規定がなく、さらに法的責任も関係した公務員の懲戒処分が規定されているのみで[28]、問題が発生した後の処理や解決などに対して誰が責任を負うのかについては不明なままである。

5．黒河における水票制度

2002年の改正水法および2006年に国務院が公布した「取水許可と水資源費徴収管理条例」と「黄河水量調度条例」によって、許可と費用徴収という手法を以て流域全体の水量調整を一元的に行うことが制度化された。しかし、この制度を、地方政府がどのように具体的に実施して実効性を持たせるのかという問題に加えて、最大の水需要者である農民と彼らの生業である農業をどのように規律しているのかという疑問が生じる。

甘粛省では、黄河の水利用に関しては「黄河水量調度条例」を基本にしているが、中国第二の内陸河川である黒河の水利用に関しては、前述のとおり、2001年に張掖市において節水型社会建設がパイロット事業的に推進され、契約的手法による水管理が成功を収めていた。1950年代以降、黒河流域では省や自治区の境を超えて、農業と他の産業、とりわけ工業分野との間で熾烈な水量調整の問題が発生していた。ここで注目すべきは、法的規制の対

---

[28] 前掲注17片岡論文45頁。

象から外れた農業用水の管理と利用に対して、慣習法を公式制度化して調整を行おうとしており、そのひとつが水票制度であったということである。水票を用いた農業用水取引の具体的な措置に関しては、張掖市水務局が2003年に公布した「張掖市節約用水管理弁法（試行）」において詳細な規定が設けられている[29]。同弁法が制度目的として掲げていることは、黒河中流域に位置する張掖市の農業灌漑用水の再配分を通じて節水を促進し、中流域と下流域の水の再配分を達成させることにある。より具体的に説明すれば、誰がどのくらい使っているのかという個別使用量を把握し、それを費用徴収によって実現するとともに水管理行政にかかる費用を確保し、節水とそれによって生じた余剰水を再分配することにある。しかし、現実には、水票制度の認知度は高いものの、実施に至っている地域は少ない。認知度が高いというのは、後述するように、この制度が1949年の建国以前、確認できている限りでは清朝時代にまでさかのぼる慣習的な制度であって、少なくとも甘粛省の農民たちにとっては感覚的に理解できる制度だからだと思われる。なお、張掖市水務局における聞き取り調査の結果によれば、水法や国務院条例によって、農村の既得権益は保護され、河川からの取水行為に対しても水費用徴収において減免措置が講じられるなどの優遇措置があることから、有償性を厳格に実施することに対しては、農民たちには抵抗感があるという。さらに、国家法レベルでは不明確な状況にある地下からの取水費用徴収に関して、これを強化する動きもあり、一部の農村からの強い抵抗もあるという。

　水票制度が抱える制度目的と現実との乖離現象を埋めるべく、甘粛省張掖市においては、2005年頃から農地の請負経営権と水利用に係る権利を連動させるシステムを採用してきている。ただし、すべての農地が水票と連動しているわけではなく、農地請負経営権は原則30年で割り替えが行われ、この更新時に水票の発行、すなわち取水権ないしは水利権の設定行為が実施されるのである。このことは、農地と水利とを切り離して、権利に関してはこれを別個独立させつつ、利用に関してはこれを一体化させるという手法を採用したのである。これによって、農地とその権利に自動的に付随してきた水資源

29）前掲注16寇論文86頁は、当該管理弁法の概要と水票制度の具体的執行方法について詳述している。

とその利用権が分離して、一種の有償許可制となったわけだが、前述の通り、農民は有償性に対して抵抗感を抱いており、この抵抗感を緩和すべく、水資源費は他の用水費と比べると格段に安く設定されている[30]。

ところで、黒河流域の農村地帯においては、水票制度自体を新しい制度としてではなく、清朝時代の雍正4（1726）年に施行された「均水制」の変形態として捉えている[31]。均水制とは、毎年芒種（6月5日頃）の10日前の寅の刻（午前4時）から芒種の卯の刻（午前6時）まで、上流域の村の水門が閉められ、軍隊の監視の下で下流域の村や新灌漑区に引水された。それ以前の明朝時代には、わが国の慣行水利においてもかつてみられたのと同じ「線香水」という時間計測方法が用いられていた[32]。線香水による水配分は、水門の大小や貢租負担額の多寡を基準として線香の長さが按分され、その燃焼時間内のみ灌漑されていた。したがって、実際に必要な量が灌漑されていなくとも、線香の燃焼時間が経過すれば灌漑は打ち切られるため、水泥棒や水紛争が絶えなかった。しかし、清朝が新疆地域を版図に収めることに成功して屯田制が施行されると、それに伴って張掖周辺への流入人口が急増し、それを養うための大規模な農地開発が行われ、必然的に水不足や水紛争が以前にもまして多発するようになっていた。さらに、明末清初にかけて、黒河の水源地帯である祁連山脈の森林開発や鉱山開発が急速に進み、河西回廊一帯での森林の荒廃と減少が加速化し、水源の枯渇を招来していた[33]。そこで清

---

30) 中国社会科学院乾燥地研究所の鐘方雷博士によると、蘭州市における用水費用は、工業用水が0.8元（約18円）/m^3、生活用水が0.2元（約4円）/m^{3}であるのに対して、農業用水は0.001元（約2銭）/m^{3}とであるという。
31) 前掲注13鐘＝徐＝程＝盖論文697頁。
32) わが国における水利慣行については、奥田進一「地下水保全管理のための法規範研究」拓殖大学論集（政治・経済・法律研究）第18巻第1号（2015）127～130頁を参照。
33) 井上充幸「明清時代の黒河上流域における山林開発と環境への影響」東アジア文化交渉研究第3号（2010）481頁。さらに、同論文486～487頁では、甘粛提督の官職にあった蘇寧阿が嘉慶7（1802）年に、祁連山脈の最高峰である八宝山に関して著した「八宝山来脈説」、「八宝山松林積雪説」、「引黒河水灌漑甘州五十二渠説」の3篇の文書（『甘州府志』巻四「地理」山川附に所収）を紹介している。このうち、「八宝山松林積雪説」は、水源涵養林としての山林の機能を論じ、「引黒河水灌漑甘州五十二渠説」も、八宝山の松林が積雪を留め、それが河川の水量とそれを利用する農業とに密接に関わっていることへの認識が明確に示されていると紹介されている。さらに、蘇寧阿は八宝山の森林が有する機能に対する極めて深い洞察に基づき、鉱山開発の差し止め等の強固な禁令

朝は、黒河水系に灌漑用堰堤を設けて新規開墾地に供給する灌漑用水を確保するとともに、均水制を施行して水紛争の解決に努めたのである[34]。

もともと、中国では秦朝時代より水資源を強大な中央集権式の国家権力によって管理する手法が構築され、水利権は土地と一体化するものとしてその譲渡が禁止されてきた。しかし、とくに、乾燥していて慢性的な水不足状態にあった黄河中流域では、かなり早い時期から土地と水利権を分離して認識するようになっており、線香水の慣行が行われていた明朝時代にはすでに水利権が譲渡されるようになった。このことは、大河川流域における新規開墾が深く関わっている[35]。少なくとも、清朝時代の張掖における均水制の施行は、新疆への屯田兵の大量流入という人口増加減少が制度創出の背景にある。他方で、それはもともと統治階級が支配すべきであった水資源が水不足や新規開墾に伴って私権化されてきた状態を、あらためて中央集権式に管理するシステムの登場であり、現代中国の水利権制度の基礎になっているという指摘もなされている[36]。雍正年間に施行された均水制は、その後約200年にわたって継承されて行くが、施行から比較的早い時期に成功したことも研究されている[37]。しかし、清末に河西回廊の回族による反乱がたびたび起こるとともに、水害や干ばつによる凶作と飢饉が相次ぎ、これらを忌避すべく多くの居住民が移住し、流域の水利用制度も大きく後退した。

を発出しているが、その背景には、祁連山脈の森林がこの時期にすでに危機的状況を迎えつつあったこと、乾隆年間に打ち出した方策が結局は功を奏さず、開発が急速に進展したことを物語っていると指摘している。

34) 前掲注13鐘＝徐＝程＝盖論文696頁。
35) Roger C. Calow, Simon E. Howarth & Jinxia Wang, 'Irrigation ,Development and Water Rights Reform in China', 2010, In SUN Xuetao, Robert Speed, Shen Dajun, ed. 2010. *Water Resources Management in the People's Republic of China*. Routledge: London, pp40-pp41.
36) 前掲注16寇論文74頁。
37) 前掲注13鐘＝徐＝程＝盖論文696頁によれば、均水制が導入されてから3年後の雍正7（1729）年に、同じ黒河水系でありながら異なる行政管轄区で水紛争が発生したことから、これらの地域の管轄を統合させることを朝廷に上奏して許可を得ている。このことは、水資源の統一的な管理を志向させたものであろう。また、雍正9（1731）年には、嘉峪関の厳しい自然環境下で放牧を行っていた牧畜集団500人余りを、生態環境が良好に転じた黒河下流域で支流を形成している額済納川流域に移住させて、額済納（エジン）旗を成立させて現在もなお内モンゴル自治区内の県級行政区としてその名称が存続している。

その後、清朝が滅亡し、中華民国時代にはさらに耕地や灌漑施設の荒廃が進んだ。しかし、1949年の中華人民共和国建国以降、とくに1953年に河西地域が激しい旱魃に見舞われたことをきっかけとして、1956年に年2回（4月と5月）の均水制が実施されるようになった。そして、1956年に始まる均水制は、清朝時代に施行された均水制と比較した際に、その目的と内容がほぼ一致することは注目すべきであろう。

6．用水者協会の機能と法的性質

地方の慣習的水利に起因する水票は、その実施に際して、水分配とそれをめぐる紛争解決のための自治機能を必要とする。甘粛省張掖市における聞き取り調査では、少なくとも黒河流域の一部の地域においては、慣習的な水利組織が、用水者協会（中国語では「用水戸協会」と表現し、邦語文献でも原語のまま使用するものが散見されるが、本稿では「用水者協会」の呼称を用いる）[38]という農民参加型の制度として再構築され、水票の実施主体として機能していることが明らかとなった。もっとも、用水者協会の再構築の主体は行政であって、農民はあくまでも協会を通じてなされる水管理に「参加」しているに過ぎないという点には注意を要する[39]。現在、用水者協会は、中国全土において展開されているが、黒河流域、とりわけ甘粛省張掖市におけるそれが成功事例として研究されることが多い。果たして、張掖市の用水者協会は、どのような点に特徴があるのであろうか。そこで、両者について比較検討したい。

---

[38] 日本水土総合研究所編『水土の知を語る—中国の農業水利』第12巻（日本水土総合研究所、2007）15頁は、わが国の土地改良区に相当するものとして説明する。

[39] 山田七絵「中国西北農村における水資源管理体制の改革とその効果—甘粛省張液オアシスを例に—」北川秀樹編著『中国乾燥地の環境と開発』（成文堂、2015）150頁も、中国で農民用水者協会を農民が自発的に組織した事例はあまり見られず、政府や水利部門の強力な指導によって組織され、そのほとんどが流域単位ではなく行政村の範囲に組織されており、リーダーも行政村リーダーと兼任であることが多いと指摘している。この点に関しては、筆者の張掖市における聞き取り調査でも、張掖市の多くの用水者協会のリーダーは選挙で選ばれるものの、行政機関の幹部等が選出されることが多いという結果を得ている。

まず、中国全土において展開されている用水者協会について考察する。この組織はそもそも、1995年に湖北省漳河灌区および湖南省鉄山灌区において、支渠[40]以下の水利システムの管理を対象とした受益農民による参加型灌漑管理組織が試験的に設立されたのが最初であるとされる[41]。このような参加型灌漑組織が設立された背景には、1981年に水利部が制定した「灌区管理暫行弁法」に基づく行政主導の灌区管理体制の行き詰まりがあるとみられる。既往研究によれば、同弁法による管理体制は、大、中型灌区において構築され、地方政府の指導および監督の下で、当該地方政府所管の事業単位として設置された「専業管理機構」による基幹施設の管理と、当該機構の指導下において、「群衆管理組織」[42]による支渠または斗渠以下の施設の管理という重層的な管理体制が構築されたが、現実にはこれらの管理体制が有効に機能しないか、あるいは群衆管理組織の実体が伴わずに水利システムが機能不全に陥って水争いも頻発し、さらには、本稿の冒頭でも述べたが、末端行政機関の水費徴収事務をめぐる不当介入を招いたと指摘されている[43]。

　このように、「灌区管理暫行弁法」に基づく行政主導の管理体制に代置する形で登場したのが、農民参加型灌漑組織である用水者協会である。用水者協会の主な役割は、水利施設の制御操作と維持管理、水利費用の負担や徴収で、その活動は社会基盤を管理し、地域の基本的な文化社会や環境の基本的な構造を規定することになる[44]。他方で、用水者協会の法的性質については不明な点が多い。一部の用水者協会が法人格を有することは確認されているが[45]、それを規律する専門法は存在しない。つまり、社会団体登記管理条例

---

40) 前掲注2飯嶋論文112頁注5の説明によれば、中国では、一般に農業用水路系を幹線側から順に、幹渠－支渠－斗渠－農渠－毛渠の5階級に分級し、大規模な地区では、幹線系をさらに総幹渠－幹渠－分幹渠と細分するという。
41) 裴麗萍『可交易水権研究』（中国社会科学出版社、2008）240頁のほか、前掲注2飯嶋論文108頁も同旨である。
42) 前掲注2飯嶋論文107頁によれば、群衆管理組織は、受益農家が選出した支（斗）渠委員会あるいは支（斗）渠長と、その下部の灌水組、維持修繕専門隊などからなり、支（斗）渠以下の用水管理、維持修繕を行う組織である。
43) 同上107～108頁。
44) 前掲注8福嶌＝谷口書47頁。
45) 前掲注2飯嶋論文109～110頁によれば、広西チワン族自治区桂林市青獅潭ダム灌区の「蓮塘支渠灌区用水戸協会」、河南省人民勝利渠灌区の「西高用水戸協会」、湖南省岳陽

等によって法人格を有することはあっても、組織に対する法的保障がないのである[46]。このような状態が続いたまま、2016年7月21日時点で全国に約8.3万の用水者協会が設置され、その管理下にある灌漑面積は約3億畝（約2000万ha）に達している[47]。なお、2016年7月1日に国務院によって施行された「農田水利条例」は、国家は農村集団経済組織、農民用水合作組織[48]、農民およびその他の社会団体を奨励および誘導して、農地水利工程の建設、経営および稼働維持を行い、農地水利工程施設を保護し、用水を節約し、生態環境を保護することを規定（同条例5条1項）したが、用水者協会設置の法的根拠ではない。つまり、用水者協会は法的根拠を欠いた状態で公的制度として発足し、すでに30年以上が経過し、中国の水利政策の基底の一部を構成する存在にまでなっているのである。ところが、用水者協会に関する既往研究のほとんどは、この点をさほど問題視していない[49]。中国においては、

市鉄山灌区の「井搪支渠用水戸協会」の3つの用水者協会は、非営利目的等で法人格を有するというが、法人設立の根拠法については不明である。

46）2005年10月31日に、水利部、国家発展および改革委員会、民政部が連合して「農民用水者協会建設に関する意見（関于加強農民用水戸協会建設的意見）」を公布し、水利工程の良好なる稼働の促進と効果と利益を十分発揮させるために、農村水利の基層をなす群衆管理組織体制改革をさらに進めるべきことを地方政府の水利関係部門に下達しているが、ここではすでに用水者協会が既存制度として設置され、存在することが当然視されている。

47）中華人民共和国水利部「関于政協十二届全国委員会第四次会議第2718号（農業水利類261号）提案答復的函」http://zwgk.mwr.gov.cn/zfxxgkml/201610/t20161031_766513.html（2017年1月9日最終閲覧）。

48）中華人民共和国水利部から発表される公式文書の多くでは、「農民用水合作組織」と「用水戸協会」の2種類の用語が混在する。この点に関して、前掲注2飯嶋論文108～109頁も、用水者協会についての法令や通達による制度上の定義がないと指摘している。

49）Robert Speed, 'A Comparison of Water Rights Systems in China and Australia', 2010, In, Sun Xuetao, Robert Speed, Shen Dajun, ed. 2010, *Water Resources Management in the People's Republic of China*. Routledge: London, pp214では、用水者協会による管理形態の出現について、国家による水の一元管理から地方分権の流れの一環として説明する。また、李強＝潘原＝陶伝進＝周孝正等著『中国水問題―水資源與水管理的社会学研究』（中国人民大学出版社、2005）203頁は、用水者協会が水資源管理に参加する形態の出現は、1980年代以降の世界の趨勢であり、他の制度に代置することができないものになっており、政府にとっては財政支出と管理負担を減少させることができ、用水者にとっては自発的に水管理計画に参加することで、自らが水利ルールを創出し、あるいは既存のルールを順守する意識が高まるという利点があると指摘する。さらに、山田七絵「中国農村における持続可能な流域管理―末端水管理体制の改革―」大塚健司編『流域ガバナンス―中国・日本の課題と国際協力の展望―』（アジア経済研究所、2008）

国家機構はもちろんのこと、住民の末端組織である社区[50]やNGOまでもが法的根拠に基づいて設立されているという状況を意識すれば、そもそもわが国の土地改良区に相似するとされる用水者協会の設置に関して、その法的根拠が存在しないということは極めて特異なこととして疑問が生じるのではないだろうか[51]。また、このことに関連して、法定の設立要件や手続きが明示されていないにもかかわらず、試験的に設立されてから20年余りで、政府が設立を推奨し、全国各地に展開することがなぜ可能であったのかについても疑義が残る。

これらの疑問点を踏まえて、つぎに、黒河流域の一部の地域において、水票の実施主体として、慣習的な水利組織を再構築して設立された用水者協会について考察する。用水者協会が法的根拠を持たずして全国に急速展開したという事実は、その前身となる組織の存在があったと仮定すれば比較的容易に解明されよう。しかし、前身となる組織、とりわけ慣習的な水利組織を前身としているという点を論証している既往研究はほとんど見当たらない[52]。もっとも、興味深いことに、中国の用水者協会の前身として位置付けることができる灌漑小組の初出が、黒河流域で、甘粛省張掖市臨沢県東部に所在する梨園河灌漑区であったということが、文献からわずかながらに確認できる[53]。それによれば、1978年に始まる改革開放政策により導入された土地請

72頁は、中国政府が用水者協会の設立を積極的に支援しているのは、近年国際援助機関等によって推進されている参加型灌漑管理の国際的な議論の流れをくんだものであるとして、類似の指摘をしている。

50) 社区の設置に関する法的根拠ついて、奥田進一「中国社会の原動力としての社区」ジュリスコンサルタス（関東学院大学法学部法学研究所紀要）19号（2010）29頁以下参照。

51) 前掲注41裴書240〜241頁も、用水者協会が法的根拠なくして設立されていることは、用水者協会がリスクを回避する能力に欠け、民主的権利や持続的な発展が保障されないという問題点を指摘し、さらに、これらの問題を解決すべく、用水者協会組織法のような法規範の制定を急ぎ、法人化や業務内容の明確化、水利権の授権制度の構築、水費用の価格決定権や徴収権の付与などを規定すべきことを提言している。

52) 同上239頁によれば、唐朝時代には「渠社」と称される民間の水利組織が登場し、元朝時代の北京には「興隆壩」と称される用水組織が存在したという。ただし、こうした古代中国以来の民間による灌漑組織や用水組織に関する研究はほとんどその蓄積がないため、現在の状況に対しては外国の制度を参考にするしかないという指摘もなされている。

53) 前掲注49李＝潘＝陶＝周書202頁脚注①の記述参照。

負制とともに灌漑小組が出現し、輪番灌漑を実施する必要から、かつての人民公社と生産大隊（または生産隊）あるいは引水闘溝54)と称する用水者の集団が、当該集団の代表を選出して水の見張りと分水を行っていたという55)。ここで注意しなくてはならないことは、行政区画と水路系に規定される灌漑区とを一致させることで、土地請負経営と用水管理を同一組織によって合理的に行っていた点である。現在も、張掖市では、土地請負制の基層組織である郷鎮の村民委員会やさらにその下部の受益農民のグループである社や村民小組と用水者協会がほぼ重なり合う形で存立している56)。そして、張掖市において確立している用水者協会は、水量配分の権限は有さないが、公的管理によって定められた水量を、水票という形で有償配分することを主な業務としている。水票は、農地の請負経営権と連動しており、請負経営権の再配分時には、水票も再配分される。なお、新規取水に関しては、土地請負経営権とは無関係に権利設定の必要が発生し、必要水量、期間、目的や既存取水権者との利益調整等について、環境保護行政部門が環境アセスメントを行い、その評価報告書をもとに水票の発行が検討されるという。水票は5年ごとに更新され、取水量に応じて県または市レベルの地方政府の水行政部門が発行主体となる。ちなみに、水使用量が100万 m^3 以上の場合は市政府が発行し、100万 m^3 未満の場合は県政府が発行するという。このように、張掖市の水票制度と用水者協会は、土地請負生産制とリンクすることで、耕作面積に応じた適切な水量が配分され、水をめぐる利害関係の調整も土地問題と同時に行うことが可能になっているといえよう。このことが、張掖市における節水型社会建設が成功事例となり得た理由のひとつなのであろう57)。もっとも、な

---

54) 甘粛省張掖市水利局における聞き取り調査では、張掖市の用水者協会は清代の慣習的水利集団である「龍洞」に由来するという。この龍洞という組織は、水分配を行うだけでなく、農民同士の水利紛争を解決する機能を有していたという。
55) 前掲注49李＝濬＝陶＝周書202頁脚注①によれば、水の見張り役は集団から1人が選ばれて、自集団の田畑に灌漑水が達する際に取水口に派遣され、そこで灌漑が完了するまで見張って水の盗取を防いだという。
56) 前掲注39山田論文163頁でも、現地調査の結果として、用水者協会と行政村等の管轄範囲が一致していることを確認している。
57) 陳菁＝水谷正一＝後藤章＝松井宏之「中国における水管理の現代的展開に関する研究」農業土木学会論文集第206号（2000）275頁は、「土地・農業用水は未だに国・集団が所有し、農家自らが水管理を行う制度的条件と内的動機を共に欠いているため、利水

ぜ、土地の請負経営権と水票をリンクさせることで、配水と節水がうまくいったのかについてはもう少し説明が必要であろう。この点に関しては、行政村の区画とは別途設置された用水者協会を利用した用水管理制度に関して、水を土地から独立させて配水した結果、配水を行う公的機関および農民のいずれにとっても節水動機が働きにくく、結果として水管理システムがうまくいっていない事例研究[58]から、逆説的に、土地の利用権と配水および水利権を連動させることで、農民の節水動機が働くのではないかという結論が導き出せよう。もともと、農民は土地請負経営権を有していても、その土地に必要な水を利用する権利を当然に有していたわけではない。農地に必要な水利権は、別途取得する必要があるが、誰にどのくらいの量を配水するのかをめぐって紛争が起きることは日常的であったろう。その点において、張掖市が、土地請負経営権を差配する行政村を基本とする用水者協会を通じて、土地請負経営権とセットにした水票という形式で水利権を分配したことは、農民にとっては耕作意欲が高まるとともに、耕作面積に応じた水量も把握でき、節水動機が十分に働いたものと思われる。水票制度の導入時点において、このような効果が予見可能であったのか否かは不明であるが、結果として非常に優れた節水効果を発揮したことは事実である。

7．小　括

本章では、甘粛省張掖市においてパイロット事業として実施されてきた水票および用水者協会という制度に焦点を当て、地方政府が水の利用権を土地の利用権と一体化させて契約的手法を用いて管理することで、国家法による統制型の水管理手法が内在する、実効性に乏しかった部分を補完することに成功した事例を紹介し、その成功の背景にある現象を解明した。その成功の

　者の水利用組織が形成されていないことが統制的水管理の原因の1つである」として、契約的手法による水管理の難しさを指摘する。
58）任永懐＝佐藤政良＝楊継富＝郭宗信＝佐久間泰一「節水効果から見た中国河北省石津灌区における水管理システムの分析」水文・水資源学会誌第17巻第4号（2004）381～391頁、任永懐＝佐藤政良＝楊継富＝郭宗信「中国河北省石津灌区の水不足における節水管理の分析」水文・水資源学会誌第17巻第5号（2004）515～522頁。

鍵は、慣習法という非公式制度の公式制度化にあったのではないかという問題意識こそが、本章の内容の前提となった調査研究の成果である。中国において、慣習法がどの程度認められ、法規範として機能するのかについては議論の多いところである。新中国の建国と同時に、中国共産党は、慣習法を含む全ての旧法との断絶を明示したが、旧法の継承をめぐっての論争が激しく展開され、結果としては継承否定説が支持され、いかなる旧法の継承可能性に関する議論もその後「禁域」として長く触れられることがなかった[59]。中国では、長らく、慣習法とは、国家が認可し、国家的強制力によって実施が保証される習慣を指し、国家が成立する以前の原始的な慣習には法的性質はないと考えられてきた[60]。つまり、慣習法が認められるためには、国家の存在と承認、そして国家による施行が必要最低条件とされていたのであり、慣習法の成立如何は統治者の意向に左右されるきらいがある[61]。しかし、改革開放政策以降は、慣習法の存在を肯定的に捉えている研究が多くみられ、慣習法の継承を肯定する議論も活発化している[62]。とりわけ、中国固有の法体系の存在が研究対象とされ始めると、そこには国家の制定法に加えて慣習法というものが包含されて構成されているべきであり、慣習法を軽視した法学研究は成立し得ないという見解も登場する[63]。また、中国法に特有の法制度として捉えられているものの実態を考察すると、実は慣習法が成文法化されて公式制度化したものであるという研究成果も現れている[64]。

ところで、慣習法の存在およびそれが法規範として機能することが認められるとしても、慣習法と国家法とが矛盾し、慣習法に則る行為が違法ないし

---

59) 菊池真純「伝統的村落共同体による森林資源管理」奥田進一編著『中国の森林をめぐる法政策研究』（成文堂、2014）285頁。
60) 中国大百科全書編集部編『中国大百科全書　法学（修訂版）』（中国大百科全書出版社、2006）87頁。
61) 高其才『中国習慣法論』（湖南出版社、1995）2頁。
62) 前掲注61高書、高其才主編『当代中国民事習慣法』（法律出版社、2011）、公丕祥主編『民族習慣司法運用的理論與実践』（法律出版社、2011）等のほか、前掲注59菊池論文285頁以下では中国における慣習法研究に係る各種論文が網羅的に紹介されている。
63) 前掲注61高書17頁。
64) 渠涛「中国物権法立法における慣習法の位置付け」比較法学（早稲田大学比較法研究所）36巻2号（2003）93頁以下では、慣習法が成文法化されて公式制度化された例として、農地請負経営権、典権（わが国の不動産質権に類似する制度）、譲渡担保を挙げる。

は脱法化する場面にいかに対応するのかという問題が必ず生じるであろう。そのような場合に、慣習法がそのままの状態で行為規範や裁判規範になることはなく、何らかのプリズムを通じて公式制度化されて行くことが予定されるであろう[65]。このような状況において、張掖市における水票の公式財産権化という現象を通じて、慣習法が正式なタイトルを与えられて機能し始めるという、大変興味深い法現象を見出すことができた。他方で、公式制度化された水票制度は、今後さらにいくつかの課題を克服しなければならないであろう。とくに水票が土地利用権と一体化したとはいえ、それは私的財産権であり、一定の状況下では水票のみが単独で取引対象となることもあろう。また、農業において発生した余剰水に係る水票を、他の産業に取引することに関する問題はないのであろうか。国家の一元管理は法律によって実現したが、地方政府においては結局のところ水利部門、農業部門、環境保護部門という複数の部門が水利調整作業に関与しており、これらの作業を一体化させる必要もまた指摘できる。これらの諸問題については、今後さらに研究を継続させて解明したいと考えている。

---

65) 前掲注64渠論文101頁。

第8章　オーストラリアの水資源管理法

1．問題の所在

　オーストラリアの水資源は、2007年連邦水法（Water Act 2007）によって規律されている。しかし、同法により統合的に水管理が行われるに至るまでは、コモン・ローの枠組みとの複雑な相克を経ている。じつは、その経緯は、アボリジニおよびトレス海峡諸島民（以下、先住民とする）に土地を返還しようとする1993年の先住権原法（Native Title Act）に至るまでの、オーストラリアにおける土地資源をめぐるコモン・ローと土地慣習法との相克の軌跡[1]に近似している。しかし、公益性の極めて強い水資源に固有の性質から、土地資源とは異なる軌跡を辿って解決し、2007年の連邦水法の制定に至っている。そこで、まず、土地資源をめぐる権利関係や立法の経緯を紹介する。

　1770年に、キャプテン・クックは、イギリス国王の名の下に、オーストラリアの東海岸の全てをイギリスの領有（Crown Land）とすることを宣言した。これにより、先住民たちはイギリス臣民として、イギリスの法体系、すなわちコモン・ローの枠組みに編入された。もっとも、クックは、オーストラリアを無主地（Terra Nullius）としながら、先住民の存在を認識しているという矛盾は、その後の先住民たちがたどってきた歴史的悲劇を語る上で、無視することができない。とりわけ、土地を生命あるものと捉え、人が土地に帰属するという独自の土地観を有していた先住民たちは、コモン・ロー的な土地法政策により先祖伝来の居住地を奪われただけでなく、領域や土地の利用方法をめぐって植民者との激しい対立や摩擦を繰り返し、大量殺戮や隔

---

1) 平松紘＝金城秀樹＝久保茂樹＝江泉芳信『現代オーストラリア法』（敬文堂、2005）67〜73頁以下が、その経緯について詳述している。

離政策なども行われた。

　このような状況が続くなか、1960年代になると、先住民たちが「土地権（Land Rights）」を要求するようになる。ちなみに、彼らが求めた「土地権」とは、財産権としての「土地所有権（Land Ownership）」の承認ではなく、彼らの伝統的な土地観そのものの回復であったとされる[2]。土地権とは、土地に対する何らかの権利を意味する法概念（ヨーロッパ的法概念）ではなく、伝統的に従った土地との関係を構築する政治的な権利であるとされる[3]。そして、1969年に、北部アーネムランドのゴーブ半島イルカラ地区のアボリジニが、同地区での採掘権を得た鉱山会社と採掘権を付与した連邦政府を相手に、不法侵入排除と利益侵害保護を求めて、北部特別自治区（現在の北部準州）最高裁判所に提訴した（ゴーブ・ケース：The Cove Case あるいはナバルコ・ケース：The Nabalco Case と称される）[4]。

　この訴訟で、原告である先住民たちは、先祖伝来の土地の血縁集団（クラン：Clan）による占有を主張して、占有権原の確認を求めたが、1971年に裁判所は、原告適格なしとして訴えを却下した。裁判所は、訴え却下の理由として、コモン・ロー上の所有権の対象となる財産の概念には、利用・享受の可能性、譲渡性、排他性が含まれていなければならず、先住民のクランによる一定の土地占有は、一時的に排他性を伴うが固定的ではなく、交換価値としての譲渡性も認められないなど、コモン・ロー上の占有や財産概念にはあたらないというものであった[5]。他方で、当該判決は、先住民の土地に対する伝統的権利をコモン・ローという枠組みで捉えることに欠陥があり、何らかの立法解決が必要であるとも判示した。この判示部分を受けて、後にエドワード・ウッドワード（Sir Edward Woodward）とフランク・パーセル（Frank Purcell）という2人の法律家が中心となって、1975年に先住民の土

---

2) 前掲注1 平松＝金城＝久保＝江泉書71頁。なお、先住民の権利への関心が高まった背景には、1967年の連邦憲法改正によって人種差別条項が撤廃され、アボリジニに関する立法権が認められたことがある。
3) 同上72頁。
4) *Milirrpum v. Nabalco Pty Ltd*, 1971, 17 FLR, 141.
5) 金城秀樹「オーストラリアにける先住権原と構成信託の法理―オーストラリア先住民の土地所有―」札幌大学総合論叢第35号（2013）18頁。

地概念と権利保護に関する活動が組織され（王立調査委員会）[6]、1975年にはアボリジニ集団の自治の権限を委ねられたアボリジナル評議会（Aboriginal Council）が設置された。そして、1976年に、北部準州において、オーストラリアで初めて先住民の土地権を認めた「アボリジニ土地権法（Aboriginal Land Rights（Northern Territory））」が制定された[7]。さらに、同法に基づいて土地委員会（Land Council）がつくられ、北部準州内のアーネムランドなどが保護区からアボリジニの土地として認められた。

同法は、コモン・ロー上は認められない共同体的権利を避けるため、土地所有権主体として土地信託の設置を規定している。ちなみに、受益者は氏族（クラン）ではなく、個々の伝統的アボリジニとされた。しかし、伝統的アボリジニとは、父系氏族のメンバーであり、混血により出自が母系のアボリジニは含まれない。他方で、アボリジニ社会では、父系制をとりながら重要な儀礼の挙行に際しては母系により役割が決まっていたため、母系出自のアボリジニが伝統的集団から直ちに排除されるわけではなかったので、同集団に属しながら、土地に係る権利を有する者と有さない者とが生じ、結果として、アボリジニの伝統的集団の解体を促すことにつながったという指摘がなされている[8]。

このようなアボリジニ集団内部に生じた利害対立を解消することなく、1992年6月3日に、いわゆる「マボ判決（The Mabo Case）」[9]と呼ばれる、オーストラリア土地法史を根本から覆すような画期的な判決が、オーストラリア連邦最高裁判所において下された。マボ判決は、アボリジニの伝統的な土地支配が法的占有（Possession）であり、オーストラリアの領土自体がアボリジニ固有の土地を簒奪することによって取得されたものであると判示し

---

6) John Fogarty and Jacinta Dwyer, *The First Aboriginal Land Rights Case*; MORE OR ESS: DEMOCRACY & NEW MEDIA, 2012, pp.176-pp.177. http://www.futureleaders.com.au/
7) ゴーブ・ケースの顛末および1976年アボリジニ土地権法制定に至るまでの経緯については、窪田幸子「この土地は私のものではない、この土地は私そのもの―オーストラリア先住民の権利回復の背景―」JCAS連携研究成果報告6号（2003年）126～128頁が詳しく説明している。
8) 前掲注1 平松＝金城＝久保＝江泉書73～74頁。
9) *Mabo v. The State of Queensland, No.2*, 1992, 175 CLRI, 66 ALJ, 408.

たが、これは最高裁判所が、「オーストラリアは無主地への移住による植民地である」という伝統理論を放棄する宣言を出したものと評価されている[10]。マボ判決の骨子は、先住民の土地への権利、すなわち先住権限を認め、この権利は国王による基礎権原の行使によってのみ抹消され得るものであるとした点にあるが、あくまでも土地に対する政治的主権はイギリス本国にある。国王による基礎権原の行使とは、たとえば、国王下付（Crown Grants）、自由保有権（Freehold）や貸与保有権（Leasehold）の付与などで、その場合には先住権原は抹消されるが、1975年以降の抹消は人種差別禁止法に抵触するために無効とされた。そして、このマボ判決に基づいて、1993年に先住権原法（Native Title Act）が制定された。また、1996年には、連邦最高裁判所が、貸与保有が設定されても先住権原は存続しうるという判決を下している[11]。同法は、先住権原について、土地あるいは水に関する先住民の共同体的、集団的、あるいは個人的権利利益であると定義し、その権利利益は慣習法によって認められ、慣習によって保持され、オーストラリアのコモン・ローによって認められたものであって、先住民はこれらの法や慣習によって土地あるいは水との関係を有する、と規定している（法223条1項a乃至c）。なお、同法にいわゆる「水」とは、海、河川、入江、湾、河口、港、地下水、水底、伏流水、岸辺、水位変化の影響を受ける陸地、あらゆる水面上の空間を指す（法253条）。

　先住権原は、土地の占有を伴う場合もあれば、必ずしも占有を伴わない場合もあり、むしろ現実的占有を基礎としない土地上の利益の享受であり、さらに利益も可ならずしも経済的利益を指すものではなく、土地に対する精神的関係によりもたらされる利益であり、その意味では近代的意味での、少なくともコモン・ロー上の概念での土地所有権と把握することはできず、既存の土地法との整合性をいかに説明するのかという問題を抱えているという指摘もなされている[12]。1066年のノルマン征服にまで遡る長い歴史を有するイギリス土地法の理論によれば、イギリスの支配下にある土地はすべて、封建

---

10) 前掲注1 平松＝金城＝久保＝江泉書83頁。
11) *Wik peoples and Thayorre Peoples v. Queensland*, 1996, 141 ALR
12) 前掲注1 平松＝金城＝久保＝江泉書86頁、前掲注5 金城論文19頁。

領主や国王の軍隊の指揮官達に対して、その勇気や忠誠の報酬として、奉公の見返りとして、国王によって与えられるものであり、その結果としてすべての土地が譲与されており、無主の土地はあり得ないとされている[13]。この国王による授封が基礎権原の行使であり、もし、基礎権原の行使がなされなければ、その土地は国王の主権が受益的所有権（Full Beneficial Ownership）を伴うことになる。そして、前述のマボ判決は、植民支配により形成されたオーストラリアについてこの考え方が当てはまらないということを明確に示すとともに、先住民を信託受益者として、オーストラリア政府を受託者として位置付けるという構成信託（Constructive Trust）の法理を用いることで、国内に本質的に全く異なる土地支配を法制度として併存することを認め、その矛盾を解消したとされる[14]。

2．水資源に係る権利とコモン・ローとの相克

前述の通り、1993年の先住権原法（Native Title Act）は、土地だけでなく水に関しても先住権が及ぶことを明文で規定している。しかし、土地と同じように水に関しても先住権原を広く認めることは、その性質から困難である。そこで、2007年の連邦水法制定に至るまでに存在した、コモン・ローとの相克問題の経緯について紹介し、水資源をめぐる権利がどのように慣習法の体系から分離して、整理されてきたのかについて概観する。

オーストラリアでは、全ての水資源は国王によって保有され、何人の所有にも帰属しないものであるが、国王の基礎権原の行使によって土地が譲与されると、その土地に水は付随するものであるという、イギリスのコモン・ローの考え方を採用することが判例においても確認されてきた[15]。このよう

---

13) Kevin Gray & Susan Francis Gray, *Elements of Land Law*, Oxford, 5th Ed, 2009, pp56.
14) 前掲注5 金城論文23頁。
15) *Newstead v. Flannery*, 1887, 8 ALT178（Victoria Country Court）; *Lyons v. Winter*, 1899, 25 VLR 464; *Nagle v. Miller*, 1904, 29 VLR 765; 26 ALT 6; 10 ALR 119（Victoria Supreme Court FC）; *Springboard v. McMerriman*, 1910, 4 QCLLR 161（Queensland Supreme Court）; *Marshall v. Cullen*（No 2）, 1914, 16 WAR 92; *Moore v. Corrigan*, 1949, Tas SR 34 at 46 per Clark J（Tasmania Supreme Court）.

な認識は、少なくとも1896年に、ニューサウスウェールズ州（NSW）が水利権法を制定するまでは共通認識として存続し、水は共有資源でありながら、土地と一体のものであり、水に対する権利は、用益権として慣習法に基づいて管理されていた。その水に対する権利は、先住民のコミュニティによって行使できる権利と、非先住民のコミュニティによって行使できる権利との間には重要な区別があり、後者の場合には、物権的な排他的独占権を認めないまでも、水の利用は事実上排他的であった[16]。とくに、河川水の利用に関しては、判例は、河岸の土地所有者が河川の流水にアクセスし、質量ともに障害なく水が流れることを、隣接する土地所有者に求めることができる権利であり、土地所有権そのものではないが、土地所有権から派生する排他性の強い権利であると判断してきた[17]。さらに、河岸所有者（Riparian）以外が河川水を利用することはできず、河川に接していなければ河岸所有権（Riparian Right）は成立しないため、河川水の利用もできないという判断もなされた[18]。

しかし、極めて乾燥した気候で、灌漑用水の慢性的な不足が発生してきたオーストラリアにおいて、とくに農業者からは、河川水を河岸所有者に独占的に認める考え方には不満も多く、河岸所有者が河川水使用に対して行使できる権利に何らかの制約を課そうとする考え方が現れ、河岸所有者が独占的に河川水を使用できるのは、下流に河岸所有者が不在である場合に限られ、さらには河川水の使用が河川所有者の権利の妨げとならない限りは、その自由利用を認めるべきであるという司法判断も登場した[19]。このように、河岸所有者が河川水の使用に対して有する排他的権利は、徐々にではあるが制限を受けるようになるものの、水が有する公益性や広範性という性質に着目

---

16) 近藤学「オーストラリアにおける水法の発展（翻訳）」滋賀大学環境総合研究センター研究年報第7巻第1号（2010）64頁。
17) *Chasemore v. Richards*, 1843-60, All ER 77, 82; *Stockport Waterworks Company v. potter*, 1864, 159 ER 545 per Pollock CB; *McCartney v. Londonderry and Lough Swillie Railway Company*, 1904, AC 301 at 306 per Lord M' Naghten; *Hill v. O' Brien*, 1938, 61 CLR 96 at 110 per Dixon J.
18) *Moore v. Corrigan*, 1949, Tas SR 34 (Tasmania Supreme Court); *Jones v. Kingborough*, 1950, 82, CLR 282; Re Special Lease No.30455 (*Amoco Australian*) Brisbane District, 1977, 4 QLCR 141 (Queensland Land Appeal Court).
19) *Jones v. Kingborough*, 1950, 82 CLR 282 at 345 per Fullager J, at 301 per Latham CJ.

し、これを河岸の土地所有権から分離独立させようという方策は、コモン・ローの枠組みからは案出されなかった。この原因は、コモン・ローの発祥国であるイギリスの気候、風土や、産業革命を経て農業が後退していた19世紀イギリス社会の特質に起因するという指摘もなされている[20]。

3．土地所有権から水に係る権利の分離

結局、コモン・ローは、河川水や地下水に対する独占的、排他的な所有権を否定したが、一定の条件下で河岸所有者が有する土地所有権に河川水の使用を包摂させ、実質的に水に係る権利を土地所有権と一体化させてきた。しかし、同じコモン・ローの継受国とはいえ、オーストラリアのように乾燥した土地では、コモン・ローは水管理システムの構築には適しておらず、公共的利益に従って水が公的機関によって管理される、何らかの立法的な解決が希求されてきた[21]。

ビクトリア州（VIC）に設置された「水供給に係る王立委員会（Royal Commission on Water Supply）」（1884年設置）の議長に任命されたディーキン（General Alfred Deakin）弁護士は、アメリカ西部の灌漑視察の結果を踏まえて、1886年に、「灌漑法（Irrigation Act 1886）」を立法している。同法は、水管理および維持に関係する最高権力と責任を州政府に与え、河岸所有者の権利によるあらゆる影響を否定すべきことを強調した[22]。立法者であるディーキン弁護士の意図は、取水に係る河岸所有者の権利を廃止して、一部を立法により明確化した権利に代置することにあり、明文化された河岸所有者の権利を家庭用水と貯水に限定することで、残余の水については国王の基礎権原に係る権利となることを重要視したのである[23]。同法は、オーストラリアで初めて水利許可制の枠組みを構築したが、河岸所有者の水利用に関する権利

---

20) Alex GARDNER., Richard BARTLETT & Janice GRAY, *WATER RESOURCES LAW*, 2009, LexisNexis Butterworths, Australia, pp160.
21) Ibid., pp183.
22) S. Clark and I. Renard, '*The Riparian Doctrine and Australian Legislation*', Melbourne University Law Review, Vol.7, 1970, pp487.
23) See GARDNER., Bartlett., GRAY, supra note 20, pp184.

を極めて限定しながら、基礎権原として譲与される権利の内容が不明瞭な状態を残していた。

　そして、1896年にニューサウスウェールズ州（NSW）が「水権利法（Water Rights Act）」を制定するが、前述の通り、オーストラリアにおける初めての水管理のための立法例である（2000年に改正）。ところで、同法の草案の段階では、すべての水は国王の所有に帰属するとされたが、最終的には「財産権」あるいは「所有権」に言及することなく、「あらゆる河川および湖沼の水を使用し、配水し、管理する権利を包括する権利が国王の基礎権原により譲与される」としたうえで、「権利行使に際しては、国王によって認められた官吏や公務員等が、土地に立ち入って、水の保全や供給、公正な配分、有効利用、汚染防止、河川の違法な障害物の除去などのために、妥当と考えられる手段を行使できる」と規定した（法1条1項）。これは、「水の国家所有化」であるという評価もあるが、水を資源として捉えたうえで、その権利化よりも行使目的や方法に重きを置いた立法であったと評価されよう[24]。他方で、同法の制定によって水利用に係る河岸所有者の私権が消滅したという認識は、立法時から為政者において乏しかったようである[25]。

　ニューサウスウェールズ州（NSW）の立法モデル（以下、NSWモデルという）は、その後に、他の多くの州に成功事例として認識されて影響を及ぼした。まず、1905年にビクトリア州（VIC）がNSWモデルを踏襲した「水法（The Water Act 1905）」を制定し（1989年改正）、続いて1910年にはクィーンズランド州（QLD）が「水法（The Water Act 1910）」を（2000年改正）、1914年には西オーストラリア州（WA）が「水と灌漑に係る権利法（Rights in Water and Irrigation Act 1914）」を制定した。このうち、西オーストラリア州（WA）の「水と灌漑に係る権利法（Rights in Water and Irrigation Act 1914）」は、水の使用、配水、管理に係る権利は国王の基礎権原行使により譲与されるものではなく、国王によって制御されるものであるという構造を採用しようとして経緯があったが、「開拓者の権利保護」や「水に係る私権の剥奪に対する無補償」などを理由とする反対意見が根強く、結果としては

---

24) 前掲注16近藤論文67頁。
25) See GARDNER., Bartlett., GRAY, supra note 20, pp185.

NSWモデルに収斂している[26]。

　他方で、南オーストラリア州（SA）は、1919年に「水統制法（Control of Water Act 1919）」を制定するが、1990年に「水資源法（Water Resources Act 1990）」に改正されるまでは、水に係る所有権の成立を認める規定を有していた（1919年法4条）[27]。このほかに、北部準州（NT）は、1938年に「水制御条例（Control of Waters Ordinance 1938）」を制定し、1992年には同法を昇華させる形で「水法（Water Act 1992）」を制定するが、南オーストラリア州の影響下にあった歴史的経緯から、国王基礎権原に基づく水に係る所有権についての規定を残存させており、現在のオーストラリアでは唯一の国王基礎権原による水に係る所有権の譲与制度を有する地域である。

　さらに、タスマニア州（Tas）は、1929年に「水力発電委員会法（The hydro-Electric Commission Act 1929）」を制定したが、そこでは河岸所有者の水に係る権利を認める規定を設けていた。この規定は、1957年の「水法（The Water Act 1957）」にも継承されていたが、1999年に「水管理法（The Water Management Act 1999）」の制定に伴い、あらゆる水は国王基礎権原による譲与から離れ、法的管理下に置かれるべきであると改正している（法7条2項）。最後に、オーストラリア首都特別地域（ACT）については、ながらくニューサウスウェールズ州（NSW）の「水権利法（Water Rights Act）」が適用されてきたが、1998年に独自に「水資源法（Water Resources Act 1998）」を制定し、2007年に改正されている。ただし、同法も、水に係る権利の国王基礎権原による譲与に関するNSWモデルを継承した。

4．2007年連邦水法の成立による統一的水管理

　ここまで、オーストラリアにおける水をめぐる権利の制度化について、判例や各州の立法を概観してきた。その結果、土地所有権に付随するものに近

---

26) Ibid, pp186-187.
27) 1935年の「マレー川に係る水法（The River Murray Water Act 1935）」22条1項も、「南オーストラリア州内のあらゆる水の使用、配水、管理に係る権利は、国王によって譲与される」と規定していた。

い概念で、当該土地所有者による自由利用を認めてきた水に対して、各州は立法によって水を土地から切り離し、そのうえで、水についても土地と同様に、国王基礎権原に基づく譲与制度を適用しようとしてきた。その結果、南オーストラリア州を除くすべての州において、国王基礎権原によらない他の方法、たとえば行政の許可や民法における物権のような形式での水に係る権利行使が否定されてきた。その意味では、水に係るコモン・ロー上の権利が規律されてきたということもできよう。他方で、立法による国王基礎権原の譲与制度を規律したことは、コモン・ロー上の権利が発生する余地が極めて限定的になったということもでき、それは言い換えるならば、コモン・ローによる規律が制定法による規律へと代置されたということになろう[28]。

しかし、オーストラリア全土における水の絶対量は圧倒的に不足しており、1980年代以降に環境問題への意識が高まると、新規のダム建設に対して激しい批判[29]がなされ、ダム建設によって灌漑用水の配分を行うという水資源開発が困難になってきた。そこで、このままではより一層深刻な水資源不足が全国的に継続するため、その対策が急務となった。とくに、農業灌漑用水だけでなく、上水道や工業用水等の他の水利用を包摂する効率的な水利用を構築するためには、従来の権利譲与型の方式では競合や独占状態に伴う紛争が発生するため、1980年代に入ってから水取引制度が検討され始めた。

水取引の前提条件としては、各州が行っている譲与制度の改変作業が必要になる。しかし、既存の権利者の存在を完全に否定することはできず、わが国の河川法において採用されているような水利許可制度とは異なる制度の構築が検討された。1994年には、「オーストラリア連邦・州首相評議会・水改革タスクフォース（The Task Force on CoAG Water Reform）」が設置され、コミュニティの利益のために限られた水資源を最高かつ最良の価値あるものとして利用するためには、水資源を土地の権利から分離独立させ、水配分と水利権とを一体化させた制度構築とともに、マレー・ダーリング川流域にお

---

28) See GARDNER., Bartlett., GRAY, supra note 20, pp205.
29) *Commonwealth v. Tasmania*, 1983, 158 CLR 1, 146 ALR 625. いわゆる、「フランクリン川ダム・ケース」と呼ばれる訴訟事件である。タスマニア州における発電用ダム建設をめぐって、環境影響が争点となり最終的に建設中止の判決が下された。

ける1993年度〜1994年度の水使用量を水利用上限値として定めて水利権の総量を固定し、その総量の範囲内で水取引を実施すること等が提言された[30]。

そして、2004年には「国家水憲章（National Water Initiative）」が制定され、水利権取引の前提となる各種制度や用語の定義がなされるとともに、水利権市場の拡大や水利権過剰付与問題の解消などが定められた。「国家水憲章」によれば、水へのアクセスおよび水の使用は、州及び準州政府による法定上の広義の水利権（Water Rights）により管理される。各権利に関する定義は以下のとおりである。

広義の水利権は、「取引可能な水利権（Tradable Water Rights）」と取引不可能な「先住権（Native Title）」とに分けられ、「取引可能な水利権」は、さらに、「狭義の水利権（Water Access Entitlements）」、「水配分（Water Allocation）」、「河岸水利権（Riparian Rights）」、「家畜・家庭水利権（Stock and Domestic Rights）」、「送水権（Water Delivery Rights）」および「灌漑権（Irrigation Rights）」に分類される。

「狭義の水利権」は、「特定の水源（Consumptive Pool）から一定の率を排他的に使用できる恒久的又は継続的な水に係る権利」として定義されている。もし、水の管理区域内で利用可能な水量が変化した場合には、水利権として利用可能な量が変化することがある。これは気候の変化やその他の環境要因により小規模ながら発生する場合もあり、このような場合に水の過剰な配分が起こらないように配慮されている。なお、狭義の水利権には、「水証書（Water Instrument）」が発行されることもあり、法律の規定に従い、土地とともに、あるいは土地とは別個に取引可能である。

「水配分」は、「ある与えられた時期において水利権に対し配分された特定の水量」と定義される。水配分は、水利権を有する各権利者に対して与えられ、水配分の割合は、水資源にどの程度使用可能な水があるか否かに応じて、シーズン毎に管轄する州政府もしくは管轄する州政府が代理人として指名する水関連機関により発表される。なお、水配分の取引も、狭義の水利権と同様である

---

30) Task Force on CoAG Water Reform, *Property Rights in Water*, ARMCANZ, 1995. なお、マレー・ダーリング流域における総量規制は1997年から実施された。

「河岸水利権」は、河岸地に農場を所有する土地所有権者が、農場や家庭での利用を目的として所有される水利権と定義される。河岸水利権は、所有する土地が水に隣接している土地所有者が、飲用水や家庭使用および釣りといった目的のために、その水を合理的に使用することを認めるものである。なお、河岸水利権は、一般的には、土地とともに取引可能であるが、土地と別に取引されることはない。ただし、土地が売却された際に、権利が廃止される場合もある。

「家畜・家庭水利権」は、家庭および農場での利用を目的とし、農場の土地所有者により所有されている水利権である。家畜および家庭とは、家族での利用の目的、ペットとして飼われている動物への水やり、牛やその他の家畜への水やりおよび家庭菜園への灌漑等の使用を意味する。家畜および家庭には、酪農場、養豚場所、飼育場、養鶏場もしくはその他の集約的もしくは商業的利用のための使用は含まない。なお、水利権取引の可能性については、河岸水利権と同様である。

「送水権」は、灌漑インフラオペレーター（Irrigation Infrastructure Operator: IIO）の水インフラネットワークを通じて、IIOにより水を送水してもらうために、灌漑農家に帰属する権利であると定義される。IIOのネットワークを通じて水の供給や配水サービスを受ける、灌漑農家の多くは、灌漑権に加えてIIOに対して送水権を有している。送水権は、送水されるシステム内において取引が可能である。

「灌漑権」は、IIOから水を受け取る権利として定義され、水利権や送水権とはその性質において異なる。とくに、ニューサウスウェールズ州（NSW）や南オーストラリア州（SA）の灌漑農家の多くは、狭義の水利権を有していない場合があり、その代替措置として、IIOが、IIOのメンバーである灌漑農家に代理して狭義の水利権を所有し、個々の灌漑農家はIIOから水を受け取ることを内容とする契約上の権利を有し、灌漑区域内で取引可能な場合が存在する。

最後に、「先住権」は、1993年先住権原法の規定により、水に関する先住権を有するあらゆる者は、個人、家庭および非商業目的の範囲内で取水し、水を使用することができ、特定の人および指定された場所の人々の集団に付

与される権利として定義され、先住権の取引はできない。

　広義の水利権は、水証書、財産所有権もしくはIIOとの契約書等の法律文書により管理される。狭義の水利権は、水証書によって行使され、家畜・家庭水利権および河岸水利権は、財産所有権を通じて行使され、灌漑水利権および送水権は、水利権者であるIIOとの間で締結された契約を通じて行使される。

　以上のような権利システムの構築を実行に移すべく、連邦政府は、2007年に連邦水法（Water Act 2007）を制定し、国家水憲章において示された計画実施に必要な最低限の法的環境を整えた。とりわけ、マレー・ダーリング川流域における水利権改革は、水利権が一般的に広く取引され得る対象であり、かつ、それは土地に関する権限に付随しないということを明確に示した。国家水憲章および2007年連邦水法に基づく水利改革に関する国家的な見解として、各州は水利権を土地や他の経営体と関連付けられないものとして扱っている。つまり、水利権は土地と切り離して取引できるということが強調されている。

5．小　括

　オーストラリアにおける水利改革は、これまでのところ成功しているといえよう。これまで、連邦政府、州および準州政府のすべてが、各州および各自治体に跨る水資源を保護すべく、各時代や状況における事例を、コモン・ローの枠組みと調和させ、その政策や制度そして法的な環境をより一層強く統一的なものにしてきた。このことは、競合する水資源の用途について、それぞれの利害関係者に対してどのように配分すべきなのかという施策や計画等を、速やかに伝播させて実施するのに役立った。また、このことによって流域を通じた各州間を結ぶネットワークが構築され、水利権の取引はより実施しやすく、市場形成も経済的に安全なものとなった。

　また、1990年代以降の水利改革では、持続可能な取水上限を定めることが常に求められてきた。マレー・ダーリング川流域のケースでは、2007年連邦水法とマレー・ダーリング流域計画が、取水上限を決定する際の根拠となっ

ており、この決定は流域の州と地方自治体によってなされる。これらの改革を同時に進めることによって、水利権の権利性を確固たるものとし、その権利を価値ある資産にまで高めた。

　さらに、2007年連邦水法により、各州政府は、水利権者が他の水利用者に対して、一定の期間、水利権の貸借を認めている。水利権貸借は、一般的には、分配取引（Allocation Trade）と称され、水利権を一定期間貸借する方法と、ある季節だけ一時的に貸借する方法が行われている。いうなれば、物権的取引要素の強い狭義の水利権取引とは異なり、水利権貸借は契約に基づく債権的要素の強い取引であり、水取引市場において個々の事情に合わせた柔軟かつ多様な水利権取引を行うことが可能になっている。例えば、事業を起こす場合に、事業者は長期的な水利用に関する見通しがつくまで、ある程度の年数に限って水利権を借用する契約を締結する方が簡便である。

　このほかに、連邦レベル以外でも様々な取り組みがなされている。例えば、首都特別地域（ACT）を含む州政府は、その地域の土地と水資源の管理について、憲法上の責任を負っている。2007年連邦水法に基づき、連邦政府は国際法上の義務（例えばラムサール条約）を果たすため、国際的に重要な環境的価値を保護するための立法を行っている。さらに、流域の州は、国家的重要事項であるマレー・ダーリング川流域の水資源管理のために、憲法に基づいて連邦政府に対して提言を行う権限（Referral of Powers）を付与されている。

　なお、流域計画の根拠となっている科学的な実証や予測の一部には、かなり不確実な要因が含まれている点は指摘しておかなければならない。例えば、今後の気候変動や、現在進めている流域への環境用水の回復措置がどのような結果をもたらすのかについては、全くわかっていない。これらの点について、2007年連邦水法は、2026年までに流域計画についてのファースト・レビューを行うことが定められている。とりわけ、気候変動が著しく、極度の水不足状態にあるオーストラリアにおいて、水利改革が軌道にのるまでにはまだ多くの時間を要するかもしれない。

第3部　共有資源の権利侵害と管理責任

　資本制社会は商品交換によって成立し、商品交換は私的所有が国家によって保障される必要がある。国家の保障は法律によって具体化され、その法律は私法と呼ばれ、民法がその中心的役割を担っていることから、民法は資本主義的法秩序の根本法とさえいえる。そして、その民法の大原則のひとつである「所有権絶対の原則」の下では、所有権者は自己の所有物を自由に使用し、収益し、処分することができる（民法206条）。しかし、資本主義が成長して資本の独占化が始まると、所有権絶対の原則を堅持することによる弊害が目立つようになる。鉱山開発や工場操業による各種公害などはその典型であろうし、高層マンション等の建築よる日照被害や景観利益の侵害なども新しいタイプの所有権絶対の原則の弊害といえよう。しかし、このような弊害に対して、法は何らかの措置を講じることができているのであろうか。憲法や民法では、財産権（私権）は公共の福祉に適合するようにと規定しており、行き過ぎた権利行使は権利濫用であるする判例もある。近時では、建築制限や土壌汚染地の調査・除去義務など、行政的手法による権利制限が増加傾向にある。

　確かに、個々人の私的な権利は尊重され、その行使は自由であって然るべきだ。20世紀は、その自由と権利の確認の時代であり、立法も司法も権利の確立と実現のためにその理論構築を行ってきた。しかし、自由や権利の裏には義務がある。権利や利益を享受するに際しては、他者への十分な配慮と尽くすべき義務の履行が求められよう。21世紀は、自由や権利と表裏一体の関係にある配慮や義務を確認し、これを具体化する時代といえよう。そうなると、巨大資本が、20世紀型の考え方に依拠して「所有権絶対の原則」を貫くならば、時代錯誤の暴挙だとの誹りを免れないであろう。21世紀型の考え方に依拠して配慮型の権利行使を実現できたならば、騎

士道の真髄である「ノーブレス・オブリージュ」の実践として世間からも称賛され、その保有する権利価値は増幅することであろう。現今では、企業の社会的責任（CSR: Corporate Social Responsibility）や、CSR を考慮して行われる社会的責任投資（SRI: Socially Responsible Investment）が強く求められ、SDGs の実現も企業目標として顧慮されるようになっている。

　ところが、現在のわが国において、企業等の所有地において大規模な開発が計画され、それが実行に着手されようとすると、たとえば当該地に豊かな自然環境が残存していようと、それを保全ないしは保護すべきとの声に耳が傾けられることはほぼない。行政や司法に救済を訴求しても、行政は手続的瑕疵がない限りは開発のための許認可を与えざるを得ず、裁判所は原告適格や訴えの利益の有無について厳格な判断をする傾向が強い。とくに、司法的解決に関しては、提訴の段階からすでに絶望感すら漂うことがある。

　このような状況の中で、法科大学院での講義や研究会等で知己を得た弁護士の方々の仕事を幇助する機会が増えてきた。2009年5月に、神奈川県弁護士会所属の弁護士の方々とともに、同県三浦市にある残土処分場予定地となっていた北川湿地を視察した。「奇跡の谷戸」と名付けられた同湿地には、ホタルやメダカなどの、かつてはありふれていたが、すでに絶滅危惧種となった動植物がひしめき合っていた。2010年に、同湿地が原告となった自然の権利訴訟が提起されると、2011年3月31日の判決に至るまで、陰に陽に関わってきた。残念ながら、原告敗訴となって湿地は完全に埋め立てられてしまった。その研究成果が、第9章「自然環境保全と私権の競合〜北川湿地訴訟事件を事例として〜」である。

　つぎに、2013年3月に、馬毛島訴訟を担当している東京弁護士会所属の弁護士の方と知己を得て、「馬毛島入会権確認訴訟（最判平成20年7月17日・判時2019号22頁）」の判例評釈を自分自身が執筆した経緯もあり、そのまま馬毛島問題に係る一連の訴訟に関わることになり、種子島に足繁く通いながら現在に至っている。その研究成果が、第10章「慣習漁業権の侵害〜馬毛島入会権訴訟事件を事例として〜」である。

　また、「地下水の保全管理のための法規範研究」というテーマで採択された、平成25年度公益財団法人河川財団河川整備基金助成事業による研究過程において、複数の河川における違法ないしは過剰な取水問題に直面し、その解決に尽力した当事者に直接取材をする機会を得た。たとえ手続的に瑕疵のない水利行為であっても、周辺環境や地域社会に取り返しのつかない影響を及ぼすことがあることを見聞できた。その研究成果が、第11章「水利行為による権利侵害〜涸れ川公害問題を事例として〜」である。

　さらに、同じ平成25年度公益財団法人河川財団河川整備基金助成事業による研究

過程で、香川県のため池における水難事故に直面し、対応に苦慮する行政関係者から直接話を聞くこともできた。わが国の農村地帯には、ため池や用水路のような、自然公物とも人工物とも判じ難くなっている施設が多数存在している。これらはいずれも水という共有資源の利用に欠かすことのできない施設であるが、その管理者（土地改良区や水利組合、あるいは校区や部落など）の多くは、過疎化や高齢化のために実体が有名無実化している。そのため、当該施設の設置や保存の瑕疵に起因する事故が発生したとしても、管理者に工作物責任や営造物責任を問うことが非常に難しくなっている。民法717条の帰責理論をめぐる議論は、四大公害訴訟事件が注目集めた時代には盛んに行われたが、今日はほとんど研究が行われずにすでに半世紀以上の歳月が流れている。この間に、わが国は人口減少社会に突入し、地域社会のあり方も大きく変化している。このような社会現象を踏まえて、工作物責任に関する帰責理論の再検討を行った。その研究成果が、第12章「土地工作物をめぐる帰責理論の再検討」である。

　以上のように、第3部では「自然物はなぜ守られないのか」そして「共有資源の管理責任はどこにあるのか」という問いを掲げ、土地や水、あるいはそれらを踏まえて存在する自然物という共有資源が侵害を受けた場合の法的問題点、そしてその管理に必要な責任所在について検討した研究に関する4本の論文を収録した。

第9章　自然環境保全と私権の競合
―― 北川湿地訴訟事件を事例として ――

1．問題の所在

　環境基本法3条は、環境を健全で恵み豊かなものとして維持することが人間の健康で文化的な生活に欠くことのできないものであること、生態系が微妙な均衡を保つことによって成り立っており、人類の存続の基盤である限りある環境が、人間の活動による環境への負荷によって損なわれるおそれが生じてきていることを考慮して、現在および将来の世代の人間が健全で恵み豊かな環境の恵沢を享受するとともに人類の存続の基盤である環境が将来にわたって維持されるように適切に環境保全を行うべきことを理念として掲げている。こうした理念を踏まえて自然保護に関する立法も行われており、1992年に「絶滅のおそれのある野生動植物の種の保存に関する法律」が、2003年に「遺伝子組換え生物等の使用等の規制による生物の多様性の確保に関する法律（カルタヘナ法）」が、2004年に「特定外来生物による生態系等に係る被害の防止に関する法律（外来生物法）」がそれぞれ制定されたほか、「鳥獣の保護及び狩猟の適正化に関する法律（鳥獣保護法）」や「自然環境保全法」、「自然公園法」の改正なども併せて行われ、個別動植物だけでなく、その生息地域である生態系全体に配慮した立法と施策を講じる努力が行われてきた。しかし、1993年に「生物多様性条約」を締結しながらもこれを国内法化する作業に手間取り、「生物多様性基本法」が制定されたのは2008年になってからであった。生物多様性基本法は、生物の多様性を様々な生態系が存在することならびに生物の種間および種内に様々な差異が存在することをいうと定義している（法2条1項）。この定義からは、生物多様性とは「生態系の多様性」、「生物種の多様性」、「生物の遺伝子の多様性」を指しており、生物多様性の確保とはこの3つのレベルの異なる多様性をすべて保護することを

意味している、理解できる。かかる課題を解決すべく、複数の関係する法律、とくに動物の保護に関しては様々な規制や施策が規定されている。

　希少な動植物であれば保護の必要があり、外来の動植物であって国内の生物のバランスに悪影響を及ぼす動植物であれば防除の必要がある。遺伝子組換え生物であれば他の動植物に影響を及ぼさないかどうかを慎重に見極めて判断する必要がある。サルやシカなど、市街地を少し離れれば目にすることができる野生鳥獣については、その捕獲に当たっては、「鳥獣の保護及び狩猟の適正化に関する法律（鳥獣保護法）」に基づきその捕獲には行政の許可が必要とされている。国内の希少な野生動植物の捕獲については、「絶滅のおそれのある野生動植物の種の保存に関する法律（種の保存法）」において学術研究や繁殖目的などの公益上の目的に基づく捕獲行為を除いて禁止されている。また、外来生物による被害の発生は、意識してあるいは意識せずに外来生物の個体を不用意に自然に放ってしまうことや、気付かないうちに飼い主の下を逃げだしてしまうことに起因している。物珍しさで海外から購入したものの、飼い続けられないからといって野に放した個体のうち、野外の生活に適応する動植物が出てきてしまうのである。そこでこのような外来生物による被害を防止すべく、「特定外来生物による生態系等に係る被害の防止に関する法律（外来生物法）」において「特定外来生物」に指定し、その飼養、栽培、保管または運搬、輸入その他の取扱いについて規制を行っている。また、外来生物法は、アライグマやオオクチバスなどすでに日本に広く定着してしまっている外来生物を駆除するために、行政やその他の団体において行われる防除活動についても別途定めている。

　しかし、現実は生物多様性保護には程遠く、とりわけ開発の対象地が私人や私企業の所有地の場合には、所有権絶対の原則の前に、自然環境保全あるいは保護の要請は全く声にならない。司法的解決を求めても、民事訴訟であれ行政訴訟であれ、概ね原告適格や訴えの利益といった事由で門前払いになることが常態化している。「自然の権利」や「自然享有権」を掲げた訴訟などが、その典型事例となる。

　「自然の権利」に関して、「アマミノクロウサギ訴訟事件（鹿児島地判平成13年1月22日、福岡高裁宮崎支部判平成14年3月19日、判例集未登載）」で裁判

所は、「環境基本法、自然環境保全法、世界自然憲章、生物の多様性に関する条約の諸規定等において「自然物の価値」として承認されており、それを具現化させるための人間の自然に対する保護義務が、「一般的抽象的責務」として法的規範となっている」と判示した。本件判決は、自然が権利を有するか否かの議論を避けて、人間が自然保護に対して義務や責務を有することを明言したが、このことは「道徳的責任」が人間の側にあることを意味している。たとえば、「日光太郎杉事件」（最判平成元年6月20日・判時1334号201頁）では、日光東照宮が所有する通称「太郎杉」の文化的・環境的価値を裁判所が認め、これらの価値を軽視してなされた道路拡張等の整備事業認定を違法としたものであるが、実質的には自然の権利を認めたのと同じ性格を持った訴訟であるという見解がある[1]。このように、自然を対象にしてなされた行為をめぐって、そこに自然保護の責務に違反行為があった場合に、これを問題にして追求して行くことが「自然の権利」の本質ではないだろうか。「自然享有権」については、やはり「アマミノクロウサギ訴訟事件」において裁判所は、「いまだ「政策目標」ないし「抽象的権利」という段階にとどまっている生成途上にある権利であり、「自然享有権」を根拠として「自然の権利」を代弁する市民や環境NGOが当然に原告適格を有するという解釈は、行政事件訴訟法が認めていない客観訴訟を肯定したのと実質的に同じ結果になり、現行法制と適合せず、相当でない」、と判示した。「自然の権利」が権利として肯定されない以上、環境NGO等に「自然享有権」に基づく取消訴訟の提起も認められないというべきである。しかし、このように訴訟法において通常要求される権利構成によって原告適格を論じる限り、最終的には当事者能力の問題に行き当たり、結局、「人間の責務」であるはずの自然の保護を遂行することは困難となろう。立法解決しかないのか、それとも解釈論で手当てできる問題なのか、議論は緒についたばかりである。

本章では、自然生態系を原告として私企業の開発行為の差止を求めた「北川湿地訴訟」にかかる横浜地判平成23年3月31日・判時2115号70頁[2]を事例

---

1) 山村恒年『環境保護の法と政策』（信山社、平成8年）136頁。
2) 本件事件の経緯と顛末の詳細は、三浦・三戸自然環境保全連絡会編『失われた北川湿地』（サイエンティスト社、2015）に詳しく記載され、本件判決に関する評釈等として

として、土地所有権の絶対性と自然環境保全の要請とが競合した場合に、どのような法的問題があるのかを検証しながら、自然環境保全ないしは保護の前に立ちはだかるわが国の現行法制度および法解釈の限界点を指摘する。

2．北川湿地訴訟事件について

(1) 事案の概要

　原告北川湿地、原告三浦三戸自然環境保全連絡会（以下、原告連絡会とする）および原告周辺住民らは、三浦市三戸地区発生土処分場建設事業（以下「本件事業」という）の事業主体である被告京浜急行電鉄株式会社に対し、本件事業の実施により、原告らが有する自然の権利、環境権、自然享有権ないしは学問・研究の利益に基づく活動の利益、生命・身体の安全および平穏な生活を営む権利を違法に侵害されるとして、土地所有権制限法理による差止請求権、不法行為による差止請求権若しくは原告らの自然の権利および人格的利益に基づく差止請求権に基づき、本件事業の差止を請求した。本件では、「原告北川湿地には当事者能力が認められるか否か」、「原告連絡会および原告周辺住民らが本件事業の差止請求権を有しているか否か」、が主な争点とされた。

(2) 判　旨

　（原告北川湿地には当事者能力が認められるか否かについて）北川湿地は、本件事業対象地内に存する、北川流域における湿地帯を呼称するものであるところ、民事訴訟法二八条は、当事者能力について、同法に特別の定めがある場合を除き、民法その他の法令に従う旨を定めており、自然物たる湿地に当事者能力や権利義務の主体性を認める法令上の根拠は存しない。したがって、北川湿地を原告とする訴えは、当事者能力を有しないものを原告とする

は、不動産判例研究会（大杉麻美教授執筆）「最近の不動産関係判例の動き」日本不動産学会誌第25巻第3号（2011）110～111頁、小倉孝之「北川湿地事件報告—身近な自然を守ることの難しさ」横浜弁護士会『専門実務研究』第6号（2012）166～178頁、宮澤俊昭「北川湿地事件」大塚直＝北村喜宣編『環境法判例百選（第3版）』（有斐閣、2018）152～153頁がある。

訴えとして不適法である。

(原告連絡会および原告周辺住民らが本件事業の差止請求権を有しているか否かについて)
①生物多様性に関する人格権、環境権、自然享有権及び研究の権利に基づく差止請求権について

　原告らは、本件事業の差止めの根拠として、生物多様性に関する人格権、環境権、自然享有権及び研究の権利を主張するが、これらはいずれも、実体法上の明確な根拠がなく、その成立要件、内容、法的効果等も不明確であることに照らすと、それが法的に保護された利益として不法行為損害賠償請求権による保護対象となる余地があることはともかく、差止請求の根拠として認めることはできない。(略)ある事業の実施により(略)環境が破壊され、周辺住民の生命・健康が被害を受け又は受けるおそれがある場合には、周辺住民はその人格権に基づき、当該事業の差止めを求めることができると解される(最高裁平成7年7月7日第二小法廷判決・民集49巻7号1870頁参照)ものの、そうした生命・健康の侵害行為に至らない場合に、地域における生物多様性が侵害されることから直ちに、周辺住民に、人格権に基づき、当該事業の差止めを認めることは困難といわざるを得ない。

②土地所有権の公共の福祉による制約の法理について

　土地所有権を含む財産権が公共の福祉のもとに制約されるとしても、それは、立法に基づき、内在的制約や消極的規制、積極的規制に服することを意味するのであって、公共の福祉による制約の法理をもって、私人である原告らの差止請求権を根拠付けることには無理があるといわざるを得ない。

③土地所有権の濫用論について

　そもそも権利濫用論は、権利行使を受けた相手方が、権利行使者の権利主張を制限する際の理論であるから、積極的な権利の発生原因にはならないものであり、原告らの差止請求権を基礎付けるものとは解されない。また、本件事業の実施手続及び事業内容を検討しても、以下の通り、本件事業の実施

が被告の有する土地所有権の濫用にあたるとまでいうことは困難である。（略）三戸地区宅地開発区域における将来の宅地開発計画については、（略）三浦市主導による宅地開発は困難な状況にあることが認められるし、（略）被告は、組合施行による区画整理事業を計画しているというだけで、付加価値をつけないと宅地化は難しいことを認めつつ、その付加価値の内容については検討中というにとどまっているから、宅地化の見通しがたつのか定かではない。また、神奈川県内において建設発生土の処分場建設が急務であるとの事情も見受けられない。そうすると、本件事業の公共性についてはそれほど高いものとではないといえるが、（略）被告は、既に三浦市三戸・小網代地区において、小網代の森を保全するため積極的な協力をしていることや、北川湿地がもともと放棄された水田により形成されたものであり、一切の開発を経ていないというわけでもないことも考慮すると、北川湿地が豊かな生態系をはぐくんでいることを前提にしても、「回避」あるいは「提言」措置をとって本件事業対象地を保全しなければ、土地所有権の濫用にあたるとまではいい難い。（略）本件事業における代替措置の適切性については、（略）北川湿地の自然の代償措置として、蟹田沢ビオトープの整備と移植をすることで十分とはいえないし、（略）そこでの定着を確認することなく、既に生息していた流域を埋め立ててしまっていることが認められ、被告の行った前記移植作業については、環境保全のために十分な配慮がなされているのか疑問があることは否定できず、当裁判所としても、生物多様性の保全という面では甚だ遺憾であるというほかない。もっとも、（略）専門家の指導を受ける体制がとられていることなどを考慮すれば、その現実的な実施状況に不十分な点がみられるとしても、本件事業における環境保全対策が、その内容からして土地所有権の濫用に当たるほど不適切な内容であるとまでは言いがたい。（略）被告による蟹田沢ビオトープへの保全対象種の移植状況については配慮が十分でなく、原告らが、神奈川県に残された貴重な生態系を保存していた北川湿地を含む本件事業対象地を建設発生土で埋め立てる必要性に疑義を唱え、本件事業の見直しを求める心情は理解できるものの、本件事業の実施が土地所有権の濫用に当たるとまではいうことができない。

3．自然の権利訴訟について

　自然の権利という考え方は、1972年にアメリカの哲学者、クリストファー・ストーンが、その論文「樹木の当事者適格」において提唱したのが原初とされる[3]。当該論文の背景には、自然保護団体のシエラクラブが、ウォルト・ディズニー社によるミネラルキング渓谷の開発計画について開発許可の無効確認を求めて1965年に提訴した「シエラクラブvsモートン事件」がある。一審、二審判決とも、原告には何らの法的権利侵害も生じることがないので原告適格が欠けるとして却下された。これを不服とする原告は上告したが、1972年に最高裁はやはり却下判決を下した[4]。しかし、担当裁判官の一人であるウィリアム・ダグラス判事は、「本件訴訟は、「ミネラルキング渓谷vsモートン事件」とするのがより相応しいものだった」とする少数意見を補足した。ダグラス判事は、ストーン論文の影響を強く受けており、少数意見においても随所で引用しており、自然物が原告となり得るということを示唆したものといえよう。その後、アメリカではウミガメ、サーモン、リス、フクロウ、ハイイログマ、ハクトウワシ、ハワイカラスなどの野生動物に加え、山や川、森林等の自然風景そのものが原告となる自然の権利訴訟が頻発することになる。このうち、1978年に、ハワイでパリーラという鳥が原告となって、放牧されている家畜による自然破壊を防除すべく、家畜をパリーラの生息地から除去することを求める自然保護訴訟が提訴され、パリーラの生息地からの家畜の排除が命じられる判決が下された[5]。ただし、アメリカでは、日本と比べて原告適格要件が緩やかであることから自然保護

---

3) Stone. C. D, "*Should Trees Have Standing? Toward Legal Rights For Natural Objects*", 45 S. California Law Review. 1972, pp.450.
4) 本事件は、結果として、訴訟の長期化によるコスト増大から開発計画が中止された。
5) Palilia, an endangered species et al. v. Hawaii Department of Land and Natural Resources et al. No. 79-4636. U.S. Court of Appeals, 9th Circuit. 1972. 639 F.2d 495, Northern Spotted Owl, et al. v. Manual Lujan, et al., No.C88-573Z. U.S. District Court, W.D. Washington, N.D.Feb.26, 1991. 758 F. Supp. 621, Marbled Murrelet, et al., v. Manuel Lujan, et al., No.C91-522R. U.S. District Court Western District of Washington, Sep.17, 1992.

訴訟が提起しやすいというのが実態であって、自然物に原告適格を認めているわけではないという点を意識しなければならない[6]。

　他方で、わが国ではアメリカとは似て非なる動向にある。わが国の自然の権利訴訟は、1995（平成7）年2月23日に提訴された、前述の「アマミノクロウサギ訴訟事件」を皮切りに、「オオヒシクイ訴訟事件（水戸地判平成12年3月28日、東京高判平成12年11月29日）」、「生田緑地・里山訴訟事件（横浜地判平成13年6月27日）」、「高尾山天狗訴訟事件（東京地判平成13年3月26日、東京高判平成13年5月30日）」、「諫早湾ムツゴロウ訴訟第一陣事件（長崎地判平成17年3月15日）」、「馬毛島自然の権利訴訟（福岡高裁宮崎支部判平成18年8月21日）」、「諫早湾ムツゴロウ訴訟第二陣事件（長崎地判平成20年12月15日、）」、「コトパンジャン・ダム被害者訴訟事件（東京地判平成21年9月10日、東京高判平成24年12月26日）」、「奄美ウミガメ訴訟事件（鹿児島地判平成20年7月15日、福岡高裁宮崎支部判平成21年4月24日）」、「西表リゾート差止訴訟事件（那覇地判平成18年3月28日、福岡高那覇支部判平成19年1月25日、最判平成19年9月20日）」、「えりもの森訴訟（札幌地判平成23年10月14日、札幌高判平成24年10月25日）」[7]など多数の自然の権利訴訟が提起されている。そして、これらすべての訴訟において、動植物等の自然物を原告とした訴えは却下あるいは訴状が却下され、自然人や法人等が原告となっている訴えについても請求棄却あるいは訴えが却下されている。

　自然物の原告適格については、アマミノクロウサギ訴訟事件において、野生の動物は民法239条にいわゆる「無主の動産」に当たり所有の客体と解され、わが国の法制度は権利や義務の主体を個人（自然人）と法人に限っており、自然物そのものはそれがいかにわれわれ人類にとって希少価値を有する

---

[6]　畠山武道「米国自然保護訴訟と原告適格」環境研究114号（1999）61頁、横山丈太郎「環境訴訟における原告適格に関する近時のアメリカ合衆国連邦最高裁判例の概説」国際商事法務39巻11号（2011）1573～1583頁。
[7]　本件は、北海道有林の違法な伐採によって生物多様性に富む天然林やナキウサギ生息地が破壊されたことで森林の価値（公益的機能）が損なわれたこと、また指定した本数をはるかに上回る過剰な伐採が行われたことにより、ナキウサギを保護しようとする住民らが原告となって北海道に300万円の損賠賠償を求めたものである。原審は原告敗訴としたものの、控訴審では過剰伐採があったか否か判断せずに請求を棄却した原判決を失当として原審差戻しを命じる判決を下した。

貴重な存在であっても、それ自体が権利の客体となることはあっても権利の主体となることはないという判断を下している。また、オオヒシクイ訴訟事件では、「民事訴訟法45条は「当事者能力……ハ本法ニ別段ノ定アル場合ヲ除クノ外民法其ノ他ノ法令ニ従フ」と定めるところ（現行民事訴訟法28条「当事者能力、訴訟能力及び訴訟無能力者の法定代理は、この法律に特別の定めがある場合を除き、民法その他の法令に従う。訴訟行為をするのに必要な授権についても、同様とする。」）、同法及び民法その他の法令上、右に主張される自然物に当事者能力を肯定することのできる根拠は、これを見出すことができない。事物の事理からいっても訴訟関係の主体となることのできる当事者能力は人間社会を前提にした概念とみるほかなく、自然物が単独で訴訟を追行することが不可能であることは明らかであり、自然物の保護は、人が、その状況を認識し、代弁してはじめて訴訟の場に持ち出すことができるのであって、自然物の存在の尊厳から、これに対する人の倫理的義務を想立しても、それによって自然物に法的権利があるとみることはできない」として、やはり自然物の原告適格を否定している。その後の、多くの自然の権利訴訟判決が、オオヒシクイ訴訟事件と同様に、民事訴訟法28条の当事者能力および訴訟能力に関する原則規定を根拠として自然物の原告適格を否定しており、本件判決も「民事訴訟法28条は、当事者能力について、同法に特別の定めがある場合を除き、民法その他の法令に従う旨を定めており、自然物たる湿地に当事者能力や権利義務の主体性を認める法令上の根拠は存しない」として、北川湿地の当事者能力を否定した。この点に関する裁判所の判断については、現行法の解釈としては当然の帰結といわざるを得ない[8]。

---

8) 曽和俊文「オオヒシクイ事件」大塚直＝北村喜宣編『環境法判例百選（第3版）』（有斐閣、2018）151頁。なお、自然物の代弁者として自然人や法人等の原告適格について、「アマミノクロウサギ訴訟事件」の判決は、その根拠となる「自然享有権」の具体的な範囲や内容を実体法上明らかにする規定が国際法および国内法において未整備な段階にあり、いまだ政策目標ないし抽象的権利という段階にとどまっていることを理由に否定した。

4．生物多様性保全のための差止請求

　本件判決は原告らの差止請求の可否について、「原告らは、本件事業の差止めの根拠として、生物多様性に関する人格権、環境権、自然享有権及び研究の権利を主張するが、これらはいずれも、実体法上の明確な根拠がなく、その成立要件、内容、法的効果等も不明確であることに照らすと、それが法的に保護された利益として不法行為損害賠償請求権による保護対象となる余地があることはともかく、差止請求の根拠として認めることはできない」と判示した。

　差止請求の法的根拠は、民法には明文の規定が存在せず[9]、①所有権等に基づく物権的請求権説、②人格権説、③不法行為に基づく請求権説、④環境権説などの争いがある。そもそも、差止請求は、損害賠償請求訴訟とともに不法行為の救済手段のひとつとして構成されることが多いが、不法行為の効果が金銭賠償を旨としているため、差止は不法行為以外の効果として法的構成を考慮する必要があるとされる。本件判決も、不法行為に基づく差止請求権については、実体法上の根拠がないうえに、民法が不法行為の効果を原則として金銭賠償としていること、その要件、効果等が明確ではないことからこれを認めないと判示した。そこで、①の物権的請求権説や②の人格権説が登場し、今日では人格権説が有力であるとされる[10]。しかし、判例上、物権的請求権説に依拠した場合、物権の侵害が必要となるため原告の範囲が極めて限定的になるきらいがあり、人格権説に依拠した場合でもその内容が相当程度限定されているのが現状である。そのため、不法行為の効果としての差止請求を認めるべきであるとの考え方が有力に主張されている[11]。

---

[9]　一定の行為に対しては差止請求を明文の規定により認めるものも存在する。たとえば、不正な商号の使用（商法20条）、不正競争行為（不正競争防止法3条）、知的財産権の侵害（特許法100条、実用新案法27条、意匠法37条、商標法36条、著作権法112条等）等がそれである。

[10]　大塚直『環境法（第3版）』（有斐閣、2011）682頁。

[11]　加藤雅信『現代不法行為法学の展開』（有斐閣、平成3年）103頁、四宮和夫『事務管理・不当利得・不法行為（中・下巻）』（青林書院、1985）477頁。

本件において原告は「生物多様性に関する人格権」に基づく差止も主張したが、裁判所は「周辺住民はその人格権に基づき、当該事業の差止めを求めることができると解される（最高裁平成7年7月7日第二小法廷判決・民集49巻7号1870頁参照）ものの、そうした生命・健康の侵害行為に至らない場合に、地域における生物多様性が侵害されることから直ちに、周辺住民に、人格権に基づき、当該事業の差止めを認めることは困難といわざるを得ない」と判示して、生命・健康の侵害行為に至らないような生物多様性に関する人格権に基づく差止請求を否定している。

いずれにせよ、本件において原告らが求めた各種権利に基づく差止請求はすべて認められなかった。しかし、前述のように、判例上、差止請求が認められる事案は極めて限られている。本件判決においては触れられることはなかったが、公共性の高い生態系保全を保護法益として差止を求める手法は、とくに「環境を破壊から守るために、環境を支配し、良い環境を享受しうる権利」である環境権の存在を主張する論者によって主張されてきた[12]。この見解はさらに、大気、水、日照、景観等は人間生活に不可欠の資源であり、万人の共有の財産であるから、その侵害には共有者たる地域住民の同意を必要とするという「環境共有の法理」から、差止請求権者の範囲は当該地域の住民全体に及ぶと主張する[13]。環境共有の法理は、その保護法益が公共的利益ないしは集団的利益に及ぶのか、あるいは個別的利益に及ぶのかをさらに検討する必要がある。

個別的利益としては、①海浜、河川、湖沼に出入りし、利用する利益ないし権利（入浜権等）、②日照を享受する利益ないし権利（日照権）、③眺望、景観を享受する利益ないし権利（眺望権・景観権）、④静穏を享受する利益ないし権利（静穏権）、⑤安全を守られ、不安のない生活を送る利益ないし権利（安全権）、⑥公園などの一般に開放された施設をその目的に従って利用する利益ないし権利（公園等利用権）など、極めて広範な権利利益が考えられている[14]。しかし、個別利益だからといってすべてが民事訴訟における保

---

12) 前掲注8 大塚書682頁。
13) 同上682頁。
14) 淡路剛久＝川本隆史＝植田和弘＝長谷川公一編『法・経済・環境：リーディングス環

護法益の対象となるわけではなく、対象となったとしても請求が認められるまでのハードルはまだまだ高いといわざるを得ない。

　もっとも、個別的利益とされるものの中にも、景観権のように地域的で、公共的利益として構成されるのが本来的には適切なものも存在する。この点に関して、眺望利益ないし権利は、私人が得的な場所において良い景色を享受できる個人的利益であり、その侵害に対しては私法的救済（損賠賠償、差止）が与えられるのに対して、景観利益ないし権利は、客観化、広域化して価値ある自然状態を形成している景色を享受できる利益で、その侵害に対しては公法的救済（行政訴訟、都市計画）が適合すると説明される[15]。この景観利益につき、「国立高層マンション景観侵害事件（最判平成18年3月30日・民集60巻3号948頁）」は、景観権を否定し、さらに結果として差止請求は認めなかったものの、「良好な景観に近接する地域内に居住し、その恵沢を日常的に享受している者が有する良好な景観の恵沢を享受する利益（景観利益）は、法律上保護に値する」と判示し、「他人のもの」である景観について法的利益性を認めた画期的な判断とされる[16]。

　他方で、公共的利益ないしは集団的利益は、本件事件においても争点となった自然生態系の保全などが典型例であるが、それは個々の国民の利益とは切り離された抽象的な意味しか持たないため、法的手段を講じることが非常に難しいとされている[17]。

5．生物多様性保全と土地所有権

　本件事件において、原告らが「土地所有権制限法理による差止請求」および「土地所有権の濫用論」を主張していることは特筆すべきことではないだろうか。

境第4巻』（有斐閣、2006）322頁。
15) 片山直也「京都岡崎有楽荘事件」淡路剛久＝大塚直＝北村喜宣編『環境法判例百選（第2版）』（有斐閣、2011）168頁。
16) 北村喜宣『環境法（第4版）』（弘文堂、平成29年）210頁。
17) 籠橋隆明「「自然の権利」訴訟の到達点と課題」淡路剛久＝寺西俊一＝吉村良一＝大久保規子編『公害環境訴訟の新たな展開』（日本評論社、2012）339～340頁。

本件判決は、「土地所有権を含む財産権が公共の福祉のもとに制約されるとしても、それは、立法に基づき、内在的制約や消極的規制、積極的規制に服することを意味するのであって、公共の福祉による制約の法理をもって、私人である原告らの差止請求権を根拠付けることには無理がある」と判示した。しかし、土地所有権の内在的制約が立法に基づき実現すると解される部分については、すでに生物多様性基本法が、「生物多様性の保全に配慮しながら、自然資源を持続可能な方法で利用すること、環境を脅かす可能性のある事業などが開始される前に問題を「予防的」に解決すること、またそれらの実施に際して一般市民の意見を考慮すること」などを規定していることとの関係において異論なしとはいえなくもない。同法6条は、「事業者は、基本原則にのっとり、その事業活動を行うに当たっては、事業活動が生物の多様性に及ぼす影響を把握するとともに、他の事業者その他の関係者と連携を図りつつ生物の多様性に配慮した事業活動を行うこと等により、生物の多様性に及ぼす影響の低減及び持続可能な利用に努めるものとする。」と規定している。努力規定とはいえ、果たして本件事件において被告がかかる努力を十分に尽くしたのか否かは疑問が残り、この点は原告らがさらに主張する「土地所有権の濫用論」において明確となる。

　本件判決は、「権利行使を受けた相手方が、権利行使者の権利主張を制限する際の理論」を以て権利濫用の内容と定義している。もともと権利濫用の法理は、「信玄公旗掛松事件（大判大正8年3月3日・民録25輯356頁）」[18]においてわが国の判例上はじめて用いられ、たとえ正当な権利行使であっても、社会生活上認容しなければならない限度を超える損害を他人に与えた場合には、不法行為に該当して損害賠償の義務を負うとされた。この判決は、社会的に許容される範囲を超える「権利行使」は不法であるとし、権利の絶対性も社会の立場から制限されるべきことを認めたものとして、当時においては画期的な意義を持つものであったとされる[19]。その後、「宇奈月温泉事件

---

18) 同事件を契機とする権利濫用法理の展開については、大村敦志『不法行為判例に学ぶ』（有斐閣、2011）52頁以下において詳細に論じられており参考になる。
19) 甲斐道太郎＝稲本洋之助＝戒能道厚＝田山輝明『所有権思想の歴史』（有斐閣、1979）195頁。

（大判昭和10年10月5日・民集14巻1965頁）」においては、権利行使の態様と私権と公共的利益との利益衡量が行われ、害意性を持った権利行使そのものが否定されるに至り、ここに権利濫用の法理は理論的にも定着したのである。

　ところで、権利濫用の法理は大きく分けて、不法行為的機能、規範創造的機能、強制調停的機能の3つの機能が認められるとされている[20]。前述の「信玄公旗掛松事件」などは不法行為的機能が働いた事例であり、「宇奈月温泉事件」などは強制調停的機能が働いた事例として説明される。そして、戦後における権利濫用の法理は、借地の明渡請求に関する事件（最判昭和38年5月24日・民集17巻5号639頁）、所有権留保に関する事件（最判昭和50年2月28日・民集29巻2号193頁）、解雇権の行使に関する事件（最判昭和50年4月25日・民集29巻4号456頁）、時効の援用に関する事件（最判昭和51年5月25日・民集30巻4号554頁）など、規範創造的機能が働く事例において多用されている。とくに、解雇権の行使をめぐる労働事件において多用され、ユニオンショップ協定に基づく解雇の法理の解釈をめぐる最判昭和50年4月25日判決においては、「解雇権の濫用」という法理が確立されている。当該判決は、「使用者の解雇権の行使も、それが客観的に合理的な理由を欠き社会通念上相当として是認することができない場合には、権利の濫用として無効になると解するのが相当である」と判断したが、これは本件判決がいうところの「権利行使を受けた相手方が、権利行使者の権利主張を制限する際の理論」に合致する。つまり、本件判決は権利濫用論の効果として規範創造的機能を期待しつつ、原告らの主張する権利濫用論では「積極的な権利発生原因にはならない」としてその差止請求権を否定している。しかし、本件事件において原告らが主張した土地所有権の濫用論とその効果は、「宇奈月温泉事件」におけるのと同様の強制調停的機能であったのではないだろうか。

　本件判決は、被告における本件事業の実施手続および事業内容を検討し、結果として、本件事業の実施が被告の有する土地所有権の濫用には当たらないと判断しているが、その理由付けは極めて薄弱で整合性に欠けるといわざるを得ない。たとえば、三戸地区宅地開発区域における将来の宅地開発計画

20）大村敦志「権利の濫用（1）」潮見佳男＝道垣内弘人編『民法判例百選I　総則・物権（第8版）』（有斐閣、2018）5頁。

については、「三浦市主導による宅地開発は困難な状況にあることが認められ」、「宅地化の見通しがたつのか定かではな」く、「神奈川県内において建設発生土の処分場建設が急務であるとの事情も見受けられない」として、「本件事業の公共性についてはそれほど高いものとではない」としながら、「被告は、既に三浦市三戸・小網代地区において、小網代の森を保全するため積極的な協力をしている」こと、「北川湿地がもともと放棄された水田により形成されたものであり、一切の開発を経ていないというわけでもないこと」を考慮して、土地所有権の濫用にあたらないという。しかし、公共性の有無と地域における自然保全活動への協力とは、そもそも比較衡量の対象とはならないであろうし、保全の対象から二次的自然を除外している点は極めてナンセンスである。

　また、本件事業における代替措置の適切性についても、「代償措置として、蟹田沢ビオトープの整備と移植をすることで十分とはいえない」し、「そこでの定着を確認することなく、既に生息していた流域を埋め立ててしまっていることが認められ、被告の行った前記移植作業については、環境保全のために十分な配慮がなされているのか疑問があることは否定できず、当裁判所としても、生物多様性の保全という面では甚だ遺憾であるというほかない」としながらも、「専門家の指導を受ける体制がとられていることなどを考慮」した結果、本件事業における環境保全対策は土地所有権の濫用に当たるほど不適切な内容ではないという。専門家の指導体制の整備が、不十分な代替措置の担保になるというのはかなり乱暴な見解ではないだろうか。

　本件判決では、せっかく「土地所有権の内在的制約」や「土地所有権の濫用」に対する原告らの主張を受け止めて、比較的詳細な判断をしているにもかかわらず、幾分以上に的外れな議論に終始してしまい、土地所有権の濫用に当たらないことの結果が「本件事業の見直しを求めるには遅きに失した面を否定できないというべきである」という判断に至ったのは何とも残念であったといわざるを得ない。

6．小　括

　北川湿地は、関係者の努力も虚しく司法的解決を待たずして埋まってしまった。裁判という紛争解決の究極的機能が、これほどまでに鈍足であることをあらためて思い知らなければならない。いま、日本の各地で多くの自然環境が、北川湿地と同じ運命をたどり、あるいはたどりつつある。それらは、ひとえに環境法における法理論構成の停滞に起因するといっても過言ではない。他方で、そのさらなる理由は、環境法が抱えている法的課題が、既存の法体系や法理論において十分に説明できないという問題に起因する。環境法は、「現在および将来世代」に関する法であり、「社会的の望ましい方向の決定の手続きと内容」に関する法であるといわれる[21]。北川湿地事件訴訟は、既存の法的枠組みと法理論においては確かに敗訴に終わった。しかし、本件判決において、被告の代替え措置の不十分さに対して「当裁判所としても、生物多様性の保全という面では甚だ遺憾であるというほかない」と述べているのは、自然保護に対する法的限界を愚直に表したものといえるのではないだろうか。また、土地所有権の濫用を否定したうえで、「本件事業の見直しを求めるには遅きに失した面を否定できないというべきである」とした判断は、本件のような事件において仮処分制度がほとんど機能し得ないことを指摘している。そうだとするならば、北川湿地訴訟事件においても、将来世代に向けた方向性はある程度明らかにされたのではないだろうか。声をあげることもできずに葬り去られた北川湿地の動植物たちが、裁判を通じて声をあげてくれたものと理解して、環境法分野におけるさらなる理論的展開を期待したい。

---

21) 前掲注16北村書9～14頁。

第10章　慣習漁業権の侵害
——馬毛島入会権訴訟事件を事例として——

1．問題の所在

　鉄砲伝来の故事を以て名を馳せる種子島の真西12kmの沖合に、なんとも平板な佇まいで馬毛島は浮かぶ。面積は約8平方km、島周およそ16kmの文字通りの離れ小島である。この馬毛島の生態系が、わが国の法制史上類を見ない大規模かつ大胆な私権行使によって破壊されつつある。

　馬毛島は、日本で2番目に大きな無人島で、ニホンジカの固有亜種であるマゲシカ、絶滅危惧種のメダカやドジョウ、天然記念物のオカヤドカリ、固有種であるホソバアリノトウグサ等の希少動植物が数多く生息している。しかし、馬毛島は、最盛期には113世帯、528人を擁したものの、農業衰退を主な原因として過疎化が続き、1980年に無人島と化した。その後、海洋リゾートを名目に大半が特定企業に買収されたのち、1999年に核燃料中間貯蔵施設建設計画が持ち上がり、旧住民や地権者等により大規模な反対運動が展開されて中止となった。翌年には、当該企業が採石事業計画を発表して、鹿児島県知事の認可を得た。その後、採石予定地域の伐採や土砂沈澱池の造成などの準備工事が行われ、さらにダイナマイトを使った大規模な掘削が行われ、旧住民や一部の地権者等からまたしても大規模な反対運動が展開され、採石事業の差止を求める自然の権利訴訟や本件訴訟が提起された。この間にも、馬毛島に関しては、石油備蓄基地、レジャーランド開発、自衛隊レーダーサイト、日本版スペースシャトルの着陸場誘致、硫黄島に代わる米海軍機の夜間離発着訓練場、普天間飛行場の移設候補地などの開発利用構想が浮上しては立ち消えとなっている。かかる馬毛島の開発をめぐっては、1999年以来10件に及ぶ訴訟が係属しており、種子島の㵒泊浦の住民等により最高裁で勝訴判決を得た「馬毛島入会権確認訴訟（最判平成20年7月17日・判時2019号22

頁)」[1]もそのうちの1件である。本件訴訟は、生業としての漁業を営むための基盤としての入会権の確認だけを求めたものではなく、入会集団たる地域共同体が伝統的に管理利用してきた自然資源の保護のあるべき利用方法を模索するための訴訟でもあった。

しかし、そもそも本件訴訟において係争地となった馬毛島の入会地に関しては、その歴史的沿革や利用形態等を鑑みた場合に、それが総有的性質を有することに異存はないが、講学上の入会権の対象地として議論するよりも、慣習漁業権のひとつである地先権の構成要素の一部として理解すべきではないかという疑問が生じる。馬毛島の葉山港に建てられている石碑「馬毛島漁区」には、種子島の池田、洲之崎、湊泊および住吉の4つの集落が馬毛島において漁業の専権を得た歴史的沿革が、鎌倉時代にまで遡って詳細に記されている[2]。当該碑文からは、①池田、洲之崎、湊泊の三浦の集落（以下、三浦と称する）について島主である種子島家より馬毛島の漁業に関する特許が与えられていたこと、②三浦以外の集落や漁民も代価の支払いを以て馬毛島での漁業に従事できたこと、③明治維新によって馬毛島における三浦の専有漁業の権利を失ったこと、④その後に三浦縁故払下げを受けて、江戸時代以前と同様の馬毛島沿岸における専有漁業に関する権利を得たこと、⑤明治維新による制度変更の混乱期に住吉浦も三浦と交渉して専有漁業に関する権利を得たことがわかる。

本章では、以上の5点に留意しながら、まずは入会権確認訴訟として先駆的な判例となった馬毛島入会権訴訟事件について紹介した後に、地先漁業権という慣習的権利が現行の法制度に照らしていかなる性質と位置づけにあるのかを明らかにするとともに、その譲渡や改廃の可否と手続的な問題を検証し、あわせてこのような慣習漁業権が開発等の影響を受けた場合に、果たし

---

1) 本判決に関する判例評釈としては、川嶋四郎「入会権確認訴訟における提訴非同調者の被告化の適否」法学セミナー646号（2008）124頁、松尾弘「入会権確認請求に同調しない構成員を被告に加える提訴方法の可否」TKC速報判例解説第4号（2009）1頁以下がある。また、本判決をもとにした論稿としては、雨宮洋美「入会権確認請求と入会の裁判所理解をめぐる考察」富大経済論集55巻1号（2009）55頁以下、河村基予「固有必要的共同訴訟と当事者適格～馬毛島事件を契機として」山梨学院ロー・ジャーナル第5号（2010）133頁以下がある。
2) 馬毛島環境問題対策編集委員会編著『馬毛島、宝の島』（南方新社、2010）57～58頁。

て権利侵害を構成し得るのかという問題を提起する。

2．馬毛島入会権確認訴訟事件

(1) 事実の概要

　本件は、鹿児島県西之表市馬毛島の葉山港に隣接する4筆の土地（合計約2.2ha）の所有権帰属をめぐる争いである。原告は、種子島北西部にある集落の住民のうち、本件各土地に共有の性質を有する入会権を有すると主張する26名で、被告は本件各土地の共有名義人から売買契約に基づいて共有持分権の移転登記を経由したY開発株式会社（以下、Y社とする）および本件訴訟提起に同調しなかった同集落住民36名（Y社に共有持分権の登記を移転した共有名義人4名を含む）である。原告らおよびY社を除く被告らからなる住民集団（62名）が、本件土地について共有の性質を有する入会権を有することの確認請求をした。

　本件の争点は、「原告適格の有無」と「集落住民の本件各土地に対する入会権の有無」とがある。前者の争点に関しては、被告たるY社は、対外的に入会権の確認を求める訴えは権利者全員が共同してのみ提起し得る固有必要的共同訴訟であり、一部権利者に過ぎない原告らが提起した本件訴訟は原告適格を欠くから不適法であり、却下されるべきと主張した。これに対して、原告らは、本件は「集団の対外的訴訟と対内的訴訟とが一体となったもの」で、対外的にはY社を、体内的には本件訴訟提起に同調しなかった同集落住民36名を被告としているので訴訟要件に欠けるところはないこと、またそのように解しないと入会権の存否、入会権の管理・処分等について集団内部で意見が対立した場合は入会権者らの訴訟上の救済の道が閉ざされてしまうと主張した。

　後者の争点に関しては、原告らは、本件各土地を農牧漁業の従属作業場として利用してきており、1筆の土地は現在も利用しており、本件各土地が集落と関係なく自由に売買された事実は存在せず、Y社に共有持分権の登記を移転した4名の被告の共有地ではないこと、集落の住民らは本件各土地を現在でも自分達の共同所有地として意識していること等を挙げ、集落の住民

は本件各土地に入会権を有すると主張した。これに対して、被告らは、集落の住民が本件各土地に入会権を有することを否認した。

(2) 判　旨

　特定の土地が入会地であるのか第三者の所有地であるのかについて争いがあり、入会集団の一部の構成員が、当該第三者を被告として、訴訟によって当該土地が入会地であることの確認を求めたいと考えた場合において、訴えの提起に同調しない構成員がいるために構成員全員で訴えを提起することができないときは、上記一部の構成員は、訴えの提起に同調しない構成員も被告に加え、構成員全員が訴訟当事者となる形式で当該土地が入会地であること、すなわち、入会集団の構成員全員が当該土地について入会権を有することの確認を求める訴えを提起することが許され、構成員全員による訴えの提起ではないことを理由に当事者適格を否定されることはないというべきである。

(3) **本件判決の意義と課題**

　本件判決は、民事訴訟法40条にいわゆる固有必要的共同訴訟であるとされる入会権確認訴訟において、提訴に対する非同調者を被告に加えて提訴できる旨を判示した注目すべき最高裁判決である。本件判決が、民事訴訟法学はもとより入会権をめぐる判例法理の展開においても大きな意義を有する。最判昭和41年11月25日・民集20巻9号1921頁は、「入会権は権利者である一定の部落民に総有的に帰属するものであるから、入会権の確認を求める訴えは、権利者全員が共同してのみ提起し得る固有必要的共同訴訟というべきである」と判示しており、本件判決もこれを踏襲するものである。昭和41年最高裁判決および本件判決ともに、入会権確認訴訟を固有必要的共同訴訟であると位置付けたのは、入会権そのものの存否は入会団体構成員全員について合一に確定する必要があるという考え方に基づく。

　他方で、最判昭和58年2月8日・判時1092号62頁は、入会団体の構成員であると主張する者とその構成員である入会権者との間において、入会権を有することの確認を求める訴えにつき、「入会団体の構成員に総有的に帰属す

る入会権そのものの存否を確定するものではなく、右主張者が入会団体の構成員たる地位若しくはこれに基づく入会権の内容である当該山林に対する使用収益権を有するかどうかを確定するにとどまるのであって、入会権を有すると主張する者全員と入会権者との間において合一に確定する必要のないものである」と判示して、単独提起ができるとした。両者の差異は、前者が入会権の対外的主張型、後者が入会権者内部紛争型として分類する見解[3]がある。とりわけ対外的主張型の場合には、入会権確認の訴えに同調しない入会権者がいるために入会権者の一部のみが第三者に対してその訴えを提起した場合には、常に原告適格を欠く状態になるという問題が発生する。この問題に対しは、非同調者を被告に加えて訴えを提起することができるとする説、非同調者以外の者のみによる訴えの提起を許容しようとする説、非同調者に対する訴訟告知により問題を解決しようとする説などの学説が提唱されていた。

　また、最判平成6年5月31日・民集48巻4号1065頁は入会地管理団体に当事者能力と原告適格を認めて、入会団体内部での入会権確認の訴えを団体そのものが提起できるという方途を判示している。このような流れの中で、本件判決は、入会権の対外的主張が固有必要的共同訴訟であることを前提としつつも、非同調者の被告化という手法により提訴要件を緩和したものであり、入会権者が入会団体内部の紛争等により歩調がそろわない際に、訴訟の道が完全に閉ざされてしまい、その権利確認すらできないという状況は相当程度改善されたといえよう[4]。

　ところで、本件判決は、民事訴訟法上の手続き的な問題の克服に寄与しただけでなく、本件訴訟をめぐる諸々の社会問題の解決に対して、実体法の側面からも大きな進展をもたらしていることも指摘しなければならない。本件訴訟は、生業としての漁業を営むための基盤としての入会権の確認だけを求めたものではなく、入会集団たる地域共同体が伝統的に管理利用してきた自然資源の保護のあるべき利用方法を模索するための訴訟でもあった。そのこ

---

[3] 山本克己「入会地管理団体の当事者能力・原告適格」法学教室305号（2006）105頁。
[4] 前掲注1川嶋論文は、「近時の最高裁における救済志向の傾向を看取する事例の付加と新たな判例準則の定立という意味で意義深い」と高く評価する。

とは、馬毛島の固有亜種であるマゲシカを原告として、採石工事の差止を求めて進められていた「馬毛島自然の権利訴訟（福岡高裁宮崎支部判平成18年8月21日・判例集未搭載、請求棄却）」の当事者が、本件訴訟当事者とほぼ重なることからも看取することができる[5]。

　従前、「自然の権利訴訟」と「入会権確認訴訟」との関連性が議論されることは、少なくとも法学分野においては稀有なことであったといってよい[6]。アマミノクロウサギ訴訟判決をはじめとして数多くの自然の権利訴訟や環境権訴訟、あるいは各種開発事業差止訴訟が提起されてきたが、係争地が入会地である訴訟が多い[7]。しかし、このことは決して偶然ではない。入会地は、その法的特殊性ゆえに結果として豊かな自然資源を保ってきたが、同じ法的特殊性の反面において入会権の基盤を形成している共同体の崩壊や弱体化により、大規模公共事業や巨大資本による開発行為の対象とされ易いといえる。したがって、自然の権利をめぐる紛争は、入会地において発生し易いということが指摘できるのではないだろうか。しかし、開発の危機にさらされている自然資源を保護するために、それらが存在する入会地の入会権確認訴訟を提起しようにも、前述の通り、共同体そのものが崩壊ないしは弱体化しているうえに、そもそも提訴の道が閉ざされていることが多かった。しかし、本件判決によって、入会権の対外主張型であろうと内部紛争型であろうと、入会権を軸とした訴訟提起が可能となり、自然保護訴訟の選択肢が拡大したのではないだろうか。入会権の有する環境保全機能を十分に議論し、自然の権利のみならず環境権に関する議論の深化が期待されるところで

---

5) いずれの訴訟も、「馬毛島の自然を守る会（http://yakushima.org/magekai.htm：2019年2月1日最終閲覧）」と「自然の権利基金（http://momepage3.nifty.com/sizennokenri/：2019年2月1日最終閲覧）」とが支援していた。

6) 小畑清剛『コモンズと環境訴訟の再定位』（法律文化社、2009）は、水俣病事件訴訟、土呂久公害訴訟、豊前環境権訴訟、小繫事件訴訟等をコモンズの視点から再検証するものであり、紛争の背景にあるものを探ることの重要性を気づかせてくれる意欲的な大作である。なお、入会権や入会地に対する社会学的アプローチは、すでに一定の研究業績が蓄積されている。たとえば、井上真＝宮内泰介編『コモンズの社会学』（新曜社、2001）、井上真『コモンズの思想を求めて』（岩波書店、2004）、秋道智彌『自然はだれのものか』（昭和堂、1999）等がある。

7) 三俣学＝森元早苗＝室田武編『コモンズ研究のフロンティア』（東京大学出版会、2008）216～217頁。

ある[8]。

3．共同漁業権の成立と法的性質

　馬毛島入会権訴訟で係争の対象となった入会地は、江戸時代以前からの漁業基地であり、漁業者の権利行使の場でもあった。江戸時代において、漁民が沿岸漁場を利用する権利は「一村専用漁場」と称され、漁村の構成員たる漁民が地先の漁場の海面を管理・利用するという慣行が成立していた。この慣行は、「磯は根付き地付き次第、沖合は入会」という考え方を基本としていた。地先の水域はその地元漁村による独占的利用権が優先され、その沖合の漁場は誰でもが入会して利用できるというものであった[9]。このとき、漁場の領有権は藩主が有することが前提となっており、その点からすれば一村専用漁場における漁民の管理・利用権は現行民法上の地役入会権に相当するものであったといえよう。その後、明治維新によって藩政が消滅するとともに漁場の領有関係も崩壊した。明治政府は、漁業慣行に関する詳細な実態調査を行った後に、1901（明治34）年に地先水面専用漁業権と入漁権からなる漁業権を構成して漁業法（以下、明治34年漁業法という）を制定した。同法は、一村専用漁場を管理利用していた旧漁村を漁業組合とし、そこに所属する漁民を組合員として位置付けた。このように、明治34年漁業法は、江戸時代以来の慣習を極力認めてこれを法規範の中に取り込む一方で、一村専用漁場は否定して地先水面専用漁業権という形で入会漁業を営ませるに至った[10]。さらに、明治34年漁業法は、従前において入会漁業の慣習が存在しなかった漁村にも地先水面専用漁業権を付与した。その結果、地先水面専用漁業権の付与によって入会漁業の主体が形成され、入会漁業を営む実態が生ま

8）前掲注6小畑書176頁は、「入会権裁判が、入会稼ぎのような経済的セーフティネットのみならず、乱開発を阻止するための環境的セーフティネットとも深く関わっていることは疑念の余地がない」と指摘する。
9）長崎福三『システムとしての〈森－川－海〉』（農山漁村文化協会、2001）204頁。
10）熊本一規『海はだれのものか─埋立・ダム・原発と漁業権』（日本評論社、2010）89頁は、明治34年漁業法は、漁民の権利内容を「漁場の総有的支配」から「入会漁業を営む権利」に変えたうえで、「地先水面専用漁業」として免許することになったと評価する。

れ、その実態が積み重なることによって入会漁業の慣習が形成された[11]。地先水面専用漁業権は、1910（明治43）年に改正された漁業法（以下、明治43年漁業法という）にもそのまま引き継がれ、1949（昭和24）年に漁業法が大幅に改正（以下、昭和24年漁業法という）されるまで存続した。昭和24年漁業法は、漁業制度改革において明治43年漁業法に基づく漁業権に消滅補償が支払われたことにより、地先水面専用漁業権を消滅させて代わりに共同漁業権を付与したのである。この消滅補償によって、入会漁業の慣習も消滅したとする見解[12]が存在する一方で、明治43年漁業法によって地先水面専用漁業権が免許されている間に、「入会漁業の慣習」は「慣習上の入会漁業権」に成熟したとする見解[13]も有力に主張されている。この見解の相違は、昭和24年漁業法によって成立した共同漁業権の法的性質をめぐって顕在化する[14]。

　共同漁業権の法的性質および漁業協同組合の組合員の地位については、学説上、総有説と社員権説の対立があり、前者の見解に立つと組合に一括して

---

11) 前掲注10熊本書90～91頁。
12) 潮見俊隆「漁業入会」川島武宜編『注釈民法（7）』（有斐閣、1968）592頁。
13) 前掲注10熊本書92～94頁。
14) 昭和24年漁業法は、2018（平成30）年12月に約70年ぶりに改正（以下、平成30年漁業法という）された。改正に伴い、日本国内における海洋生物資源の保存と漁業の発展、水産物の供給の安定に寄与することを目的に、1996年に制定された海洋生物資源の保存及び管理に関する法律（TAC法）が改正漁業法に統合されたとともに、1948年に制定された水産業協同組合法も併せて改正された。平成30年漁業法は、①新たな資源管理システムの構築、②生産性の向上に資する漁業許可制度の見直し、③養殖・沿岸漁業の発展に資する海面利用制度の見直し、④漁村の活性化と多面的機能の発揮、等について大きな改正が行われた。このうち、①については、農林水産大臣または都道府県知事が漁業実績等を勘案して船舶ごとに個別に漁獲を割当て（IQ）、漁獲可能量（TAC）による管理を基本原則とする（法8条、法17条）という、従前の漁業法とは抜本的に異なる資源管理手法が採用された。また、②および③については、随時の新規許可推進（法42条）や、漁業権付与決定に際して、漁場を有効に活用している者への免許および既存漁業権が存在しない場合の新規参入者への免許（法73条）が新たに制度化された。さらに、漁区漁業調整委員会について、漁業者代表を中心とする行政委員会の性質を維持しつつ、漁業者委員の公選制から、都道府県知事が議会の同意を得て任命する仕組み（法138条）へと改めた。このほかに、水産業協同組合法の改正については、水産改革に合わせた漁協制度の見直しとして、漁協役員に販売の専門家を登用することを義務付け、さらに公認会計士監査の導入等による事業・経営基盤の強化を企図している。これらの改正点は、いずれも従前の漁業法において前提とされてきた、漁師および漁協と漁業権行使の在り方に対して、抜本的な見直しを迫るものであり、状況や地域によっては、漁協の存在いかんに関わるものである。

支払われた補償金は組合員を構成員とする入会集団に総有的に帰属することとなり、後者の見解では、補償金は法人としての組合に他の一般財産から独立して帰属することとなる。また、補償金の組合員への配分手続については、前者では、組合員の全員一致の協議によるべきであり、協議によることができないときは、裁判上の分割（民法258条1項）が要請されることになる。これに対し、後者では、漁業協同組合の総会議決によることとなり、総会の通常議決（水産業協同組合法48条1項7号）で足りるか、特別議決（同法48条1項9号、50条4号）を要するかが問題となるとされている[15]。判例も総有説に立つものと社員権説に立つものとに分かれていたが、最判平成元年7月13日・判時1323号60頁は、社員権説の立場をとり特別議決によることを明らかにしている[16]。この総有説と社員権説との対立の根幹には、昭和24年漁業法によって地先水面専用漁業権が消滅したのか否かの見解の対立が存在するのではないだろうか。すなわち、総有説は、地先水面専用漁業権が存続していることが前提となっており、社員権説はその消滅を前提としていると考えられる。また、共同漁業権の定義における一定の水面を「共同に利用して」とは、その地区の漁民総有の入会漁場ということを表現したもので、その具体的形態として協同組合が漁業権を持ち、その行使方法を組合員の総意で決め、それに従って組合員に原則として平等に利用させることであるといわれている[17]。このことも、共同漁業権が総有的性格を有しており、それは従前の地先水面専用漁業権を基盤として形成されたものであることの証左ではないだろうか。さらに、公共物の利用が多年の慣習により、特定人、特定の住民または団体など、ある限られた範囲の人々の間に特別な利益として成立し、かつ、その利用が長期にわたって継続して、平穏かつ公然と行われ、一般に正当な使用として社会的に承認されるに至ったものであれば、慣行上の公共物の使用が権利として成立するという見解もある[18]。

---

15) 池田敏雄「漁業補償をめぐる法的諸問題」成田頼明＝園部逸夫＝金子宏＝塩野宏＝小早川光郎編『行政法の諸問題（下）』（有斐閣、1990）577頁。
16) 同上578頁は、実務上からみても最高裁の見解が適切なものといえるのではなかろうかと評価する。
17) 田平紀男「専用漁業権と共同漁業権」鹿児島大学水産学部紀要第34巻第1号（1985）144頁。

昭和24年漁業法によれば、共同漁業とは、一定地区の漁民が特定の水面を共同に利用して営む一定の漁業（法6条5項）で、その漁業権は漁業協同組合または漁業協同組合連合会が有し、その制定する漁業権行使規則に基づいて組合員たる漁業者がその漁場に入会って行う漁業である。それは、藻類、貝類およびイセエビ、ナマコ、ホヤ等の定着性の水産動物を採捕する第1種、小型定置網や刺網、ふくろ待網等の網漁具を移動しないように敷設して魚類を採捕する第2種、地びき網漁業（イワシ、タイ等）、地こぎ網漁業（タイ、ブリ等）、飼付漁業（ボラ、ブリ等）等をいう第3種、瀬戸内海、三重県等で行われる特殊漁法による寄魚漁業、鳥付こぎ釣り漁業をいう第4種、内水面（河川、湖沼等）でアユ、ワカサギ、コイ、フナ等を採捕する第5種に分かれている。すなわち、漁業組合等による漁場管理が不可欠な地先水面での一定の藻類および水産動物を対象とする漁業（第1種）と浮魚（藻類、貝類のようにその漁場に定着していない魚類）を対象としているが他所まで出かけて行かないで地先水面で待ち構えて採る漁業（第2種〜第5種）に区別されているといえる。ただし、浮魚を運用漁具（一本釣り、はえなわ等）で採るものは除かれている。このような詳細な区分は、後述する馬毛島の地先権を理解するうえで重要である。また、昭和24年漁業法は、漁業を漁業権漁業、許可漁業、自由漁業の3種類に分けた。このうち漁業権漁業は定置漁業、区画漁業、共同漁業に区分されている（法6条1項）。そして、これらの各種漁業の法的性質に関して問題となるのが、許可漁業、自由漁業、共同漁業の3つである。これらの漁業のうち、定置漁業および区画漁業は漁業権または入漁権に基づかないと営むことができない（法9条）が、共同漁業権についてはそのような制限はなく、共同漁業に該当するものは漁業権に基づかず、自由漁業として、あるいは知事の許可を受けて営むことができる。なお、入漁権による漁業についてはさまざまな考え方があるが、設定行為に基づき他の漁業協同組合（または連合会）の所有している共同漁業権あるいは特定区画漁業権（法7条）のある漁場に入会って、その漁業権の内容となっている漁業の全部または一部を営む漁業で、通常は漁業権漁業の範疇に含ま

18）原龍之助『公物営造物法（新版）（オンデマンド版）』（有斐閣、2004）282〜283頁。

れると考えられている[19]。

　このように、昭和24年漁業法によって全く新しい概念として形成されたかに見える共同漁業権は、実態としては江戸時代以前の慣習的な漁業を引き継いだものであると考えられるが、共同漁業権の主体である部落漁民集団（組合員集団）が衰退あるいは解体されるときにその権利の内容と実態も乖離して紛争を引き起こすのである。とくに権利関係の乖離が発生して漁業行為そのものが衰退あるいは消滅した際に、地先水面専用漁業権にいわゆる「地先」の内容と扱いが問題となってくる。馬毛島をめぐる紛争は、この「地先」が包含する権利内容が問題となった事例ではないだろうか。

4．「自由漁業」と「慣習に基づく入会漁業」

　昭和24年漁業法は、磯漁と沖漁を区別してそれぞれ別個の利用秩序を設けたという点で江戸時代以前の慣習的漁業方法を取り込み、他方で沿岸の漁場は漁業権および入会的制度によって利用秩序を維持し、沖合漁場やさらに遠洋での漁業は漁業許可により調整するという考え方を採用した[20]。ここで注意したいことは、漁業権の権利主体の問題である。明治34年漁業法によって法制度化された地先水面専用漁業権は、従前の部落漁民集団を漁業組合に再構成して免許を付与したため、両者の権利主体は一致していた。他方で、昭和24年漁業法によって成立した共同漁業権は、加入脱退の自由を持つ漁協に免許を付与したため、部落漁民集団と組合員集団とが必ずしも一致しない場合が発生するのである。ただし、漁協に属していないからといって漁業ができないわけではなく、免許に基づかずに慣習に基づいて入会漁業を営むことになるとされ、その根拠としては漁業法14条11項が挙げられている[21]。なお、漁業法14条11項は、組合員以外の部落漁民が営む入会漁業と組合員の営む共同漁業が衝突した場合に、漁業権の行使を適切にするために漁区漁業調

---

19) 前掲注15池田論文544〜545頁。
20) 前掲注9長崎書205頁。
21) 前掲注10熊本書96頁は、漁業法14条11項は部落漁民が入会漁業（共同漁業）を営めることを前提とした規定であり、漁業法は部落漁民が「慣習に基づく入会漁業権」を有することを前提としていると考える。

整委員会が指示をすべきことを規定している。

　漁業法上の免許による共同漁業権を有さず、組合員以外の漁民が営む漁業は、自由漁業ということになり、漁民がこの自由漁業を反復継続して生計を立てている場合には、その「慣習上の利益」や「生活上の利益」は社会通念上権利と認められる程度にまで成熟したものとして、法的保護に値するものとなり得ると考えられている[22]。しかし、自由漁業といえどもあらゆる点において自由というわけではなく、その漁業に使用する漁船や漁具、操業する区域等が漁業調整の観点から制限される場合もある。一定漁場に入会操業する漁船が殺到し、漁業調整上紛争が生ずるようなときは、一定期間を定めて入会操業をする隻数を定める等、漁区漁業調整委員会が指示の方式で許可制に類似した規制をすることもできる（法67条1項）。

　以上のように、漁民が漁業を営む権利は必ずしも単一的ではない。これまで検証してきたように、明治34年漁業法で法規範化された地先水面専用漁業権は、昭和24年漁業法下においても慣習に基づく入会漁業として息づいており、その一部を包摂する形で漁業法上の免許を必要とする共同漁業権が存在しているのではないだろうか。この点に関しては、共同漁業権を「自由漁業」、「慣習に基づく入会漁業」、「免許に基づく漁業権漁業」の三層構造とする見解が存在し、「自由漁業」と「慣習に基づく入会漁業」が慣習に基づく点において完全重複し、「免許に基づく漁業権漁業」は慣習に基づかない点で前二者よりもその範囲が狭いものと考える[23]。後述するような馬毛島の地先漁業権の実態をみると、このように3つの漁業が階層的に存在するという見解は正鵠を得ていると考えられる。さらにこの見解は、3つの漁業は常に別個独立して存在しているのではなく、漁村構成員や就業形態の変化によってそれぞれが吸収合併し、あるいは消滅することもありそうである。とくに、馬毛島の紛争からは、「慣習に基づく入会漁業」と「免許に基づく漁業権漁業」がいつの間にか重複する場合の存在が見えてくる。

22）前掲注15池田論文550頁。池田教授は、現行の漁業法の下では、漁業制度改革の一環として、明治43年漁業法が専用漁業権漁業としていた浮魚を、運用漁具で採る漁業を第一種共同漁業権の対象から除外して自由漁業の範疇に組み入れているので、この自由漁業によって生計を立てている漁業者は少なくなく留意する必要があると指摘される。
23）前掲注10熊本書96〜98頁。

馬毛島の地先漁業権は、極めて特色のある性格を有している。馬毛島は、江戸時代以前は無人島であり、明治期以降に入植が相次ぎ1980年に再び無人島化している。他方で、前述の通り、江戸時代に種子島の3つの浦（漁村）に領主から馬毛島の漁業特権が付与され、それが明治維新を経て他の浦も専用漁業権を有するようになったが、その漁業形態はかなり特殊である。まず、そもそも馬毛島の地先漁業権というが、漁民は種子島に在住しているのが常で、トビウオ漁の時期を中心とする数か月に限って馬毛島に季節移住して漁業を行ってきたのである。その後、エンジン付き船舶が導入されると、漁期を限って馬毛島沿岸部でトコブシやエビなどの採集漁労を行うことが地先漁業権の中心的内容となっていった。ここでとくに注意しなければならないことは、地先漁業権を有する種子島の漁民が馬毛島の特定の漁港を専有し、そこが起点（現地では基地と称する）となってその地先水面を独占的排他的に利用しているということである。たとえば、種子島の湊泊浦は馬毛島の葉山港を、洲之崎浦は高坊港を、池田浦は王籠港をそれぞれ基地として地先漁業権を行使してきた。そして興味深いことは、ある時期を限って各浦の地先漁業権の及ぶ漁場に他の浦が入会って漁業を行う慣習が存在することである。

　このような視点も含めて、馬毛島の地先漁業権について、種子島の漁民はどのように理解しているのであろうか。馬毛島に関する訴訟にかかわっておられる菅野庄一弁護士（東京弁護士会所属）の協力を得て、2013年7月27日に種子島湊泊浦の漁民4名に聞き取り調査（以下、本調査とする）を実施した。質問事項とそれに対する回答は、別表の通りである。本調査によれば、湊泊の漁民が大きく次の2つのことを明確に認識していることがわかる。1つは、馬毛島の地先漁業権と共同漁業権とは別個のものであったこと、2つは地先漁業権が民法上の入会権とほぼ同様の内容であることである。また、後者に関してはそれを明確に認識しつつも、徐々に実態がなくなってきていることも認識している。このことは地先権が慣行に基づく総有的性格を有する入会権と同種の権利であったことを証左している。他方で、慣行を決定付けてきた浦の総会は、すでに漁協の会合に吸収されているという。このことは、地先漁業権が、公有水面を免許によって利用する共同漁業権と同質のも

のになったことを意味する。本調査によって、馬毛島の地先漁業権は入会という私権的性格と、漁業法上の共同漁業権的性格、すなわち旧慣使用権という公権的性格を併せ持つことが明らかになった。

　財産区有地における入会利用権の法的性質をめぐっては、民法上の入会権か、それとも地方自治法上の旧慣使用権かについて裁判所と行政との間で未だに解釈が一致していない。判例は一貫して入会権、すなわち私権論をとっているが、旧自治省をはじめとする行政官庁では一貫して旧慣使用権、すなわち公権論の立場に立っているとされる[24]。しかし、馬毛島の地先漁業権は私権的性格と公権的性格を併せ持つに至ったものであり、そのような権利が全く存在しないわけではなく[25]、概念としては入浜権が参考になろう。入浜権は、法理論的には環境権という憲法上の権利の私法的具体化であり、社会的事実としての入浜慣行を基盤としている[26]。公物である海浜を養殖や採貝等で利用してきた場合に、その利用者の利益は反射的利益だから海浜の埋立等によって利用できなくなっても何らの補償もなされないというのは理不尽であろう。そこでは慣習上の利益を法的保護に値する利益とみる実務上の要請が社会通念上是認されるようになっているという[27]。

別表（2013年7月27日種子島西之表市濱泊浦漁民4名への聞取調査）

質問事項	回　　答
1．濱泊浦が馬毛島に有している権利は葉山港の利用権のみですか？	港の利用は自由。

---

24) 泉留維＝齋藤暖生＝浅井美香＝山下詠子『コモンズと地方自治』（日本林業調査会、2011）4頁。
25) 公有地の入会権については判例上も承認されてきている。たとえば、東京高判昭和33年10月24日・下民集9巻10号2147頁、大阪高判昭和37年9月25日・判タ136号89頁など。また、最判昭和48年3月11日・民集27巻2号271頁は国有地上の入会権の存在を承認している。
26) 淡路剛久『環境権の法理と裁判』（有斐閣、昭和55年）103頁。淡路教授は、伝統的入浜慣行は、漁業権その他の財産権と深く結びついているから、必ずしも環境権に訴えなくてもその保護をはかることはできようが、これを一つの独立の権利（入浜権）として自覚することは有用である。入浜慣行という社会的事実を法的に保護する方法によって入浜権を確立するためには、入浜慣行の歴史的、社会的実態の把握が必要であるとされる。
27) 前掲注15池田論文569頁。

2．（上記に関連して）葉泊浦は馬毛島における他の浦持ち漁港を利用することはできますか？	昔はできた。しかし小さい船しか寄港できないので、船が大きくなった昭和50年代に、事実上利用しなくなった。逆に、他の浦の漁師は葉山港を自由に利用できる。これは以前から。水深が深いので、悪天候の時は葉山に船をつないで、各浦の港まで歩いて往復した。
3．「種子島漁協の共同漁業権」と「馬毛島の地先権」は同じ内容ですか？	違うもの。馬毛島のどこかに家を持っている漁師が馬毛島全体（葉泊、池田、能木野の3浦。住吉は範囲外？）（テングサ、トコブシについては葉泊、池田は北側。住吉、州の崎は南側。能木野は池田、葉泊に劣後）で漁をすることが出来た。浦全体が共有地（入会地）として土地を持っていて、共有地（入会地）の一区画をそれぞれが独占的に敷地として利用できた。みんなで使う土地もあった。トビウオを干したり、飲み会などしたり、みんなが共同で利用した。採草地もそう。これは現在裁判で争われている土地と同じ範囲と思う。戦後、「熊共第2号共同漁業権」となったからといって、地先権が無くなった訳ではないが、徐々に実態が無くなってきているかも知れない。（地先権は）慣習としては生き残っている。昭和60年頃、漁業権と旧慣との衝突が起きた出来事があった。旧慣では地先権を子どもに譲っても自分も漁が出来たが、漁業法ではそれぞれが組合員登録しないと漁が出来ない。
4．「馬毛島の地先権」と「漁港の施設」にはどのような関係があると認識していますか？	保育所などがあった。これは浦が共同で持っていた。現在はない。現在の漁具倉庫は種子島漁協が所有。
5．あらたに「馬毛島の地先権者」となるためにはどのような条件が必要ですか？	多分できない。譲ってもらうこともできない筈。そのような例はない。（余所から入ってきたAさんは、今でも権利がない。）かつて（戦前？）各浦が地先権を取得する為に代表2名が本籍を移したことがあった。長男以外の次男三男が浦に加入するためには厳しい条件（奉公）が課せられた。
6．「馬毛島の地先権」は他人に譲渡できるものですか？	できない。
7．「馬毛島の地先権」によって対象となる魚介類は何ですか？	エビ、ナガラメ、テングサの3種だけと思う。漁期・時間や大きさなどかなり細かく決めていた。関係する浦が共同で決めていたのではないか。他

		の魚種は制約していない。これは「熊共第2号共同漁業権」以前からの権利。
8.	「馬毛島の地先権」ではどのような漁の方法が用いられていますか？	素潜り以外の漁はしていなかった。決まりがあったわけではないと思う。
9.	「馬毛島の地先権」あるいは「馬毛島の漁港」を所有していることを証明する書類はありますか？	各家では持っていない。図面などもないと思う。広さは同一で石打をしているので、今でも行けば分かる。
10.	浦の総会はかつてどの程度頻度で開催され、どのような内容が話し合われましたか？	かつてはあった。今は漁協の会合に吸収されている。
11.	馬毛島の漁港管理等に労役等を提供しなかった場合に、地先権行使に何か影響はありましたか？	作業しない人はいない。やらないと殴られたと思う。
12.	特定の期間や季節に他の浦が有する漁場（他の浦の地先権）を入り会うことはありますか？	上記3種以外は、カマス漁など共同で漁をすることも多かった。

5．旧慣の改廃

　すでに検証した通り、地先漁業権は慣行による入会漁業である。旧慣による財産の使用権について、地方自治法は、これを住民であることによって認められる公法上の権利として、住民の財産共用権の特例として規制している。旧慣による公有財産の使用は、ひとしく旧慣によって市町村の一部で財産を有する財産区における財産の使用と類似するが、財産区が所有する公有財産ではなく、市町村が所有する公有財産について、財産区のように、その住民のすべてが使用するのではなく、旧慣により特に使用権を有する住民のみが使用する権利を有するものである点で区別される[28]。そして、地方自治法は、旧慣を変更しまたは廃止しようとするときは、市町村の議会の議決を

28）俵静夫『地方自治法』（有斐閣、1965）399頁。

経なければならないと規定する（法238条の6第1項）。さらに、旧慣による使用権が認められている財産について、あらたに使用しようとする者があるときは、市町村長は、議会の議決を経て、これを許可することができると規定する（法238条の6第2項）。

　地方自治法238条の6第1項に規定する旧慣使用権については、とくに入会権との関係において、その性質を公法上の権利とみるか、または私法上の権利とみるか、そしてその変更、廃止のための議会の議決の要求をどのように解釈するのかについては学説が分かれている。まず、「公権説」は、旧慣使用権は市町村の住民たることにより認められる権利であって、その性質は公法上の権利であり、入会権その他の私権とは、かりにその内容を同じくするものであっても性質を異にすると解し、たとえ市町村と従前の所有者であった部落等との間に当該財産の統合について協定があった場合でも、法律上は、当該市町村の議会の議決により旧慣の変更または廃止を行うことは可能であるとする[29]。つぎに、「私権説」は、公有地入会権は、本来その地盤が入会権者の所有とも考えられるものであり、慣習法上の権利として古くから存在しているものであるという沿革からして、公有財産の旧慣使用権とは本質的に異なる私法上の権利であるとし、公有地入会権は旧慣使用権には含まれず地方自治法238条の6の適用の及ばない別個の権利であるから、市町村議会の議決によりこれを変更、廃止することはできないとする[30]。そして「折衷説」は、地方自治法238条の6の旧慣使用権に公有地入会権は含まれないと解することが、本条を実態において全く無意味な規定と化してしまうことから、旧慣使用権に公有地入会権は含まれ、本条はかかる私法上の権利を尊重する趣旨を示すものであって、これを公法上の権利たらしめるものではないが、それが公有の財産の使用権であることから、その変更、廃止には慣習上必要な手続のほかに、さらに市町村議会の議決を経るという二重の手続を要求するものであると解する[31]。なお、行政実務では、部落と村との協定

29）宮元義雄『新地方財務事務』（第一法規、昭和44年）613頁、長野士郎『逐条地方自治法（第12次改訂新版）』（学陽書房、1995）850頁。
30）我妻榮『物権法』（岩波書店、昭和27年）299頁、大判明治39年2月5日・民録12輯165頁、大判昭和11年1月21日・新聞3941号10頁。
31）船橋諄一『物権法』（有斐閣、昭和35年）442頁、前掲注18原書154頁。

により各部落民の有する利用権は「旧慣」に該当するとし、旧慣の変更、廃止は議会の議決で行いうるとする公権説の立場に立ちながら、実際の運用上は当該財産を市町村と各部落との間に一定の条件の下に市町村有に統合したものである場合には、当該統一条件を尊重し不当に旧慣による権利を侵さないようにすべきであるとしているという[32]。

　一般論として、旧慣使用権についていずれの学説に拠るべきかについては、さらに検証が必要であろう。しかし、馬毛島の地先漁業権については漁港等の土地利用に関する部分については「私権説」に拠って総有理論を以て旧慣の改廃（入会権の確認）を行い、漁業権に関しては「公権説」に拠って地方自治法238条の6第1項に基づき、旧慣の改廃（地先漁業権の変動）は議会の議決が必要になると解すべきなのではないだろうか。

6．小　括

　馬毛島をめぐる訴訟事件において問題となったのは、馬毛島の葉山港に隣接する4筆の土地（合計約2.2ha）の所有権帰属をめぐる争いである。確かに、馬毛島の漁港に関しては、種子島の各浦が特定の漁港を排他的独占的に使用してきた経緯があり、漁港はもとより共同作業場として周辺の土地や小屋を総有的に管理および利用してきた。その意味では、漁港に隣接する土地の入会権確認訴訟の提起は適切であるといえるが、前述の通り、馬毛島の漁港は種子島の各浦が有する地先漁業権の基地であり、これを起点として漁業を行うべき地先水面が確定し、入会地たる漁港と地先漁業権は不可分一体化した権利ということになる。そうならば、漁港の権利変動はそれと不可分一体化している地先漁業権にも大きな影響を与えることになろう。この点に、馬毛島の地先漁業権が入会という私権的性格と、漁業法上の共同漁業権的性格、すなわち旧慣使用権という公権的性格を併せ持つものであるという所以を見出すことができる。このとき、漁港およびその周辺の土地の権利変動は、そこを基地とする地先漁業権の改廃に及ぶ。そうだとするならば、馬毛

---

32) 前掲注28俵書400頁によれば、この行政実務は旧自治省の通達「昭和24年5月16日自発第512号」に依拠するという。

島をめぐる現状において行われた漁港周辺の土地売買行為は、地先漁業権の改廃に関する議会の議決を必要とし、それを経ずになされた売買契約は無効といわざるを得ないだろう。地先漁業権の理論的深化によって、馬毛島の開発行為が止まり、豊かな自然が回復されることを切に願うものである。

第11章　水利行為による権利侵害
―― 涸れ川公害問題を事例として ――

1．問題の所在

　河川法23条により取得した水利許可と、河川法87条により許可を得たものとみなされた慣行水利権とが競合し、その結果として水利許可が慣行水利権を侵害する場合があり得る[1]。また、慣行水利権は成立しないものの、漁業等の河川利用者や河川環境そのものに対して水利許可に基づく利水行為が何らかの障害となる場合もあり得よう。とくに、後述する「涸れ川公害」のように、発電等の目的による利水行為が河川環境を大きく変じるという現象が発生している。既存水利権に対する侵害行為に関しては、侵害行為と損害の事実が明確になることが通常であり、判例も多く、学術上の議論も従前からそれなりになされてきている[2]。翻って、「涸れ川公害」のように、損害の事実が不明瞭であり、被害者は不特定少数者であり、ともすれば被害の主体は河川やその周辺環境そのものである場合には、訴訟にすらなり得ない。しかし、涸れ川は水量侵害であり、まさしく公害であり、たとえ人的被害が発生していなくとも、環境には取り返しのつかない程の極めて大きな負荷を与え、自然公物たる河川の機能そのものを不全に陥らせ、最終的には水利秩序を崩壊させている場合もある。洪水の流下の妨害（ダムや取水施設の設置により生じかねない）、河川水の減少による公益の阻害（水質汚濁、景観の損傷、河

---

[1] 1964年の河川法改正前の判例であるが、最判昭和37年4月10日・民集16巻4号699頁は、「農水使用権は、それが慣習によるものであると行政庁の許可によるものであると問わず、公共用物たる公水の上に存する権利であることにかんがみ、河川の全水量を独占的排他的に利用しうる絶対不可侵の権利でなく、使用目的を充たす必要な限度の流水を使用しうるにすぎないと解するを相当とする」と判示しており、必ずしも水利許可と慣行水利権とが競合関係に立つものではないことを示唆している。
[2] たとえば、宮崎淳「慣行水利権の類型とその効力」水資源・環境研究第22巻（2009）1～12頁など。

口閉塞、漁業被害など）等を発生させるような、公共的な機能を妨げる水利使用は許されないばかりか、河川空間のオープンスペース機能、河川湿地の自然生態系機能などの河川環境を損傷しないことも重視されるべきだとする見解も存在する[3]。

本章では、過去に発生した2つの大規模な「涸れ川公害」の事例を紹介し、公共財から自然資源へとその概念を移行しつつある河川の利用のありかたを踏まえて、水利事業者の法的責任について検証することを目的とする。

2．涸れ川公害

適法違法を問わず、水利行為が河川環境や地域住民の生活等に何らかの影響を及ぼし、利害関係の衝突が発生する場合がある。とくに、河川環境に対する影響として深刻なのは、河川の流水が極端に減少ないしは消滅してしまう「涸れ川」という問題である。さらに、もはや単なる環境への影響ではなく、「涸れ川公害」と称するのが適切な事例が存在する。本章では、大井川と信濃川で発生した涸れ川公害に関する事例を紹介する。

(1) 大井川水返せ運動

静岡県を流れる全長168kmに及ぶ大井川は、往時は「箱根八里は馬でも越すが、越すに越されぬ大井川」と謳われるほどに東海道の難所とされてきた。しかし、1960年代以降に主に発電目的で14のダムと20を越える小堰堤が建設され、これらから発電用の水が取水されたことで、かつて豊富な流量を誇った大井川の水は激減した。とくに、1961年に完成した塩郷堰堤からの取水により、同堰堤より下流20kmの流水が完全に途絶し、多くの被害が発生するに至った。たとえば、ダムが水と土砂を遮断したことによって河床と植生が一変してアユの遡上が途絶え、それを狙う鳥も飛来しなくなった。また、水がなくなって干上がった河原からの砂埃が住宅に侵入するなどの被害（涸れ川公害）のほかに、かつてはいなかった害虫が増えて地元の主産業であ

---

[3] 長谷部俊治「水問題と水利権」社会志林第55巻第2号（2008）26頁。

る茶の生育や林業に被害を与えた（河川生態系破壊）。さらに、ダム上流では土砂供給過多となり河床上昇が生じて水害が発生し、ダム下流域では土砂供給が激減して河床低下や海岸浸食が発生した（ダム堆砂公害）。つまり、河川が有していた生態系が、取水行為によって完全に破壊されてしまったのである[4]。このような状況に対して、流域住民を中心とした「水返せ運動」が始まった。

その後、1975年に大井川の発電用水利権が期限更新となった。そこで、河川管理者である静岡県は塩郷ダムを管理する中部電力、田代ダムを管理する東京電力に対し、大井川の無水区間を解消するために毎秒2トンの水利権を返還するように要求したが、両電力会社はこれを拒否した。住民らの「水返せ運動」はさらに高まりの機運を見せ、流域の川根町・本川根町・中川根町では、1986年に「川根地域振興協議会」を結成して水利権の一部返還についての具体的対策について討議を行い、河川管理者である旧建設省や静岡県に対して「大井川流域保全に関する陳情書」を提出し、塩郷堰堤から毎秒5トンの放流をするように要求した[5]。

次の水利権が更新を迎える1989年に入り、住民らは「放流量毎秒5トン、水利権更新期間10年に短縮」を求めてさらに活発な「水返せ運動」を展開した。当時の静岡県知事も旧建設省と中部電力と頻繁に交渉を繰り返し、住民の要求を反映させるように努力した。この結果、中部電力は大井川の水利権一部返還の意思を表明し、水利権更新期間を30年とすることと引き換えに、毎秒3トン、農繁期（4月～9月）で毎秒5トンを放流することになり、塩郷堰堤設置から28年目にして大井川に水流が復活したのである。

大井川の「水返せ運動」が河川行政に与えた影響は大きく、1988年に旧建設省は、「発電水利権の期間更新時における河川維持流量の確保について」（河川局水政課長・開発課長通知）という通達を発している。これは、発電用

---

4) 田渕直樹「河川環境回復を求めた住民運動の政治過程」現代社会文化研究23巻（2002）2頁。
5) 同上7頁によれば、地元3町による協議会も一枚岩ではなかったようである。これは、塩郷堰堤の位置が原因となり、本川根町が「河川景観の回復」、中川根町が「浸水害の恒久対策」、川根町が「水道水源の確保」というように各町の被害と対策が異なっていたことに原因があるという。

水利の更新許可に際して、河川維持流量を確保するための取水制限等を条件として明示するという内容である。この通達は、旧通商産業省との合意に基づくものであり、通称「発電ガイドライン」と呼ばれる。これによると、①分水や長い減水区間などを伴う一定の発電水利使用等を対象とする、②確保する河川維持流量を具体的に定める（維持流量の目安は集水面積100m^{3}当たり毎秒0.1～0.3m^3）、③水利使用規則に取水制限、貯留制限等の条項を定めて維持流量を確保する、④この措置によって生じる減電に対しては補償しないという。また、1997年の河川法改正に際しては、「河川環境の維持」が重要な目的に挙げられ、目的の如何にかかわらず不特定利水としての河川維持放流が事実上義務化されたことも「水返せ運動」の影響であったといえよう。もっとも、現在の法制度では、発電水利権の取得・更新の過程に、加害者としての発電事業者と県知事しか関与できず、被害者である一般の住民・市民や市民団体はこれに関与できない。河川法16条の2第4項は、河川整備計画の策定に際して必要がある場合には、河川管理者は公聴会の開催等によって関係住民の意見を反映させるために必要な措置を講じなければならないと規定している。水利権の許可についても、河川整備計画の場合と同様に、利害関係人としての住民が関与できるような手続きを規定しておく必要があるのではないだろうか。

　大井川の「水返せ運動」によって明らかにされたことは、取水行為による河川水流の涸渇が、生態系のみならず地域住民の財産や健康に対して確実に「被害」をもたらし、まさに「涸れ川公害」が発生するということであった。実は、住民たちは行政訴訟も検討していたようであるが、行政処分の違法性が皆無であることなどから、地元自治体を巻き込んでの住民運動による地道な交渉によって問題を解決するに至った。結果として、水利行為の主体たる事業者は住民らの要求に応えたが、それは地域社会との摩擦を避け、来るべき水利権更新手続きの障害を除去するためであって、様々な被害の元凶となった「涸れ川公害」を惹起した責任は全く追及されていない点に留意しなければならない。

(2) 信濃川 JR 東日本不法取水事件

　東日本旅客鉄道株式会社（JR 東日本）は、1984年に317立方メートル／秒の発電目的の水利許可を受けて同社が所有する宮中ダム（新潟県十日町市）において取水してきたが、2008年9月に「発電取水量・維持放流量等の改竄等の不適切行為が発覚し、2009年3月10日に国土交通省北陸地方整備局から河川法違反の行政処分を受け、水利権が取り消された。なお、宮中ダム自体は、1920年に首都圏の鉄道への電力の安定供給を目的として鉄道省によって着工され、18年の歳月をかけて1938年に完成しており、このときから信濃川の流量は激減し、大井川と同様の住民運動が発生している。宮中ダムで取水された水によって年間14億キロワット／時の電力が生み出され、主に山手線などの運行に使用されてきた。これは同社の年間使用電力の約23％を占め、水力発電への依存がピークとなる朝夕のラッシュ時に限っていえば、「山手線の2本に1本は信濃川の水で動いている」といわれている[6]。実は、信濃川では JR 東日本のほかに、東京電力株式会社も発電のために、JR 東日本の宮中ダムよりもさらに上流の長野県下高井郡野沢温泉村と同県飯山市との境に所在する西大滝ダムで取水行為を行っている。西大滝ダムで取水された水は、導水管で約29km 下流の東京電力の信濃川発電所に運ばれて利用された後に再び信濃川に戻される。ところが、その水はすぐにまた宮中ダムで

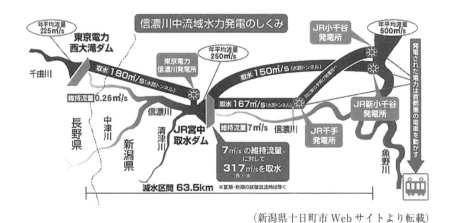

（新潟県十日町市 Web サイトより転載）

---

6) 三浦英之『水が消えた大河で』（現代書館、2010）16頁。

JR 東日本によって取水され、導水管で約26km 下流にある JR 東日本の3つの発電所（千手発電所、小千谷発電所、新小千谷発電所）へ運ばれて利用された後に、ようやく新小千谷発電所のある新潟県小千谷市の魚野川が合流する付近で信濃川に戻される。その結果、西大滝ダムから魚野川合流地点までの63.5km の区間で信濃川の水はほとんど消滅した状態になり、その距離は JR 横須賀線の東京から横須賀間の営業キロにほぼ匹敵するという[7]。

その後、JR 東日本は取水を再開すべく、2010年4月2日に国土交通省に水利許可の再申請をし、同年6月9日に水利許可処分が下された。再申請した水利許可期間は5年間で、河川維持流量は変動型の試験放流で毎秒40～120トン、最大取水量317トンとされた。再申請には、川を利用する漁協や十日町市など地元の関係19団体の同意が不可欠だった。同意に際して、JR 東日本は、「おわびの気持ち」として十日町市に30億円、小千谷市に20億円、旧川口町（現長岡市）に7億円を寄付・拠出するとともに、地元自治体が提案する鉄道施設の利便性向上や観光振興などの地域共生策に取り組むことが約された。

宮中ダムが所在する新潟県十日町市のホームページには、「取水により信濃川は枯れ川となり、真夏では水温が30℃を超えることもあり、魚も棲めない最悪の環境となっています。都会の便利な生活のために、信濃川中流域の豊かな自然が犠牲になっています。」との記述がある[8]。これこそが、水利行為による環境への損害である。とくに、漁業に関する問題は地域社会や文化の改変までをも包摂する深刻な問題ではないだろうか。かつて、信濃川には多くのサケやアユが遡上し、千曲川と呼称が変わる上流部の長野県の人々にとっては貴重なタンパク源となっていた。しかし、東京電力および JR 東日本による取水行為により、サケやアユの遡上は激減していた。

この JR 東日本による違法水利行為事件によって明らかにされたことは、河川環境の受忍限度を超えた破壊であると公的に認められれば、事業者は地元のために水利行為の一部を制限されるということである[9]。しかし、今回

---

7) 前掲注6 三浦書13頁。
8) 新潟県十日町市 Web サイト（http://www.city.tokamachi.lg.jp/kurashi/00641.html）2013年5月1日最終閲覧。

はJR東日本による違法行為が偶然に発覚し、水利許可の取消という行政処分が下されたことによって河川流量が回復するという結果になったが、合法的に取得した水利権に基づく取水行為によるならば、たとえ河川水が激減して魚が生息できなくなり、地下水が枯渇したとしても、事業者には何の責任も発生しないという河川法および水利秩序の現状が変わったわけではない。また、JR東日本による違法取水行為の前後において、河川流量に大きな変化があったわけではなく、合法的取水であっても「涸れ川公害」は発生していたことに留意する必要がある。

3. 水利秩序と権利濫用

　新たな水資源開発は、河川流域はもとより地下水脈にまで拡大し、水資源の涸渇や貯存量の絶対的不足を来し始めている。とくに、一種の既得権益として重層的に存在する水利権との調整に加えて、自然資源としての開発と保全の問題も包含して、水利秩序と利害関係の調整を困難にしている[10]。たとえば、ダム建設などのように、影響を負担する者と受益者（電力会社や下流域の住民）とが異なるときに利害の対立は深刻なものとなりやすく、とくに水力発電の推進が国益と捉えられる時代背景があれば、その取扱いは権益をめぐる政治問題に発展しやすかったと指摘されている[11]。

　わが国の河川はすでに下流に既得権益を持っている慣行水利権が多いので、新規に水利権が認められる場合は少ない。このような場合は、ダムや河口堰等を設けて基準流量を増加させて新規水利権が設定されることになる。河川法は38条以下に水利調整の規定をおき、水利権があるところへ新たな水利権が割り込もうとする場合の水利調整の手順を定めている。これによれば、新たに水利使用をしたいと考える者は、河川法23条に基づき河川管理者に水利使用の許可申請をすることになる。河川管理者は申請を受けると既得

---

9) 前掲注4田渕論文55頁。
10) 若井郁次郎「水資源開発におけるコンフリクト」土屋正春＝伊藤達也編『水資源・環境研究の現在』（成文堂、2006）107～108頁。
11) 前掲注3長谷部論文18頁。

水利権者や漁業権者、入漁権者にその旨通知する（河川法38条）。通知を受けたときは、河川使用者は河川管理者に当該水利使用により、その者が受ける損失を明らかにして、当該水利使用について意見を述べる（同39条）。河川管理者は、水利使用を許可しようとする場合、関係河川使用者のすべての同意がある場合を除き、①新規水利使用が従前の水利使用に比して公益性が著しく大きい場合、②損失防止施設を設ければ、従前の水利使用に支障がないと認められる場合、でなければ許可されない（同40条）。このようにして、新規水利権の設定を受けても、新規水利権者は既得の水利権者に損失の補償をしなければならない（同41条）。なお、水利権は河川の表流水だけでなく、伏流水も対象になると考えられており、河川近辺に伏流水があるといって、勝手に使用することはできないし、発電利水は水が河川に戻ることが前提とされているので、発電のために水利権を設定したからといって、川に戻る前の水を勝手に消費的に利用してもよいことにはならない[12]。

　なお、今日まで水利調整の規定を使って新規水利権を設定した前例はないといわれる。その理由は、いずれ損失補償しなければならないのと、既得水利権者と利害関係人は農業用水権者と漁業権者であり、新規水利者は発電なり都市用水であるから、事前に金銭補償をして、水利権を買い取っている実情もあるからであるとされる[13]。これはいわば水利秩序の再構成といえ、その結果として巨大資本による大規模な取水が合法的に行われる。しかし、取水の根拠となる水利権が合法であっても、取水行為自体が前述のような「涸れ川公害」という被害を発生させ得るのである。これは一種の権利濫用ではないだろうか。近代法の理念により土地所有権に制限を加えて関係当事者の利害を調整すべきものとするためには、公益の保護を目的とするような特別の法令上の制限がない限りでは、主として「権利濫用の法理」（一方の権利の濫用による他方の権利の侵害を民法上の不法行為とする）によらざるを得ない[14]。

　権利濫用法理は、「信玄公旗掛松事件（大判大正 8 年 3 月 3 日・民録25輯356

---

12) 須田政勝『概説水法・国土保全法』（山海堂、2006）289頁。
13) 同上287〜288頁。
14) 三本木健治『判例水法の形成とその理念』（山海堂、1999）123頁。

頁)」[15]においてわが国の判例上はじめて用いられ、たとえ正当な権利行使であっても、社会生活上認容しなければならない限度を超える損害を他人に与えた場合には、不法行為に該当して損害賠償の義務を負うとされた。この判決は、社会的に許容される範囲を超える「権利行使」は不法であるとし、権利の絶対性も社会の立場から制限されるべきことを認めたものとして、当時においては画期的な意義を持つものであったとされる[16]。その後、「宇奈月温泉事件（大判昭和10年10月5日・民集14巻1965頁）」においては、権利行使の態様と私権と公共的利益との利益衡量が行われ、害意性を持った権利行使そのものが否定されるに至り、ここに権利濫用の法理は理論的にも定着したのである。

　ところで、権利濫用法理は大きく分けて、不法行為的機能、規範創造的機能、強制調停的機能の3つの機能が認められるとされている[17]。前述の「信玄公旗掛松事件」などは不法行為的機能が働いた事例であり、「宇奈月温泉事件」などは強制調停的機能が働いた事例として説明される。そして、戦後における権利濫用の法理は、借地の明渡請求に関する事件（最判昭和38年5月24日・民集17巻5号639頁）、所有権留保に関する事件（最判昭和50年2月28日・民集29巻2号193頁）、解雇権の行使に関する事件（最判昭和50年4月25日・民集29巻4号456頁）、時効の援用に関する事件（最判昭和51年5月25日・民集30巻4号554頁）など、規範創造的機能が働く事例において多用されている。とくに、解雇権の行使をめぐる労働事件において多用され、ユニオンショップ協定に基づく解雇の法理の解釈をめぐる最高裁判決（最判昭和50年4月25日・民集29巻4号456頁）では、「解雇権の濫用」という法理が確立されている。当該判決は、「使用者の解雇権の行使も、それが客観的に合理的な理由を欠き社会通念上相当として是認することができない場合には、権利の濫用として無効になると解するのが相当である」と判断した。「涸れ川公害」

---

15) 同事件を契機とする権利濫用法理の展開については、大村敦志『不法行為判例に学ぶ』（有斐閣、2011）52頁以下において詳細に論じられており参考になる。
16) 甲斐道太郎＝稲本洋之助＝戒能道厚＝田山輝明『所有権思想の歴史』（有斐閣、1979）195頁。
17) 大村敦志「権利の濫用（1）」潮見佳男＝道垣内弘人編『民法判例百選Ⅰ　総則・物権（第8版）』（有斐閣、2018）5頁。

を惹起させる水利行為も、権利濫用の法理のうち規範創造的機能が働く事例に該当するものと考える。したがって、取水行為が客観的に合理的な理由を欠き社会通念上相当として是認することができない場合には、権利の濫用として水利許可が取り消される可能性があるのではないだろうか。

4．小　括

　前述の通り、水利行為が権利濫用となる可能性を指摘したが、「涸れ川公害」に対して私法上の救済を求めるためにはさらに被侵害利益について検討する必要がある。大井川にせよ信濃川にせよ、事業者による水利行為が河川環境と流域の住民に様々な形で被害をもたらしたことは事実であるが、それらの多くが私権の侵害を構成し得ないこともまた事実である。とくに、河川環境に対する被害は、これを「環境損害」として認識することができよう。環境損害には、「環境影響に起因する損害一般（広義の環境損害）」と「環境影響起因の損害のうち、人格的利益や財産的利益に関する損害以外のもの（狭義の環境損害）」の2種類があるとされる[18]。しかし、狭義の環境損害は、現行民法の枠組みにおいて把握することに困難を伴う。それは、個人に帰属しない利益の侵害が問題となっているからであり、私法上の損害賠償による補償は難しいと考えられてきている[19]。しかし、国立マンション訴訟事件（最判平成18年3月30日・民集60巻3号948頁）に代表されるような景観訴訟において、裁判所は旅行な景観の恵沢を教授する利益（景観の利益）は法律上保護に値すると判示している。これは、景観権こそ否定したものの、実質的には景観利益の権利性を認めたものとして画期的意義を有すると評価されている[20]。そうだとするならば、河川環境や水利権者以外の河川利用者に対する負の利益侵害についても、民法709条の損害賠償の対象になり得る。とくに、水利権者以外の河川利用者の利益侵害については、それが生活上著し

---

18) 大塚直「環境損害に対する責任」ジュリスト1372号（2009）42頁。
19) 吉村良一「環境損害の賠償」立命館法学333・334号（2010）1770頁。
20) 富井利安「国立高層マンション景観侵害事件」淡路剛久＝大塚直＝北村喜宣編『環境法判例百選（第2版）』（有斐閣、2011）173頁。

い支障を被り、侵害の程度態様が一定に達した場合には不法行為を構成するものとして、その妨害排除または損害賠償の請求権が発生すると解する余地もあるのではないだろうか[21]。水利権者は、水流を占用使用する権利を有するとともに、河川環境と流域住民に対する配慮義務を負っている。そして、水利権者であるからといって河川そのものまでも独占的に使用できるわけではない。今日の水資源管理に求められる目標理念は、水配分の「公平性」「効率性」および「持続性」の確保であると指摘される[22]。とくに、持続性という観点からは、本来河川は流域によって総合的に捉えられ、流域全体のガバナンスが考えられてきた[23]。健全な水循環が保全され、自然資源としての河川環境が良好な状態で維持されるように水量、水質ともに適切に保全管理されることが期待されるのである。その意味においては、環境影響評価制度の役割にも期待したい。

---

21) 原龍之助「公物使用権の性質」民商法雑誌78巻臨時増刊（4）(1978) 284頁は、道路・河川等の使用権が公権であると私権であるとにかかわらず、また、村道の通行権が公法上の性質をもつか否かにかかわりなく、私人相互の関係では、相互に公物上における財産権につき、他人の違法な妨害を排除する私法上の権能を有するものと解している。
22) 千賀裕太郎『水資源管理と環境保全』(鹿島出版会、2007) 177頁。
23) 松本充朗「川と流域のガバナンスと法制度」蔵治光一郎編『水をめぐるガバナンス』(東信堂、2008) 96～97頁は、どのような形で河川流域ガバナンスの総合性を回復するかは、河川・流域にどのような価値を見出し、利用・管理するかによって異なるとする。

第12章　土地工作物をめぐる帰責理論の再検討

1．問題の所在

　ため池とは、降水量が少なく、流域の大きな河川に恵まれない地域などで、農業用水を確保するために水を貯え取水ができるように築造された池のことを指す。しかし、学術的には、水稲耕作の灌漑用水源として築造された池との概念が自明の理として行き渡っていたことから、ため池を定義した例は少ないとされている[1]。なお、法学的見地からの定義としては、「主として灌漑用水に充てる目的を以て築造したところの池」をため池とする見解がある[2]。ため池は全国に約20万箇所存在し、特に西日本に多く分布している。ため池の約70％は江戸時代以前に築造され、築造にあたっては、各地域において試行錯誤を繰り返して得られた経験をもとに造られたものと推測される。このように極めて古い時代に築造されたため池ではあるが、いまだに農業用水の約10％を担い、とくに瀬戸内海沿岸地域のような降雨量が少なく、河川から用水を十分に取水できない地域での依存度は高いとされる[3]。

　他方で、数百年という歳月による老朽化に加えて、ため池の所有や管理形態に係る変化に伴い、ため池をめぐる事故が多発するようになってきている。2015（平成27）年3月25日に、香川県三豊市のため池に5歳の児童が転落して死亡するという事故が発生したが、この事故は同じため池で5年前に死亡した児童の姉も転落死していたことから、インターネット上はもとより、新聞紙上でもいささか衝撃的に採り上げられた。毎年、6月から8月に

---

[1] 内田和子『日本のため池』（海青社、2003）11頁。
[2] 竹山増次郎『溜池の研究』（有斐閣、昭和33年）41頁。
[3] 前掲注1内田書191頁。同書では全国の各地域別の農業用紙の水源別内訳やため池依存度の経年変化などについて豊富なデータを基に詳細な分析を行っている。

かけて、気温が上昇して水遊びが盛んになる時期にため池での事故が多発している。農林水産省のホームページによれば、2005（平成17）年度から2014（平成26）年度にかけて発生したため池での死亡事故の総件数は217件で、毎年度平均21.7件の割合で発生しており、4月から9月にかけて集中している。また、死亡事故の経緯は釣りや水遊び等の娯楽中が30％を占めて最多であり、車両事故が25％と続いて多く、犠牲者のほとんどが10歳未満の児童と60歳以上の高年齢者である。

また、近年の気候変動は日降水量や時間降水量も増加傾向を表し、被災リスクが増加しており、ため池の堤体からの漏水量が多いものや洪水吐、取水設備において必要な施設規模となっていないため池の改修をこれまで以上に加速して進める必要がある。このような状況において、多くのため池の管理は、水利組合や集落などの受益者を主体とした組織によって管理されてきたが、農家戸数の減少や土地利用の変化から管理および監視体制の脆弱化が懸念されている。また、ため池の周辺には、都市化や混住化が進んでいるところも多く存在し、事故の危険性が増加しており、施設管理者における安全管理に対する意識の高揚、関係者間の連携などが重要になってきている。このような状況を承けて、農林水産省は平成19年度から平成24年度にかけて、ため池の安全対策に係る下記のような通達を相次いで発出している。

① 農業用ため池の安全対策について（平成19年11月30日付け防災課長通知）
② ため池等整備事業等（国庫補助事業）における安全対策の実施について（平成19年11月30日付け防災課長補佐（防災班）、（国営・特殊防災班）事務連絡
③ ため池等整備事業等（国庫補助事業）における安全対策の検討について（平成19年12月19日付け防災課長補佐（防災班）、（国営・特殊防災班）事務連絡
④ 農業用ため池の安全対策について（平成20年4月1日付け防災課長補佐（防災班）事務連絡）
⑤ 農業用ため池の安全対策について（平成20年8月12日付け防災課長通知）
⑥ 梅雨期及び台風期における防災体制強化について（平成21年5月19日付け防災課長通知）

⑦　ため池等の土地改良施設の安全対策の徹底について（平成24年3月13日付け土地改良企画課長・防災課長連名通知）
⑧　農業用ため池の安全管理の徹底について（平成24年9月20日付け防災課長通知）
⑨　ため池等整備事業等における安全対策の実施について（平成24年9月20日付け防災課長補佐（防災班）事務連絡）

　さらに、2013（平成25）年5月には、農林水産省農村振興局防災課が「ため池の安全対策事例集」という資料を公布して、全国の自治体等に対して、ため池の管理・所有者は、安全施設が周辺住民の利用や管理者の施設管理において、安全を確保し生命を守るうえで非常に重要であるとともに、その整備は管理・所有者の責任であることを再認識することが必要であることを呼びかけている。しかし、このような行政によるため池等の整備および管理に関する認識を具体化するためには、ため池をめぐる何らかの事故が発生した場合の帰責理論についての再確認が予定されなくてはならない。
　民法717条は、第一次的に占有者が、第二次的に所有者が責任を有するという帰責原則を規定する。とくに、所有者の責任についてはほぼ無過失責任となっており、過失責任を帰責原則とする民法においては極めて稀有な条文構成となっている。これは、立法時の議論において占有者よりも所有者の方が経済的に優位であることを前提とした政策的配慮によるものであるという指摘がなされている[4]。しかし、少なくとも、ため池等の管理をめぐる問題においては、そのような経済的力関係は逆転し始めているといえよう。行政側としては、ため池の安全性の確保はあくまでもその管理・所有者にあるという認識であることは間違いないが、管理・所有者が不明あるいは財力不足などによって安全性の確保が覚束ない場合、あるいは行政が安全性の確保に対して一助を行ったような場合に、その法的責任の構成が変わって来よう。本来の管理・所有者は民法717条の土地工作物責任を有するが、近時のため池の管理をめぐる動向は、土地工作物責任に関する従来の学説や判例の見解に若干の再検討を促すような影響が生じていると思料される。前述のとお

4）加藤一郎編『注釈民法（19）債権（10）不法行為』（有斐閣、昭和40年）313頁（五十嵐清執筆担当）。

り、ため池での転落事故は増加傾向にあり、その法的責任をめぐる判例も散見される。

本章において問題視しようとしている事象は、所有者の管理能力ないしは費用負担能力が欠如していることを理由として、占有者が事務管理的に事実上の管理を開始した場合についてである。本章では、伝統的な工作物責任の帰責構造に関する学説上の議論を確認しつつ、近時のため池や用水路等をめぐる判例の動向から、事実上の管理者に焦点を当てた帰責理論を検討する。

2．土地工作物責任の法構造をめぐる学説の動向

(1) 無過失責任説

民法717条1項は、土地の工作物の設置または保存に瑕疵があることによって他人に損害を生じたときの責任者は第一次的には占有者であるとし、占有者に免責事由が認められる場合には第二次的に所有者が賠償責任を負担すると規定している[5]。民法起草当時におけるこの規定の原案は、占有者のみが責任を負う旨を定めていたが、審議の過程で占有者には賠償資力が乏しく被害者の救済に欠ける等の理由により、所有者を責任主体とすべしという反対論が生じ、その妥協としてこのように定められたものであった[6]。この点について、我妻榮博士は、建物その他の工作物の占有者に限り、かつ損害

---

5) 松本克美「土地工作物責任における〈第一次的所有者責任・第二次的占有者責任論〉の可能性」立命館法学2008年5・6号（321・322号）461頁は、「民法717条1項の文言自体は、「土地の工作物の設置又は保存に瑕疵があることによって他人に損害を生じたときは、その工作物の占有者は、被害者に対してその損害を賠償する責任を負う」ということと、「占有者が損害の発生を防止するのに必要な注意をしたときは、所有者がその損害を賠償しなければならない」としているだけで、逆に、「占有者が賠償責任を負う場合には、所有者はその損害を賠償しなくてよい」ということを明文で規定しているわけではない」として、所有者責任を第一次的に、占有者責任を第二次的に構成しようと提唱する。

6) 幾代通＝徳本伸一『不法行為法』（有斐閣、平成7年）171頁。なお、立法の経緯については、其木提「土地工作物責任の一考察：占有者の責任を中心に」北大法学研究科ジュニア・リサーチ・ジャーナルNo.4（1997）218頁以下が、法典調査会における起草者である穂積陳重、梅謙次郎、富井政章の議論を詳細に紹介している。また、立法時に参考にされたとされる諸外国の法制については岡松参太郎『無過失損害賠償責任論』（有斐閣書房、大正5年）101頁以下において詳述されている。

防止に相当の注意をなしたることを挙証して責任を免れ得るものと定めているドイツ民法836条[7]を基盤としつつ、無生物による損害につきなお広く動産の占有者および建物の所有者について無過失責任を認めるフランス民法1384条1項[8]および同法1386条[9]の規定を大いに参考にして取り入れた結果であり、過失責任を原則とする民法に対する一大例外であるとして、ここに民法717条の帰責原則は無過失責任であるとの認識を示されている[10]。同様に、できるだけ責任主体を一元化するような解釈論の構築を求めるべきとの見解もある[11]。

ところで、現行民法において占有者が免責されるためには、「損害の発生を防止するのに必要な注意」を尽くしたことを証明しなければならない[12]。そのため、無過失責任説は、占有者が負う責任は中間責任であり、他方で、占有者が免責された場合には所有者については免責事由が明記されていないことから、完全なる無過失責任であると解され、その根拠は危険責任（危殆

---

[7] ドイツ民法836条1項「建物または土地と結合した別の工作物の倒壊により、あるいはその建物や工作物の一部が剥落することにより人が死亡し、その身体や健康が害され、物が損傷された場合には、この土地の占有者は、倒壊や剥落が瑕疵のある設置または不完全な保存の結果である限りにおいて、被害者に対してこれによって生じた損害を賠償する義務を負う。ただし、この損害賠償義務は、占有者がその危険を回避する目的で取引上要求される注意をなした場合には生じない。」
　同条2項「土地の前の占有者は、この倒壊や剥落がその者の占有が終了した後の1年以内に生じた場合には、損害に対して責任を負う。ただし、前の占有者がその者の占有期間内に取引上要求される注意をなした場合、あるいは後の占有者がこのような注意を払うことによって危険を回避することができたかもしれない場合にはこの限りではない。」
　同条3項「本条の意味における占有者は、自主占有者をいう。」
[8] フランス民法典1384条1項「自己の行為によって生じさせる損害だけなく、自己が責任を負うべき者の行為又は自己が保管する物から生じる損害についても、責任を負う。」
[9] フランス民法典1386条「建物の倒壊が営繕の欠如の結果として、又は建築の瑕疵によって生じたときは、その所有者は、それによって生じる損害について責任を負う。」
[10] 我妻榮『事務管理・不當利得・不法行爲（新装版）』（日本評論社、昭和16年）179頁。
[11] 平井宜雄『債権各論Ⅱ不法行為』（弘文堂、平成4年）66頁。
[12] 加藤一郎『不法行為（増補版）』（有斐閣、1974）200頁は、占有者が免責される「損害の発生を防止するのに必要な注意」について、工作物の性質や利用者の種類によって十分かどうかを決めるべきであり、場合によっては立札でもよいこともありうるとする。他方で、前掲注11平井書65頁は、判例上、占有者の免責事由を認めたものは極めて稀であり、その限度で占有者の責任は実質的には所有者の責任に接近していると認めるべきで、占有者に一元化しても実質上差異は少ないとする。

責任）にあると考えてきた[13]。この無過失責任の根拠とされる危険責任という考え方は、大企業による経営を主軸とする鉄道業や鉱業などの近代的産業が発展してきた19世紀に入って登場するもので、1838年プロイセン鉄道法や1871年ドイツ帝国責任法において早くも採用されていると指摘されている[14]。危険責任の考え方によれば、危険物を管理する者は、それから生じた損害について賠償責任を負うべきであり、危険物の管理者に強度の注意義務として、とくに絶対的な注意義務を課すことになり、自ら危険を作り出したような者は、その危険について絶対的な責任を負うべきだと説明される[15]。

また、末川博博士は、工作物の設置や瑕疵をなしまたはその瑕疵を生ぜしめた人の行為がそれ自体で賠償責任を認めしめる根拠となっているわけではないのだから、不法行為とはいうものの、直接に人の行為を問題としてはないところに、民法717条所定の不法行為の特殊性が存すると考える[16]。さらに、土地の工作物の占有者や所有者の無過失責任が認められる根拠に関しては、専ら瑕疵のある工作物を占有しまたは所有しているという物に対する支配関係に責任を帰すべき根拠が求められている、すなわちもしかしたら他人に損害を与えるかもしれないという危険性をそれ自身のうちに包蔵している瑕疵のある工作物を物権的に支配している状態そのものがこの責任を生ぜしめる根拠となっているのであるという[17]。なお、末川博士は、無過失責任の根拠を危険責任に求めることを是としながらも、副次的には工作物の利用に伴う報償責任をも加味し、また工作物の占有者や所有者の不断の注意を喚起しようとするような政策的意味があると強調されている点も指摘しておかな

---

13) 前掲注10我妻書179～180頁。なお、同書183頁は、危険責任は瑕疵から事実上生じた損害を賠償させようとするものであることから、瑕疵と損害との間に相当因果関係も必要ないとする。他方で、円谷峻『不法行為法・事務管理・不当利得―判例による法形成―（第2版）』（成文堂、2010）262頁は、特段の理由を挙げずに、瑕疵と損害との間には因果関係がなければならず、その立証は被害者である原告が負うとする。また、原龍之助『公物営造物法（新版）（オンデマンド版）』（有斐閣、2004）205頁も、公物の設置又は管理の瑕疵と損害の発生との間には、因果関係の存在が必要であるとする。
14) 前掲注6岡松書618頁。
15) 前掲注12加藤書20頁。なお、大判昭和3年6月7日・民集7巻447頁は、瑕疵がないと信じて買い受け所有者となった者も責任を免れないとする。
16) 末川博『権利濫用の研究』（岩波書店、昭和32年）231～232頁。
17) 前掲注16末川書234頁。

ければならない[18]。

　このような末川博士の主張する土地工作物責任に関する所有者の無過失責任は、行為の違法性も要求されず、ただ他人に損害を加えるような危険性を伴う工作物を所有しているという状態だけが賠償責任を生ずる根拠となっているという、極めて厳格な責任を予定しており[19]、その考え方は今日の土壌汚染対策法において採用されている状態責任に通じるものがある。そして、この考え方に示唆を与えている論拠として、灌漑用ポンプの設置運用により隣地に騒音振動が及んだ場合につき所有者の工作物責任を認めた判例（大判大正13年6月19日・民集3巻301頁）を挙げ、さらに、地下鉄敷設のための地下掘削によって沿線の家屋が傾斜して井戸が枯渇するなどの損害が生じた場合に、その損害の発生の防止について現代の技術が可能とする十全の処置を講じたとしても、故意過失の立証がない以上は事業者の責任が免れないとした判例（東京地判昭和5年7月4日・法律新聞3172号9頁および東京地判昭和10年12月27日・法律新聞3944号3頁）について、これを批判的にとらえ、このような事例においても、故意過失を擬制しあるいは違法性を云々することなく、ただ工作物や工事に伴う危険性があることに関連して損害が生じたという事実がありさえすれば、なお損害賠償責任は認められるべきと解する[20]。しかし、このようにしておよそ企業活動一般からもたらされる事故を民法717条の無過失責任の射程範囲に持ち込もうとする考え方に対しては、裁判所による解釈の枠内できたしうるところとしても困難であろうし[21]、受忍限度論などの考え方が登場している今日においてなおも説得力を有するのかは疑問であり、かなり厳格責任に傾倒しているきらいがあろう。

---

18) 前掲注16末川書235頁。なお、前掲注6岡松書768頁は土地工作物責任の規定そのものの根拠が、工作物の利用による報償責任であるとの考え方をとる。報償責任に根拠を見出そうとする考え方に対しては、前掲注12加藤書193頁などはこれをあまり適切ではないと評価する。
19) 前掲注16末川書248頁。
20) 同上249頁。
21) 同上165頁。

（2）客観説と結果回避義務違反責任説

　土地工作物責任に関して所有者が完全なる無過失責任を負うとする無過失責任説に対して、民法717条の責任も、工作物の設置または保存に「瑕疵」があることを要件としているのであって、その限りでは完全な無過失責任ということはできず、いわば、客観的な瑕疵から主観的な過失を推定したものないしは主観的な過失を客観的な瑕疵の形で定型化したものというべきであるとする客観説が、加藤一郎博士によって提唱された[22]。客観説は、工作物の瑕疵の認定において物理的性状に着目しようとするが、それは占有者と所有者の主観的な意思を考慮せずに瑕疵の有無を判断すべきことを強調している[23]。そして、客観説は、加害者の主観的あるいは客観的な過失の有無によって損害賠償責任の成立を考慮しようとする民法709条の枠組みを超えて、占有者や所有者の意思に関係なく、危険な工作物に対する責任をできるだけ広く認めようとしており、この点に大きな利点が存在するとされる[24]。

　これに対して、民法717条の瑕疵を結果回避義務違反ととらえ、所有者に全く義務違反を問うことが期待不能な場合には免責させ、その代わりに民法709条の過失を幅広く弾力的に解することによって、瑕疵の造成者には無過失責任のごとき重い責任を課そうとする結果回避義務違反説が、沢井裕教授によって提唱される[25]。沢井教授は、現行民法717条の草案起草者のひとりである穂積陳重博士は、不法行為の基礎には過失がなければならないという前提の下、工作物の設置保存の瑕疵は過失にほかならないと考えていたが、結果として占有者の過失を問わない厳重な責任を負わせ、さらに瑕疵自体も民法709条の故意・過失とは異質のものとして構成せざるを得なくなったの

---

22) 前掲注12加藤書20頁。
23) 森島昭夫『不法行為法講義』（有斐閣、昭和62年）59頁は、瑕疵は物の物理的性状だけから判断されるのではなく、物の用途、用法などの他の諸々の要素を考慮して相関的に判断されるとする。
24) 同上63頁。
25) 沢井裕『公害の私法的研究』（一粒社、昭和44年）187頁。また、国家賠償法2条の営造物責任に関する議論ではあるが、植木哲『災害と法―営造物責任の研究』（一粒社、昭和57年）54頁は、営造物責任を義務違反説の観点から捉えるとき、工作物責任がこれから免れるものではなく、工作物責任も義務違反説によって解釈されなければならず、これが引いては損害賠償法の体系的構造分析にかなうのであると主張する。

は、論理的な帰結というよりも公益上必要な観点から設けざるを得なかったのであり、このことを立法者は十分に了知していたことを指摘する[26]。そして、この立法過程から見て民法717条は十分に練られた条文ではなく、立法者の意思を尊重する必要はないとして[27]、民法709条と民法717条を連続的に捉え、さらに民法709条を弾力的に解釈して、物の占有者はその者の危険に相当しかつ占有者という地位に相当する程度の注意義務を負い、かつ注意義務違反は客観的に判断するということにして、民法717条の占有者責任を民法709条の注意規定にしようと考える[28]。しかし、結果回避義務違反責任説に対しては、現実的の瑕疵認定ないし義務違反認定においてどのような要素がどのように衡量されているのか、また衡量されるべきなのかという点に問題があり、その結論を義務違反という言葉で説明できるかどうかという疑問が投げかけられるとともに[29]、民法717条は民法709条（過失概念と予見可能性・損害回避義務）から離れて広く責任を認めてきたことは事実なのであるから、両条文を一体的に考えなければならない必然性はなく、このような性格の責任を自己の論理体系に包摂してあえて過失責任とする必要もないという厳しい批判も寄せられている[30]。

(3) 森島昭夫教授の見解

　結果回避義務違反責任説に対しては、森島昭夫教授が客観説を擁護する立場から詳細な批判的検証を行っているので、以下において森島教授の見解を紹介しながら、問題の所在を明らかにしたい。森島教授は、沢井教授が民法717条責任と民法709条責任の連続性を主張される際には、民法起草者や伝統的な学説が前提としている過失概念とは異なった過失概念に立脚しているということを見逃してはならないと指摘される[31]。他方で、結果回避義務違反

---

26) 前掲注25沢井書194〜195頁。
27) 同上188頁。
28) 同上198頁。
29) 前掲注23森島書67頁。
30) 近江幸治『民法講義Ⅳ　事務管理・不当利得・不法行為（第2版）』（成文堂、2010）230頁。
31) 前掲注23森島書55頁。前掲注25沢井書174頁以下では、過失は結果を認識すべき注意を怠ったために、結果として損害を回避できなかったことを意味し、過失の本質は損害

第12章　土地工作物をめぐる帰責理論の再検討　245

説は、民法717条責任を民法709条責任と法的性質のうえで連続するものとしてとらえ、損害回避義務違反という観点から瑕疵認定の判断基準を示しているという点で、論理的に明快な構造を持っているとして、その論理構造については一定の評価をされる[32]。しかし、結果回避義務違反責任説のように、瑕疵を義務違反と同視する考え方は、土地工作物責任の法的性質を過失責任として構成することになり、過失がなかった場合には瑕疵がなかったとして責任を負わせることができないという。前述のとおり、結果回避義務違反責任説は、こうした問題を回避すべく民法709条を弾力的に解釈するというが、それは予見可能性の有無のみを以て瑕疵（過失）ありとするのか、いかなる方法によって弾力性を持たせるのかについては十分な説明がなされていない。むしろ、客観説が、物的瑕疵を強調することによって、これまでの民法709条責任ではカバーできなかったような広い責任を認めてきたという事実は評価しなければならない[33]。たとえば、前所有者に瑕疵があり、現所有者に瑕疵がない場合については、結果回避義務違反責任説では現所有者には回避義務がなかったのだから責任を問えないが、客観説の場合は瑕疵が現時点で存在しているという事実を以て現所有者の責任を問うことができよう。

　さらに、森島教授は、政策的判断の問題ではあるがという前置きをしながら、回避措置に巨額の費用がかかる場合などにも、回避措置が考えられるからといって常に回避義務があるといえるだろうかという疑問を呈される[34]。また、危険に対する予見可能性を厳格に認定し、また高度の注意義務を認めない伝統的な民法709条の過失の解釈を前提とする限り救済が困難であるような事例についても、客観説は民法717条によって救済を可能にしており、その意義は評価しなければならず、民法717条は民法709条の過失の枠にとらわれないという意味で無過失責任ということができるとして、客観説の優位

　　回避義務に認めるべきであるとし、賠償については被害が重大だから防止措置が不可能でも、結果の予見可能性がある以上賠償すべきであるとし、他方、将来の防止措置そのものについては、技術的経済的にみて、これをなす義務はないとする法律構成を採っており、今日の判例が拠る主観的過失説や学説が拠る客観的過失説とは異なる。

32)　前掲注23森島書64頁。
33)　同上63頁。
34)　同上65頁。

性を示されている[35]。

(4) 窪田充見教授の見解

　客観説と結果回避義務違反責任説との差異に関しては、窪田充見教授が工作物の事故類型を興味深い思考で分類しながらそれを明らかにしている。窪田教授は、工作物の事故を、攻撃型と守備ミス型とに分類する[36]。攻撃型とは、工作物が何もしない被害者に対して攻撃をしかけるタイプで、たとえば、ビルの外壁が剥落して歩行者を負傷させたような場合を想定している。守備ミス型とは、工作物自体は、そのままでは積極的に危険をもたらすものではないが、被害者の関与を通じて危険が実現するタイプのもので、たとえば、そのままでは危険は生じ得ないため池や用水路に子供が近づいて転落したような場合を想定している。このような分類を手掛かりとして、客観説と結果回避義務違反責任説との差異を考慮しようとすると、たとえばため池上のネットに穴が開いていたために子供が転落したという場合に、客観説に拠れば客観的に安全性が欠如した状態にあったといえ、結果回避義務違反責任説に拠れば管理者がなすべきことを怠っていたということもでき、じつは両説にはそれほどの差異がないことがわかり、むしろ求められる措置に対する期待可能性（実現可能性）の有無が差異としては考えられるという[37]。さらに、窪田教授は、攻撃型の事例において判例は客観説を採用している傾向があることを踏まえて、危険個所の発見や防止措置ということに関しては、現実の履行可能性を考慮した形で瑕疵の有無を判断している判例もあり、守備ミス型の事案についてまで完全に客観説が貫徹されているかは明らかでないという重要な指摘をされる[38]。

　そのうえで、窪田教授は、結果回避義務違反責任説に対する従前の批判的学説とほぼ同様の理由から、すなわち過失と瑕疵とを連続的に捉えることの必然性のなさや不自然さから、基本的に客観説の立場を採用する。そして、

---

[35] 前掲注23森島書65頁。
[36] 窪田充見『不法行為法』（有斐閣、2007）216頁以下。
[37] 同上218頁。
[38] 同上220頁。

攻撃型の事例においては、結果回避義務違反責任説は妥当な結論をもたらすとはいえないが、守備ミス型の事例においては、実際に客観説に拠っても「占有者・所有者は何をすべきであったのか」ということを基準として考えざるを得ないことから、結果回避義務違反責任説の説明は比較的素直に受け入れることができると評価される。他方で、何をすべきであったのかという客観的な基準を考えることと、当該事故における回避可能性は完全に一致するわけではなく、最判平成2年11月8日・判時1375号65頁を参考事例として、結果回避可能性がなくても事故の瞬間に当該工作物が客観的にみて危険な性状を有していたとすれば、それに関するリスクを最終的には所有権の帰属という観点から正当化することは十分に可能であるとして、守備ミス型の事例であっても客観説に整合性を見出そうとされている[39]。

しかし、窪田教授が参考事例として挙げられた前出の最高裁判例は、スキーヤーがスキー場内のクレバスに転落した事例で、クレバスが発見されていたので管理者であるスキー場運営会社が危険を知らせる赤旗を立てていたにもかかわらず、事故発生の直前に当該赤旗が何者かによって持ち去られ、スキー場運営会社も事故現場付近のパトロールをしていなかったとしても、管理に過失はないとされた事例であり、じつは民法709条と民法715条の問題であって、民法717条の土地工作物責任の有無が争われた事例ではない。窪田教授は、当該判例に民法717条を当てはめて考察をされており、このようなケーススタディからただちに、守備ミス型の事例のすべてについて結果回避義務違反責任説が妥当性を欠くという結論を導きだすことは困難なのではないだろうか。

3．私見の提起

これまでに、民法717条の土地工作物責任の帰責理論をめぐる学説の動向を具に検証してきたつもりであるが、この動向は民法施行以来およそ120年余りの歴史的および社会的背景を踏まえてさらに見つめなおす必要があろ

---

39) 前掲注36窪田書221頁。

う。

　まず、民法717条の起草時において、中間責任を採るドイツ民法の占有者責任に、無過失責任を採るフランス民法典の所有者責任を付加するという異質な構造を採ろうとした背景には、江戸時代以来の慣習的な建物賃貸借関係のあり方が影響しているようである。江戸時代以前の大家と店子という封建的主従関係ともいえる賃貸借の関係は、明治期に入ってようやく解消されて借家人と家主が平等となったが、借家関係は明治31年に民法が施行された後も修繕義務を家主の義務とする慣習は維持され、借家関係の実態を変えることはなかったという[40]。このように、民法717条が当初担っていた役割は、慣習的な建物賃貸借関係の維持、ないしはいまだ経済的には解消されていなかった封建的な建物賃貸借関係を是正するための補完的機能であったのではないだろうか。

　つぎに、危険責任理論に立脚する無過失責任説が登場した背景であるが、既述のとおり、欧米において大企業による経営を主とする近代産業が勃興すると、その生産手段たる企業施設に起因する事故の被害者救済が民法上の課題とされてきた。それらは不動産にとどまらず、多くの動産が包摂され、とくに鉄道や自動車などに起因する損害に対しては無過失責任を認める立法例も現れた[41]。このような欧米の新しい損害賠償責任に関する考え方や立法例は、明治末期から昭和初期のわが国にも移入されて広まった。折しも、明治末期頃からは、財閥企業を中心として商業資本から産業資本に経済の主役が移行し、足尾銅山鉱毒事件などの初期公害問題も発生し、大正時代に入るとロシア革命の影響も受けて労働運動が高まり、大正デモクラシーの状況のもとで、大企業が社会に対してなすべき責任や貢献なども、わずかではあるが意識されるようになった[42]。こうした状況を背景として、民法においては、土地を基礎とする企業施設のすべてを以て土地の工作物と解釈して、多数人の労力を機械的に使用する場合に不可避的に発生する故障を、企業組織自体

---

40) 前掲注6 其木提論文218〜219頁。
41) 前掲注6 岡松書101頁。
42) 小林俊治「企業の社会的責任の課題─過去・現在・将来」高崎経済大学論集第51巻第3号（2008）97頁。

に内在する瑕疵として企業の責任を問うべきだという考え方[43]に基づき、無過失責任説が登場したといえよう。

　そして、客観説と結果回避義務違反責任説は、いずれも第二次世界大戦後に社会問題として顕現してきた公害問題とその被害者救済を背景として登場して大いに議論されてきたものである。客観説は、民法709条の枠組みを超えて、占有者や所有者の意思に関係なく、危険な工作物に対する責任をできるだけ広く認めようとした作業を行ったものであるが、他方で客観説は無過失責任の及ぶ範囲をある一定のところで画そうとしていることも見逃してはならない。客観説の提唱者ともいうべき加藤一郎博士は、無過失責任が今後さらに発展を加えても、個人間の日常ないしは普通の生活関係については、依然として過失責任の原則が残るであろうしまた残るべきで、ある事項について無過失責任を認めた場合に、損害がいかに大きくてもそのすべてに対して無過失責任を負うとするのは、とくに責める事由がないのに企業がつぶれるようなおそれもあることから問題であると主張されている[44]。一方で、結果回避義務違反責任説は、民法717条の瑕疵と民法709条の過失とを法的性質のうえで連続するものとしてとらえ、損害回避義務違反という観点から瑕疵認定の判断基準を示しているという点で、論理的整合性を極めて重視する点にその意義があるのではないだろうか。結果回避義務が認められる場合には占有者も所有者も免責されることから、民法709条の過失とそれに基づく救済の枠組みから抜け出せていないという批判が多く寄せられていることは既述のとおりである。これに対して、主な提唱者である沢井裕教授は、以下のような反論を述べておられる。

　　念を入れていっておきたいが、瑕疵の造成・維持者が現在の占有者でありかつ所有者である一般のニューサンスについては、筆者の説は通説より軽減されることには決してならないということである。また占有者と所有者が別人である場合、通常、社会的意識においても責任を負担すべきは、損害を発生しつつ工場を運営している現実の経営主体いいかえれば占有者であるが、

---

43) 前掲注10我妻書181頁。
44) 前掲注12加藤書22頁。

係る占有者の責任を広く認めるためには、717条の所有者責任ではなくして709条の責任、すなわち損害回避義務違反責任でなければならない。現実の解釈に当たっては慎重になさねばならないが、筆者の見解は決して被害者救済にかけることにはならないこと、衡平な損害負担を意図するものであることを強調しておきたい[45]。

　しかし、結局、民法709条を現実に解釈するに当たってこれを慎重になさねばならない、すなわち弾力的に解釈しなければ過失の認められる余地は狭まり、被害者救済は不十分になるきらいがあり、この問題について明快な解決方法が提示されていない点が、結果回避義務違反責任説が容易に受け入れられない理由といえよう。
　もっとも、いずれの学説にせよ被害者救済を手厚くしようという点においては共通しており、その差異は論理的整合性に重きを置くか、現実的問題解決（ここでは被害者救済）に重きを置くかの問題に過ぎないのではないだろうか。さらに、窪田教授の土地工作物責任の事例分類を用いると、両学説の距離はいよいよ縮減されていると考えられないだろうか。以上の点を踏まえて、私見はさらに、客観説が軸とする瑕疵は設置者が負うべきものであり、結果回避義務違反責任説が軸とする義務違反（過失）は管理者が負うべきものと理解すると、両説は二者択一的なものではなく、状況によっては併存させることが可能ではないかと思料する。私見がこのように思考するのは、瑕疵の態様について、いままた生じている社会状況の変化に起因するものである。本稿の冒頭において問題提起したため池の管理状況などは、第一次産業の衰退により、ため池の所有者であり管理者（占有者）であった村落共同体（土地改良区ないしは水利組合等）も衰退ないしは崩壊して、民法717条の帰責原則では説明がつかなくなってきているといえよう。すでにみてきたように、民法起草時ないしは公害問題が喧しかった昭和中期は、工作物の占有者よりも所有者の方に資力があることが前提であったが、今日のため池をめぐる状況においてはその前提は逆転していることが多く見受けられる。また、

---

45) 前掲注25沢井書188頁。

所有者が形骸化して占有もできなくなったことから、危険除去のために行政機関等が管理のみを引き受けるような状況も発生してきている。このとき、管理を行う行政機関等を法的に占有者とするのか、あるいは間接占有者とするのかはまた新たな問題である。また、仮に占有者だとしても、それは暫定的ないしは一時的に管理行為のみを行う場合もあり、従前のような恒久的に固定された所有者と占有者という関係も崩れてきている。また、後述するように、従前の学説はほぼ例外なく設置瑕疵と保存瑕疵との差異を認めてこなかったが、所有者と占有者を取り巻く状況変化は、こうした考え方にも変化を迫ってきているのではないだろうか。近時の判例をみるに、そこでは「事実上の管理」における瑕疵が問題とされてきており、占有者の範囲を拡大させる傾向があるように思われる。

4．ため池等をめぐる判例

(1) 判例紹介

本章においては、近時のため池や用排水路に係る工作物責任または営造物責任をめぐる判例の動向を挙げ、判例がどのようにして瑕疵を判断しようとしているのかを明らかにする。なお、民法717条の土地工作物責任と国家賠償法2条の営造物責任とを同列に論じることに対しては批判もあり得るが、営造物責任は元来公権力の行使の関係ではなく私法上の責任と考えられており、国家賠償法のできる前から民法717条が適用され、国または公共団体の責任が認められており、国家賠償法はそれを明確にしただけであって、その内容は民法717条と同一であり、ただ土地の工作物が国または公共団体の設置し管理するものか、私人のものであるかによって、適用条文が違ってくるに過ぎないと見るべきであるという見解[46]に従い、両者の差異をとくに意識

---

46) 前掲注12加藤書194頁。また、下級審判例ではあるが神戸地裁伊丹支部判昭和45年1月12日・判タ242号191頁も、「国家賠償法2条は、民法717条と同様な立法趣旨に基づくものであるから、若干の要件効果に相違が認められるにしても、対象物件の公物性の存否によって、両法条が択一的に適用される関係にある。したがつて、裁判所は両法条に関する要件事実の主張があるかぎり、当事者の法的主張に拘束されず、公物性の存否についての判断に基づいてどちらの法条を適用することも可能である」と判示している。

せずに議論することを予め断っておく。また、今回採りあげて紹介する判例は、その訴訟物を民法と国家賠償法とで分類すべきであるかもしれないが、本稿では歴史的および社会的背景の変化を中心的視座においているため、これを時系列的に並べて判旨のみ紹介していることも予め断っておく。

① 土地改良区の定款に本件ため池を含む区内ため池の維持管理、改良事業が定められており、同ため池管理の権限と責任が土地改良区に帰属すると認められる場合に、その設置管理の瑕疵によりため池で魚釣りをしていた兄弟が滑り落ちて溺死した事故の発生につき、これが市営土地改良事業として行われた改修後のため池で生じたものであっても、土地改良区は国家賠償法2条1項に基づく損害賠償責任を免れないとされた事例（奈良地判昭和57年3月26日・判タ486号116頁）

「（ため池の管理の帰属に関して）被告改良区の定款には、同改良区の目的事業として本件ため池を含む改良区のため池の維持管理及び改良事業が明白にうたわれていること、同改良区の平素の事業は、同区内に存する四区が合同してこれを行うことはなく、各区が改良区分区又は地区改良区として各々独自に行うのが通例であり、このため改良区としての予算も右区分の予算を合算したものとなっていること等の事実も認められ、これらの事実によれば、本件ため池の管理権限及び管理責任は被告改良区に帰属し、現実の管理とこれに要する経費負担等の簡略化と便宜の見地から、黙示の合意又は慣行上事実上の管理が各区（すなわち地元受益者）に委ねられているに過ぎないものと認められ、……被告改良区は、農業生産基盤の整備及び開発を図り、もって農業生産性の向上等に資することを目的として土地改良法の規定に基づき設立された一の公共団体であり、本件ため池は、その特定の公の目的に供される物的設備であるということができるから、右設置・管理に瑕疵があり、これによって損害を及ぼした場合には、国家賠償法2条1項に基づき、同被告は右損害賠償する責めに任じなければならないものというべきである。……本件事故当時被告市は本件ため池を現実に管理してはいなかった事実を認めることができる。しかしながら、同被告は本件改修工事を市営土地改良事業として採択し、自ら行政主体となって同工事を直接担当していること、

従って少くとも右工事期間中は、本件ため池を管理しているほか、公示に際し、事実上の管理者である地元受益者との協議により、工法、施行時期、附帯施設の設置時期等の決定、選択を行いうる立場にあり、当該営造物の瑕疵による危険を有効に防止しうる立場にあったものであるから、右工事により営造物に瑕疵が生じ、もしくは従前からの瑕疵を放置したような場合には、工事完成後といえども右営造物の管理者として国家賠償法2条1項による責任を免れることはできないものというべきである。」

②住宅地内の農業用ため池で幼児が溺死した事故につき国、県、市の国家賠償法2条に基づく賠償責任が否定された事例（津地判昭和58年2月25日・判時1083号125頁、判タ495号64頁）

「国家賠償法が適用されるためには、公の営造物が公の目的に事実上使用され、国又は地方公共団体が（権限に基づく場合は勿論、権限に基づかない場合であっても）事実上これを管理していれば足りると解するのが相当であるが、前認定の事実関係からすれば、野村町水利組合ないしその組合員は本件池に対して慣行水利権を有しているものと認むべきところ、本件池の慣行水利権者は、本件池自らの引水を必要とする野村地区の農地行為作者に限られているという地域限定性はあるとはいえ、その耕作権を享受する者の全てに及ぶという点からみれば、年月の経過に伴い、相続により一般承継はもとより、売買等による特定承継により変遷を重ねてきたもので不特定又は多数であったとみるのが相当であり、また本件池は野村町水利組合がこれを管理していることは明らかであるが、被告市もまた重畳的にこれを事実上管理していたものとみるに妨げはないものというべく、そうだとすれば、本件について、被告市に関し、前記法条の適用をみることは明らかといわなければならない。……造成民有地から本件池へ直接転落するといった危険性を有するものではなく、水際付近も遠浅の状態にあったもので5ないし6メートル以上も池の中心部にむかって進まない限り何等事故発生の危険性を有しないものであったと認められるから、かかる場合に親その他の監護者の保護をはなれた幼児らが右のような所為に出て事故発生に至ることを予見してこれを防止するため防護柵等の設備を設けるべき法的義務が当然に管理権者にあるもの

とは認めがたく、設置管理者に瑕疵ありとする原告らの主張は採用の限りでない。」

③普通河川を事実上管理する市が国家賠償法２条１項の責任を負う公共団体に当たるとされた事例（最一判昭和59年11月29日・民集38巻11号1260頁）

「国家賠償法２条にいう公の営造物の管理者は、必ずしも当該営造物について法律上の管理権ないしは所有権、賃借権等の権原を有している者に限られるものではなく、事実上の管理をしているにすぎない国又は公共団体も同条にいう管理者に含まれるものと解するのを相当とする……上告人（国又は公共団体）は、地域住民の要望に答えて都市施設である排水路としての機能の維持、都市水害の防止という地方公共の目的を達成するべく、本件改修工事を行い、それによって本件溝渠について事実上の管理をすることになったものというべきであって、本件溝渠の管理に瑕疵があったために他人に損害を生じたときは、国家賠償法２条に基づいてその損害を賠償する義務を負うものといわなければならない。そして、このことは、国又は京都府が本件溝渠について法律上の管理権をもつかどうかによって左右されるものではない。」

④県が行った土地改良事業により生じた土地改良施設が土地改良区に管理委託されている場合でも、県は右施設の管理責任を負うとされた事例（新潟地判昭和61年５月23日・判タ623号153頁）

「地方自治法２条２項、３項１号及び６項によれば、地方公共団体はその固有事務として用排水路につき行政的管理責務を負うものであるが、亀田排水路は右の用排水路に該当する法定外公共物であることからすると、被告県は、地方公共団体としての存立目的に内在する固有の機能に基づく住民福祉行政の一環として公共排水路としての亀田排水路の管理責務が認められるものである。そうすると、被告県は、新亀田排水路を被告改良区に管理を委託したことにより事実的管理行為については被告改良区の専権に任すことはできても、一切の管理責務を免れるものではなく、被告改良区と並んで新亀田

排水路の管理者であるというべきである。

　被告国は、新亀田排水路の設置者ではなく、単なる底地の所有者であるところ、底地はそれ自体排水路としての機能を持つものではなく、新亀田排水路に設置されている護岸施設等と一体をなすものであり、右施設は被告県が設置し、これについては被告改良区に管理が委託されていることに鑑みると、被告国の底地についての管理権限の範囲は、国有地についての国有財産法に規定する責務の範囲、すなわち財産管理にとどまり、行政的事実行為的管理についての権限は有しないものと解される。」

⑤営造物の設置後に所有権等の全てを引き渡した国の国家賠償法2条に係る設置責任を肯定したうえで、設置者たる国の瑕疵を否定し、管理者たる市の瑕疵を認めた事例（神戸地裁尼崎支部判昭和62年2月12日・判タ653号142頁）

「被告国は、本件樋門の設置者ではあるが、その竣工後は、その所有権を被告尼崎市に引き継いでいるから、それ以後はその管理者ではない。原告らは、被告国が、猪名川の河川管理者として、河川法75条により、河川に設置されていた工作物について監督処分をなすべき権限を有することを根拠に、被告国も本件樋門の管理者であると主張するが、右権限は、もっぱら治水目的から定められたもので、その目的とは無関係な河川区域内の工作物の一般的な安全性にまで及ぶものではないから、河川法75条の監督権限があることによって、被告が本件樋門の管理者であるとすることはできない。なお、被告は、本件事故当時本件樋門を管理していなかったことを理由として、本件樋門の設置についても国賠法2条の責任に問われることはないと主張するが、同条は、現に公の目的に供されている営造物について、その設置当初から存在した原始的瑕疵の場合は設置者に対し、その後に生じた後発的瑕疵の場合は管理者に対し、それぞれ責任を認めようとするものであり、その原始的瑕疵については、何人が現に管理しているかを問うことなく、その責任を追及しようとするものと解するのが相当であるから、被告国の右主張は失当である。」

⑥ため池の堤塘工事を施行した地方公共団体が当該ため池を事実上管理しているものとはいえないとして国家賠償法2条1項の責任が否定された事例（最三判平成4年3月3日・判時1453号125頁、判タ815号140頁）

「原審の適法に確定した事実関係によれば、被上告人の施行した本件溜池の堤塘工事は、臨時石炭鉱害復旧法に基づく復旧工事であり、鉱害が復旧されたことによって目的を達成し、その構造上に欠陥もなく、被上告人が同種工事を継続又は反復することは予定されていない、というのである。……右の事実関係において、被上告人が本件溜池を本件工事終了後も事実上管理しているものとは認められないとし、したがって、本件溜池で発生した本件事故につき、被上告人は、国家賠償法2条1項の規定する賠償責任を負うものでないとした原審の判断は、正当として是認することができる。」

⑦水門・用水路の事実上の管理者である町及び土地改良区が「公の営造物の管理者」にあたるとされた事例（宮崎地判平成9年1月31日・判時1637号110頁、判タ964号113頁）

「国立公園内の法定外公共用物である湖の営造物管理者は、環境庁長官や、区域を接する町村ではなく、事実上機能管理している土地改良区と町であり、……霧島火山群中最大の火口湖である「御池」が法定外公共用物に当たり、その唯一の人工的な排水施設である用水路の水門開閉を通じて「御池」の水位調整を行ってきた町及び土地改良区が、その事実上の管理者である。……湖水の水門・用水路の事実上の管理者である町及び土地改良区は、「公の営造物の管理者」に当たる。」

⑧個人所有の耕作地内の農業用ため池につき民法717条1項の工作物責任が認められた事例（浦和地裁熊谷支部判平成9年3月27日・判時1634号126頁）

「本件池は、隣接する道路の通行人が何の抵抗もなく、この池のふちまで歩いて行ける状態にあり、しかも池の周囲はぬかるみの状態で、冬場は氷も張って、滑りやすく、非常に危険な状態にあったこと及び本件池は、水中に転落したものが岸へ上がるのは大人でも非常に困難な状態にあったことが認

第12章　土地工作物をめぐる帰責理論の再検討　257

められるから、万一このような場所に幼児が親の付添もないまま遊びに来て、池に近づけば、池への転落の危険性が極めて大きく、転落した以上独力で岸に上がるのは不可能で、助かる見込みはほとんどないと考えられる。……本件池の付近には被告の貸家も含めて多数の人家があり、その中には、当然、本件のように幼児のいる家庭も相当数あったはずであるから、被告としては、幼児が近づけば転落の危険性が極めて極めて大きいと考えられる本件池については、危険防止のため、その周囲に柵や金網を設置するなどの措置を講ずべき立場にあったにもかかわらず、何らの措置も講じないで危険な状態のままにしていたため、本件池に近づいた原告らの子供らが池の縁で足を滑らせて転落し、死亡するに至ったのである。したがって、本件事故は、本件池の「保存ノ瑕疵」（管理の瑕疵）によって発生したと認めるほかないものである。」

⑨自転車運転中の男性が防護柵のない用水路に転落して死亡した事故につき、当該用水路に防護柵を設置しなかったとして、国家賠償法1条および2条に基づき県と市の損害賠償責任が認められた事例（福岡地判平成25年4月10日・判時2199号40頁）

(a) 県の国家賠償法1条責任ついて

「（本件土地は営造物に該当せず地方自治体は占有者ではないとしつつ）被告県は、本件土地及び本件張出部分の所有者兼管理者として、本件県道を通行する歩行者等が本件土地を通って本件用水路に転落する可能性を想定し、本件土地と本件県道又は本件用水路との境界に防護柵等を設置するなどの転落防止の措置を講じるべきであったといえる。そうであるにもかかわらず、被告県は、……本件事故が発生するまで、半年近くにわたり本件土地を見回るなどしてその状況を自ら把握しようとすらせず、これを放置していたものであるから、転落防止措置を講じるべき上記義務に違反したといわざるを得ない。したがって、被告県は、原告らに対し、国賠法1条1項に基づく責任を負うというべきである。」

(b) 市の国家賠償法2条責任について

「本件土地、本件張出部分及び本件用水路には防護柵等の転落防止の措置

は施されておらず、本件土地及びその周辺の状況等からすれば、本件県道の本件土地側の路側帯を那珂川町方面から宇美町方面へ向かって進行する歩行者等が、本件県道の車道を通行する車両との衝突を避けたりするために本件土地に進入し、そのまま直進することにより本件用水路に転落して、生命又は身体に係る重大な結果を生じる危険性があり、……本件用水路は、通常有すべき安全性を欠いていたというべきである。……被告市の予算や人員に限りがあり、……被告市は本件用水路の危険性に関する周辺住民等からの通報を受けたことがなかったことなどを踏まえても、被告市に予見可能性及び結果回避可能性がなかったまではいえない。以上のとおりであるから、被告市は、原告らに対し、国賠法2条1項に基づく責任を負うというべきである。」

(2) 判例検証

　国家賠償法2条に定める国または地方公共団体の責任は、民法717条における所有者責任に相当し、両者ともに免責が与えられないという点で共通している。また、民法717条に関する客観説と同様に、国賠法2条に関しても、国または地方公共団体は他にその損害について責めに任ずべき者があると否とにかかわらず、また、その損害の発生について管理者の過失の有無を問わず、これを賠償する責めに任ずるものと解するのが通説・判例とされる。この意味で、国家賠償法2条の損害賠償責任は一種の無過失賠償責任の性質を有するものと解されるが、同条では営造物の「設置又は管理の瑕疵」の存在を要件とするのだから、「完全な無過失責任又は絶対的責任」ではなく、「瑕疵の存在による客観的責任」であるという指摘がなされており、民法717条の土地工作物責任における議論とほぼ同様の状況が展開されている。「設置又は管理」というのは、民法717条の「設置又は保存」と同義で、設置瑕疵とは、設計の不備、材料の粗悪などの設計・建造に不完全な点のあることをいい、管理瑕疵とは、その維持・修繕・保管に不完全な点のあることを指す。そして、その瑕疵判断に関しては、民法717条と同様に、本来の安全性を欠いていれば足り、管理者の管理義務違反等の過失の有無を問わないとする客観説、公の営造物を安全良好な状況に保つべき作為または不作為義務を課せられている管理者の義務違反とする主観説、営造物自体の客観的

瑕疵だけでなく、管理者の管理義務違反とも関連するとする折衷説があり、客観説が通説とされている。係る学説の存在を踏まえて、上記判例がそれぞれ明らかにしたことを概観してみる。

まず、①判例は、公益目的をもって設立された組織はその時点で公の営造物の管理者となり、その目的に沿った事業については管理責任を有し、他者（行政）の施工により営造物が設置されたとしても、管理者に責任があるとしている。①判例は、瑕疵判断よりは、管理主体を明確にすることでその責任主体を判断しようとしている点に特徴がある。なお、ため池に関する事例ではないが、福岡地判昭和51年2月26日・判時820号99頁は、公益上の目的を付与された民間施設であっても、「助成行政によって確保された児童広場の果たす実質的、社会的役割が、たとえ法令に基づき被告自らが用地を確保し開設するところの児童公園のそれと異なるところがないにしても、両者の間には、法制度的には大きな差異のあることを認めざるを得ない」として、当該公園は国家賠償法2条所定の「公の営造物」に該当しないと判示しており、こちらも、瑕疵判断よりは、管理主体の如何を以て判断基準としている点で参考になろう。

つぎに、②判例であるが、特定の営造物について行政組織とその他の組織とで「重畳的にこれを事実上管理」していた場合には、双方に管理責任があるとしつつ、一方の管理者が予見できない義務違反責任を負うものではないと判示しているが、この瑕疵判断は主観説に拠っているのではないだろうか。

そして、③、④、⑤、⑦判例においては「事実上の管理」という点から、その管理者の範疇を広げる解釈がなされている。これは、公共用物の管理に際しては行政機関の間で権限が委譲、委任あるいは代行されることがあり、その管理権の所在によって責任の有無も定まることによる。そのため、管理権者に変化があったり、複数の管理権者が同時に存在したりするような場合には、⑤判例のように、設置者の瑕疵（原始的瑕疵）と管理者の瑕疵（後発的瑕疵）のいずれによるべきかが問題とされることになる。なお、事実上の管理者については、芝池義一教授が管理行為の内容を基準に峻別されている。それによると、(a) さまざまな管理行為を行い、またはそれに参画して

きており、管理全般にわたって関与しているとみることができる場合、(b)一定の限られた管理行為のみを行ったにとどまる場合、(c)具体的な管理行為を行っていない場合、の3つに分類し、(a)の場合には法定の管理者と同様の管理責任を認め、(b)の場合には当該営造物の管理が義務であるか否かに分け、義務のときには(a)と同じく管理責任を負い、その他のときには、具体的管理行為に限定して責任を負い、(c)の場合は義務の場合のみ管理責任を負うとする[47]。また、⑦判例は、「国家賠償法2条にいう「公の営造物」には、自然の状態のままで公共の用に供されうる実体を備えた自然公物である御池（湖水）も含まれる」と判示して、「公の営造物」の概念を相当程度拡大させることで、事実上の管理者をも拡大させており、やや疑問を抱かざるを得ない。このような事実上の管理の拡大傾向に対して、⑥判例はこれに一定の基準をもって制限しようという判断をしている[48]。⑥判例については、他にこの権限に基づいて管理する者がおり、当該溜池への継続的または反復的な関与の権限がなければ、事実上の管理に当たらないと判断したものであるという評価もなされている[49]。

最後に、⑧、⑨判例について検証する。⑧判例は、民法717条の責任を問うものであるものの、その判断手法をみると、所有者の不作為義務違反をもって保存の瑕疵と構成しており、さらにその保存上の瑕疵認定についてもかなり詳細にわたって認定している点に注意すべきであろう。つまり、本件では占有者と所有者が一致しており、占有者の免責につながるような認定を

---

47) 芝池義一「判例批評（最判昭和59・11・29）」民商法雑誌93巻2号（1985）258頁。
48) 木村実「溜池堤塘復旧工事の完了と施工者の国賠法二条の責任」民商法雑誌108巻4・5号（1993）274頁は、「国又は公共団体が、損害賠償責任を有するか否かは国賠請求の要件的審査であって、施設等が公の営造物といえるか否か、あるいは瑕疵があるか否かに関する国賠法の実体的要件とは厳に区別されるべきものと考える。……本件によって、国又は公共団体の「管理権のない公の営造物」で発生した事故に関しては、国又は公共団体は損害賠償責任を負わないとする国賠訴訟における一般的要件と考えるべき一つが確定したものということができる。なお、本件では、本件溜池の堤塘工事には、「その構造上に欠陥もなく」と判示されているが、これは瑕疵の判断であって、本件では念のための判示と解することができよう」と述べており、本件は要件審査の段階で判断が終了したものと評する。
49) 北河隆之＝柳憲一郎『判例にみる工作物・営造物責任』（新日本法規、平成17年）373頁。

するまでもなく、ため池の所有者が被告となっている以上は、その事実を以てして工作物責任を認定できるにもかかわらず、結果回避義務違反を問うている点が特徴的である。これは、民法717条の土地工作物責任の認定に際して、国家賠償法の営造物責任の認定手法を用いているのではないだろうか。また、⑨判例は、県道を走行中に県が所有する道路の張出部分に誤って進入して、市が設置管理する用水路に転落して死亡した事故につき、県については当該張出部分を営造物ではないと判断したうえで国家賠償法1条の責任を、市については国家賠償法2条の責任をそれぞれ認定した、極めて稀有な事例といえよう。とくに、県の責任については、営造物責任を否定しながら、公務員の行為義務違反を肯定して国家賠償法1条の責任を認定した点に特徴がある。⑧および⑨判例からは、民法717条の土地工作物責任であろうと、国家賠償法の営造物責任であろうと、設置瑕疵よりも管理（保存）瑕疵の有無によって、責任の所在を認定する傾向が極めて強くなっていることが指摘できよう。

5．設置瑕疵と保存（管理）瑕疵

　伝統的な民法上の学説は、設置瑕疵と保存（管理）瑕疵の差異を区別してこなかった。我妻博士は、設置の瑕疵か保存の瑕疵か、そのいずれの瑕疵であるかを決定することが困難な場合もあろうし、両方の瑕疵の競合する場合もあろうから、これをいずれかに決定する必要はないとする[50]。また、末川博士は、桑の樹の上を通っている高圧電流の電線について、桑の樹は生育するに従ってこれに登って桑の葉や桑の実を採る者が電線に接触する危険が増大するから、桑の樹の生育に応じて安全な処置を講ぜぬ場合には瑕疵があるとした判例（大判昭和12年7月17日・法律評論27巻民法217頁）[51]をたとえとして、工作物についての危険性は周囲の事情の変化に伴って生ずることもある

---

50) 前掲注10我妻書183頁。前掲注12加藤書197頁も、設置の瑕疵と保存の瑕疵とを区別する実益はないとする。
51) なお、本件判決では、高圧電流を通ずる電線の架設に関する工作物の設置が取締法規等に従ったというだけでは免責されない、すなわち無瑕疵とはいえないと判断しており、末川博士も賛同している。

とする[52]。これは、設置瑕疵と保存瑕疵には連続性のようなものもあるということであろうか。

　しかし、これらの考え方は、設置者と保存者（管理者）とが同一者であったり、設置行為と保存行為とに同一性があったりするような場合を前提としていたのではないだろうか。やはり、設置から時間的に経過した場合に、瑕疵のあり方は設置時点と管理段階では異なって来よう。森島教授は、瑕疵という概念は社会的ないし法的概念であるから、工作物（営造物）が一般の期待に反して危険な場合に、所有者や管理者が損害の回避が可能である（コストが相対的に低い）のに危険を放置しておいたときは、それを工作物（営造物）の保存（管理）の瑕疵として把握すればよいとされ、瑕疵判断にあたって、損害回避のためのコストを利益衡量の一要素とすることを一概に排除することはできないとして、損害回避コストという視点から瑕疵を捉えようとされる[53]。また、工場設備のように、設備そのものに起因する瑕疵は設置瑕疵であり、設備のメンテナンス等を怠ったことに起因する瑕疵は保存瑕疵であり、その瑕疵の態様は大きく異なろう。さらに、本稿で問題視してきたため池等の瑕疵に関しては、⑨判例（浦和地裁熊谷支部判平成9年3月27日・判時1634号126頁）のように、設置時点では瑕疵がなかったはずのものが、時代や社会状況が変化して瑕疵あるものへと変化した場合に、管理者がその変化に気が付いて瑕疵の修補を行うか否かが問題となるような事象も生じている。

　すでに検証した通り、国家賠償法に関する判例では、近時は、設置の瑕疵（原始的瑕疵）と管理の瑕疵（後発的瑕疵）とに分けて責任所在を判断するものもあり、民法の工作物責任おいても両瑕疵を区別して考えるべきではないだろうか。そのうえで、設置瑕疵は客観的な瑕疵が考慮され、保存（管理）瑕疵には主観的な瑕疵（結果回避義務違反責任）が考慮され、両瑕疵は被侵

---

52) 前掲注16末川書237～238頁。
53) 前23森島書79～82頁。ただし、森島教授は、道路瑕疵のように、人身損害に関し、かつ安全性に対する人々の期待も高い場合には、損害防止コストという要素にあまり重きをおくべきでないが、他方で、危険性に対する一般人の期待のそれほど高くない個人所有の建物の場合には、損害防止コストという要素は瑕疵判断にあたってある程度重視されてもよいと考えられる。

害利益の重大さおよび危険の源を創出・支配・管理するものであることに帰責の根拠が求められることになろう[54]。また、占有者関係が複雑になった場合、たとえば間接占有との関係についても、下級審判例では、直接占有者が責任を負うべきであるとして、間接占有者の責任は否定してきた（東京地判昭和48年10月22日・判時736号61頁）。学説も、直接占有者（例えば、賃借人）が免責されるときにのみ、間接占有者（例えば、賃貸人）が第一次責任を負うべきだとの見解が有力である[55]。しかし、この点に関して、平井宜雄教授は、直接占有者が第一次的に責任を負う点については、間接占有者か否かにとらわれることなく安全性具備義務違反の有無という帰責原則によって判断すべきであり（間接占有者も民法717条の関係では共同占有者となり得ると考えるべきである）、したがって、直接占有者と間接占有者というような区別は意味がないと解すべきであるとされる[56]。また、近江幸治教授も、その工作物につき管理権限を有している場合には、占有者を直接占有者に限定する必要はなく、直接占有者も間接占有者もともに占有者である以上は、共同して占有者責任を負うべきであるとされる[57]。私見は、平井教授および近江教授の見解を踏まえつつ、設置瑕疵と保存（管理）瑕疵とを区別して、さらに被侵害利益の程度や瑕疵の寄与度によって責任の所在を判断し、場合によっては共同して占有者責任を負うこともあると考えている。

6．小　括

最後に、瑕疵判断をめぐって、訴訟における証明責任の分配に関する問題を明らかにしながら、今後さらに検討しなければならない問題を指摘しておきたい。民法717条但書により、占有者については過失がなければ免責される。これを客観説で説明しようとするとき、被害者である原告は、瑕疵の存

---

54) 前掲注11平井書67頁。
55) 前掲注13円谷書255頁。
56) 前掲注11平井書67頁。平井教授は、所有者も危険の創出等に関与していれば、共同占有者と解する解釈論を採るべきであり、所有者に対しても同時に訴訟を提起できると解するべきであると主張され、私見もこれに同調するものである。
57) 前掲注30近江書231頁。

在について証明責任を負うことになるのだろうか。事故発生後においては、その証明が困難な場合も多く、原告にとっては相当な負担になるであろう。この点に関しては、事故の発生は一応瑕疵の存在を推定させ、事実上は工作物の占有者または所有者が瑕疵のなかったことを証明しなければならない結果になることが多いであろうという見解がある[58]。つまり、占有者は瑕疵の不存在に加えて過失のなかったことをも証明する重たい責任を負うことになるのである。しかし、この事実上の推定については、推定の基礎事実を争う場合は反証で足りるが、推定事実（この場合は瑕疵の存在）を争う場合は、反証では足りず、瑕疵が存在しなかったことの間接反対事実証明によらなければならず[59]、被告側は抗弁としてほぼ本証を尽くすことになり、それに対して再抗弁を行う原告の証明責任の負担はますます重くなろう。他方で、これを結果回避義務違反責任説で説明しようとすると、被害者である原告は、民法717条本文により、瑕疵、すなわち結果回避に向けた義務の違反に相当する事実を証明しなければならず、他方で占有者は、同条但書により、結果回避のための義務を尽くしていたという事実を立証すれば免責されることになり、それは原告の主張する要件事実に対する反証で済むため、やはり原告にとって証明責任の負担が重くなり、立証責任の分配としてはかなり奇妙な状況が生じることになるという指摘もある[60]。

この点に関しては、民事訴訟法の観点からも検討する必要があろう。村上博已教授は、民法717条1項但書規定の要件事実は、占有者に対する関係では、本文規定の損害賠償請求権の権利成立事実に対する権利阻止事実であるが、所有者に対する関係ではむしろ、権利成立事実となるものであるから、その意味で、完全な権利阻止事実と解することはできず、工作物の占有者に対して損害賠償の請求をする被害者は、同項本文の要件事実、すなわち、占有者の占有する土地の工作物の設置または保存に瑕疵があること、およびその瑕疵により他人（被害者）に損害が生じたことの証明責任を負うと指摘される[61]。さらに、民法717条1項の帰責構造に基づく証明方法から、工作物

---

58) 前掲注12加藤書197頁。
59) 村上博已『証明責任の研究（新版）』（有斐閣、昭和61年）297頁。
60) 前掲注36窪田書222頁。

の所有者に対して損害賠償の請求をする被害者は、同項本文の要件事実のほか、占有者に免責事由がある事実（占有者が損害の発生を防止するに必要な注意をした事実）の証明責任を負うと解すべきであろうとされる[62]。一方で、新堂幸司教授は、権利根拠事実とみるか、権利阻害事実とみるかの判断には、法文の表現形式もその一助となるが、必ずしもこれだけで決まるわけでなく、立法目的、規定の趣旨、公平かどうか、その事象の性格（例外的事情かどうか）等に基づき証明責任の分配を実質的に判断して決める必要があるとされる[63]。いずれにせよ、民法717条は、被害者にとってその証明責任がどうしても加重になるという構造的問題をはらんでいることがわかる。

このように、民法717条は、論理性よりも政策的配慮を優先して生み出された立法の経緯に始まり、しかし時代を経ても立法時の政策的配慮が姿を変えて生き続けて、不可思議な法的構造を維持しながら今日に至っている。かつては、公共物が民営化されたりすることでその管理形態が変化することはあったが、今日では地域共同体の衰退や崩壊等により、施設管理者（所有者）の所在が不明になるなどした結果としてその管理が不能となり、当該施設の公物化や公的管理下に置くべき事態が進展している。こうした問題に対して、民法717条をめぐる従来の学説は十分に対応できていないのではないだろうか。他方で、国家賠償法が制定されてから後は、公物たる営造物の設置管理瑕疵をめぐる議論が進展し、むしろ、国家賠償法において関係する学説は発展してきたといえよう。このことは、本稿で紹介した判例の動向からも証左され、営造物の瑕疵をめぐって判例は設置瑕疵と管理瑕疵とを時に峻別し、とりわけ後者の瑕疵に関しては作為・不作為義務違反の有無をもって判断する傾向にある。私見は、国賠訴訟や関係学説を手掛かりに、現実的動向に即した形での解決策を提言したつもりである。しかし、結果回避義務違

---

61) 前掲注59村上書297頁。
62) 同上298頁。
63) 新堂幸司『新民事訴訟法（第5版）』（弘文堂、平成23年）611頁。なお、この証明責任の分配に関して学説は、法律要件分類説が通説とされるが、その中でも各個の法条の表現形式を用いるとしても、必ずしもこれにこだわらず、より実質的な原理・考慮によって分類する立場が有力であるとされる。この立場からは、取引の安全を確保する趣旨から、無効を主張する者に第三者の「悪意」の証明責任を負わす立場も解釈上可能となるという。

反責任説と同様に、瑕疵と過失とに連続性を見出すことに対する合理的な説明ができていない欠陥は自認するところであり、この点は今後引き続き研究する課題である。

あとがき

　今日、入会権や水利権あるいは地先水面漁業権のような慣習的権利、さらには環境権や自然享有権のような新しく提唱される権利について議論をする必要性はどこにあるのだろうか。慣習的権利の多くは、古い共同体や特定集団が所有し、管理し、利用する権利であり、環境権や自然享有権の提唱を必要とする紛争地の多くは、当該共同体や集団が維持管理してきた土地等であり、本書のタイトルにも冠した通りの共有資源と呼称すべきものが多い。そして、これらの権利や共有資源をめぐって何らかの社会矛盾が発生し、それが裁判の場に持ち込まれたとき、現行法の規定にないことが問題視される。矛盾の多くは、現行法に根拠を有する権利と有さない権利との衝突に起因するのだが、根拠を有する権利の勝利に終わることが通常である。それでは、根拠を有さない権利は違法なのかといえば、決してそのようなことはない。明文規定こそないものの、慣習上認められてきた権利や判例上認められてきた権利も存在する。しかし、わが国の裁判所は、明文規定を有さない権利には消極的な立場を示してきた。慣習的な権利に対して、裁判所が消極的、あるいは否定的な見解を示すほどに、権利主張をする側は激しい抵抗を示そうとする。たとえば、小繋事件などはその最たるものといえよう。「三代にわたる入会権紛争」と称される同事件は、しかし、一体何との闘いだったのだろうか。同事件の原告側弁護士となって、晩年の全生活を捧げた戒能通孝は、次のように述べている。

　　現在の日本は私有財産制の上に立っている。ところが私有財産として保護されるのは、どんな財産か。小繋事件は、いままでのところ裁判所を含む政府諸機関の保護する財産が、貧乏人の財産ではないことの告白を続けてきた。大企業の財産は保護せられ、資本に付着する人間労働力の支配にまで高められていたというものの、貧しい農民が手と足とを使って生活の糧をとるための財産は、余りにもないがしろにされていたのである。農民が旧来の村

山に立ち入って草木を採取する権利、それは民法でも入会権という名で保障されているのだが、一たび民法の条文を離れ、実地についての保護を求めると、その保護を受けるのはラクダが針の穴を通るよりむつかしくもあるのである。だがそれにもかかわらず小繋の農民は、過去50年、泥まみれになって闘い続けてきたのである。「法の目的は平和である、だがその手段は闘争である」。ドイツの大法学者イェーリンクは、『法のための闘争』の冒頭でこのようなことを述べてはいたが、それを地でいったのが小繋事件だといってよいと思われる[1]。

　この一文からは、「闘争」が同一の財産の権利主体をめぐる闘いであるが、主体性の有無をめぐる闘いではなく、ある財産の上に存する主体の重層構造が不協和音を奏で、近代的所有権の範疇から漏出した農民の、「民法」という制度との闘いであったことを読み取ることができる。この主体の重層構造性について、戒能はさらに次のように述べる。

　　村山・村野の使用・収益が、新土地所有者の出現にもかかわらず、従来通り続いていたことは、健全な常識を持つものならだれにもわかることである。ところがこの健全な常識的結論を理解できないか、あるいは故意に理解できないように装うのは、大学で民法の講義を聞いた法律家、わけても検察官ならびに裁判官の一部である。所有権は、所有物を使用・収益・処分する権能であって、一旦所有名義を得たからには、所有者が任意にその所有物を処分できること当然ではないか。その権能が制約され、自己所有名義の山野について村の掟に従わねばならないことは、所有権の性質に矛盾する。こうした物事の考え方は、法律家にはむしろ有りがちであって、その考え方そのものが、入会の理解を常に妨げているのである。小繋事件もまたこうした考え方に煩わされた。だからこそ50年も訴訟が続いているのだが、実のところこれほど誤った観念はないのである[2]。

　この戒能の見解については、法に基づく所有権が存在したとしても、そこに入り会う農民の生活があれば、それは法に優位するのだという立場を表明したものとして評する向き[3]もあるが、いずれが優位なのかというよりは、

---

1) 戒能通孝『小繋事件』(岩波書店、1964) 3～4頁。
2) 同上37～38頁。

成文法において確立した権利と、確立しなかった権利、すなわち慣習的権利との深刻な闘いが直截的に描写されたものと捉えることで十分ではないだろうか。ただし、慣習的権利がこの闘争に敗れるということは、これまで農民なりが堅持してきたかけがえのない生活が失われることを意味している。戒能は、小繋事件はもとより、三池炭鉱爆発事件や戦争も、失ってはならないものを失った実例であり、失うべきでないものを失わないことは、人間性の出発点であるとする[4]。

　明治政府が導入した近代法、とりわけ近代的所有権は、人々から「失ってはならないもの」を失わせしめてきたのではないだろうか。戒能通厚は、人間の生産物ではなく、人々の生存の基盤である土地という共同の空間や人々の共同利用に委ねられてきた水は、「失ってはならないもの」の面の一部であり、入会地における農民の共同の管理と維持と、耕地に対する農民の所持とが、土地と農民の共同体の統合を支え、土地と農民の分離を阻んできたが、近代的土地所有権という法形式の導入は、この結合関係を分離し、生産から遊離した土地の商品化を促していった[5]、と批判的に検証する。この点は、渡辺洋三もつとに指摘し、村落支配は、近代における法の支配や契約の支配と原理的に対立する構造を持っており、近代国家や近代市民社会の発展は、このような村落支配の仕組みを解体して行くはずだが、わが国ではこの解体の過程は一直線に進まず、一方では解体の過程と、他方ではその再編成・維持温存の過程とが絡み合って複雑な様相を示してきた[6]、と分析する。

　明治政府による近代化の過程は、何ゆえにこのような複雑な様相を示す結果となったのであろうか。明治政府による法整備は、中央集権化を主目的として進められた。しかし、宮川澄によれば、法制度のみで中央集権制を実現しただけでは、人々の社会関係をその政治的目的に合致させることはできず、法制度のうえで公権力を政治権力がもち、その公権力を利用して、人々を強制することができても、それは歴史的な社会・経済的条件に依存するこ

---

3) 小畑清剛『コモンズと環境訴訟の再定位』（法律文化社、2009）200頁。
4) 前掲注1 戒能書212頁。
5) 戒能通厚『土地法のパラドックス』（日本評論社、2010）524頁。
6) 渡辺洋三『入会と法』（東京大学出版会、1972）172頁。

とにならざるを得ず、中央集権的法制度を再編成すると同時に、その物質的基礎となる資本主義的生産関係の基本的条件を確保する必要があったという[7]。つまり、明治政府は、資本主義的発展のために、利用できる封建的諸関係をできるだけのこし、同時に資本主義的生産そのものの前提となる法律関係を強行的に実現しなければならず、封建的土地関係に示された近代的土地関係への転化もそのための必要からであり、それは新法令の制定という法形式をとって法制度化されていったのだという[8]。

ところで、明治政府による近代的所有権の確立は、1873年の地租改正がその濫觴となり、1896年の民法制定によって一応の完結をみる。宮川によれば、地租改正は、これまで地域差のあった現物貢租をなくすことにより、耕作農民が有していた分割所有権や二重所有権に対する法意識をも失わせる根拠を与えることになり、1876年以降の官民有区分によって、すべての山林を官有か私有かのいずれかに区分することで、入会山林原野の多くは、官有林野に転化され、入会権の解体や、一地方の慣習法となっていた田畑の地割制も廃止されたという[9]。このようにして失われた権利や制度が、はたして今日なお「失ってはならないもの」であるのか否かについてその検証を怠らずに継続することは、われわれの先祖がどのようにしてこの国を形作ってきたのかを知り、そこから民族的アイデンティティを自覚し、後世に伝えて行くために必要な努力ではないだろうか。入会権に環境保全的機能等の現代的意義を見出す作業などは、まさにかかる努力の結晶といっても過言ではない。

ここで重大な視点を確認しなくてはならない。それは、明治政府の導入した近代法あるいは近代的所有権は、西洋諸国のそれであって、わが国がその国情を十分に鑑みて自ら案出したものではなかったということである。この点に関しては、すでに明治政府における法典編纂の中枢にいた穂積陳重も指摘している。穂積は、1890年の貴族院第1回通常会における商法の施行延期をめぐる審議に際しての演説で、ヨーロッパの商法は商慣習を集めたもの

---

7) 宮川澄『旧民法と明治民法』（青木書店、1965）27頁。
8) 同上31頁。
9) 同上36頁。

で、立法者が押し付けたものではないことを述べたうえで、次のような発言をして議場の議員の心を動かしたという[10]。

> 抑々この法典と云うものゝ起草を外国人に委託したと云ふことは、独立国ではギリシャを除くのほかはないことゝ私は思ふ。

この発言は、ナショナリズムが高揚しつつあった当時の国民感情に沿うものであったが、穂積自身は、日本が自らの歴史的伝統から切り離して、外来の法典をコピーするかのごとくに継受しようとしていることを憂い[11]、他方で自分自身がその主導的立場にいることへの葛藤をそのまま吐露したものといえよう[12]。穂積は、外来法典、とくにフランス民法の翻訳を主唱した江藤新平の態度を、「敷き写し主義」として批判的に評している[13]。さらに、江藤新平の思考は、豊臣秀吉の墨俣一夜城のごときものであり、それは土木工事ならばいざ知らず、国民性の発現である法律は一夜の内に変えることはできないと酷評しながら、しかし、江藤新平のような進取の気性の横溢した政治家があって突進の端を啓き、鋭意外国法の調査を始めたからこそ、後年の法制改善も着々その歩みを進めて行くことができたのであり、民法編纂の沿革からみても、「初めは江藤氏の敷写民法で、中ごろ大木伯らの模倣民法となり、終に現行の参酌民法となった」として、これはやむを得ぬ過程であったとも評価している[14]。その「参酌民法」をはじめとする明治政府による西洋継受法に基づく法典編纂後の日本の法学について、内田貴は次のように評価する。すなわち、日本の法学は急速に法実証主義に支配され、西洋から継受された法典を解釈することに精力が注がれ、若き法学者たちはドイツの精緻な法概念を、日本法の条文とは無関係に日本に持ち込んで「解釈理論」を

---

10) 内田貴『法学の誕生』(筑摩書房、2018) 157〜158頁。
11) 穂積陳重『法窓夜話』(岩波書店、1980) 266頁では、「法典の編纂は一国立法上の大事業なるが故に、これを外国人に委託するは、その国法律家の大いに愧ずるところであって、且つ国民的自重心を傷つくること甚だ大である」と主張する。
12) 前掲注10内田書162頁。
13) 前掲注11穂積書210頁。
14) 同上213頁。

構築し、裁判官たちは概念と論理だけで結論が導かれるかのような判決を書いたのだという[15]。

　中央集権制の確立を目的として、西洋法をそのまま継受してきたわが国の近代法整備は、結果として多様な制度や権利を包容する柔軟性を失い、一元的な法規範や権利に沿って社会的事象を捉えようとしてきた。勢い、その規範や権利から遺漏した事物や人々は排除され、排除された人々はその生活基盤を失わざるを得ない。内田貴は、わが国がこのような西洋法の継受を成し遂げたこと自体が、歴史上特筆すべき出来事だった[16]というが、さらに補足すれば、外国法を移入するにしても、自国の内情に合わせて継受することが本来であろう。たとえば、オーストラリアなどは、旧宗主国であるイギリスのコモン・ローを継受しながらも、現今は先住民族の権利関係との調整に多くの労力を割き、社会主義国である中国でさえも、複数の外国法を参酌して成立させた法制度に多様性と柔軟性を持たせて、かの広大な国土を統治しようと努力している。

　わが国の法は、明治以来その柔軟性と多様性を失ったままの状態で、近時は、市場原理主義によって新自由主義が極限まで拡大され、その一翼を担う司法制度改革は、法学者が現実を批判したり理想を語ったりすることが期待される時代を終わらせ、確立した法制度の安定的な運用へと国家的関心を移行させているという[17]。2018年の水道法の改正などは、戒能通厚が懸念していた水の「商品化」[18]への嚆矢であろう。また、人口減少社会の到来とともに顕在化してきた所有者不明土地問題への対処として、2018年に制定された所有者不明土地の利用の円滑化等に関する特別措置法なども、まさに緊急措置法として眼前の課題に応急的対応はできようが、そこに確固たる思想や将来構想が描かれているわけではなく、解釈次第では人々の財産である土地がいたずらに収用される恐れを内包している。まずは社会あっての法であり、社会の変化と多様性に柔軟に対応できる法とはいかなるものか、ここであら

---

15) 前掲注10内田書182頁。
16) 同上410頁。
17) 同上409頁。
18) 前掲注5 戒能書524頁。

ためて問い直す必要を主張しておきたい。

引用文献一覧

邦語文献

青野春水『日本近世割地制史の研究』（雄山閣、昭和57年）

秋道智彌『自然はだれのものか』（昭和堂、1999）

天児慧編著『アジアの21世紀』（紀伊国屋書店、1998）

雨宮洋美「入会権確認請求と入会の裁判所理解をめぐる考察」富大経済論集55巻1号（2009）

安良城盛昭「渡名喜島の「地割制度」」渡名喜村編『渡名喜村史　下巻』（渡名喜村、昭和58年）

有賀喜左衛門『有賀喜左衛門著作集Ⅰ　日本家族制度小作制度（上）』（未来社、1966）

有賀喜左衛門『有賀喜左衛門著作集Ⅱ　日本家族制度小作制度（下）』（未来社、1966）

淡路剛久『環境権の法理と裁判』（有斐閣、昭和55年）

淡路剛久＝川本隆史＝植田和弘＝長谷川公一編『法・経済・環境：リーディングス環境第4巻』（有斐閣、2006）

飯嶋孝史「中国における参加型灌漑管理組織「用水戸協会」の基本的特徴と課題」農業土木学会論文集第233号（2004）

池俊介「北海道平取町去場における入会林野の特質」地理学評論70巻11号（1997）

池田敏雄「漁業補償をめぐる法的諸問題」成田頼明＝園部逸夫＝金子宏＝塩野宏＝小早川光郎編『行政法の諸問題（下）』（有斐閣、1990）

石田浩編著『中国農村の構造変動と「三農問題」―上海近郊農村実態調査分析』（晃洋書房、2005）

石渡利康『北欧の自然環境享受権』（高文堂出版社、平成7年）

泉留維＝齋藤暖生＝浅井美香＝山下詠子『コモンズと地方自治』（日本林業調査会、2011）

幾代通＝徳本伸一『不法行為法』（有斐閣、平成7年）

伊藤栄寿「「神の島」沖縄・久高島における土地総有の意義―総有理論に関する批判的一考察」愛知学院大学宗教法制研究所紀要第50号（2010）

磯辺俊彦『共の思想』（日本経済評論社、2000）

磯辺俊彦「沖縄農業における土地所有＝利用構造について」磯辺俊彦他『農家の土地保有・利用関係基礎調査報告書（昭和61年：沖縄県糸満市・沖縄県国頭郡国頭村）』（沖縄総合事務局農林水産部農政課、1986）

井上充幸「明清時代の黒河上流域における山林開発と環境への影響」『東アジア文

化交渉研究』第3号（2010）
井上真『コモンズの思想を求めて』（岩波書店、2004）
井上真＝宮内泰介編『コモンズの社会学～森・川・海の資源共同管理を考える』（新曜社、2001）
岩片磯雄＝古賀伸生＝上野重義『阿蘇の農業経営と牧野利用』（九州大学農学部農政経済教室、1958）
植木哲『災害と法～営造物責任の研究』（一粒社、昭和57年）
上地一郎「共同体と土地の利用～沖縄の地割制度への法社会学的アプローチ」沖縄法政研究第8号（2005）
上野重義「沖縄における旧慣間切内法・村内法の類型的考察」九大農学芸誌第44巻第1・2号（1989）
烏飼行博『開発と環境の経済学』（東海大学出版会、1998）
内田和子『日本のため池』（海青社、2003）
内田銀蔵『日本経済史の研究　下』（同文館、1921）所収の論稿「沖縄県の土地制度」
内田貴『法学の誕生』（筑摩書房、2018）
江波戸昭「地割慣行における土地利用―長野県須坂市相之島の場合」明治大学教養論集152号（1982）
江渕武彦「農業水利権の法的地位」第10回日韓土地法学術研究大会報告集（日本土地法学会、2000）
江渕武彦編著『筑後川の農業水利』（九州大学出版会、1994）
王文亮『格差で読み解く現代中国』（ミネルヴァ書房、2006）
近江幸治『民法講義Ⅳ　事務管理・不当利得・不法行為（第2版）』（成文堂、2010）
大塚直「環境損害に対する責任」ジュリスト1372号（2009）
大塚直『環境法（第3版）』（有斐閣、2011）
大塚久雄『共同体の基礎理論～経済史総論講義案』（岩波書店、1955）
大村敦志「権利の濫用（1）」潮見佳男＝道垣内弘人編『民法判例百選Ⅰ　総則・物権（第8版）』（有斐閣、2018）
大村敦志『不法行為判例に学ぶ』（有斐閣、2011）
岡松參太郎『無過失損害賠償責任論』（有斐閣書房、大正5年）
沖縄県教育庁文化課編集『沖縄県文化財調査報告書第6集　津堅島地割調査報告書』（沖縄県教育委員会、1977）
沖縄大百科事典刊行事務局編『沖縄大百科事典　中巻』（沖縄タイムス社、1983）
奥田進一「地下水保全管理のための法規範研究」拓殖大学論集（政治・経済・法律研究）第18巻第1号（2015）
奥田進一「中国における農村改革と土地法制」比較法研究67号（2006）

奥田進一「中国社会の原動力としての社区」ジュリスコンサルタス（関東学院大学法学部法学研究所紀要）19号（2010）

奥田晴樹『地租改正と割地慣行』（岩田書院、2012）

小倉孝之「北川湿地事件報告〜身近な自然を守ることの難しさ〜」横浜弁護士会『専門実務研究』第6号（2012）

小澤英明『温泉法―地下水法特論』（白揚社、2013）

小畑清剛『コモンズと環境訴訟の再定位』（法律文化社、2009）

甲斐道太郎＝稲本洋之助＝戒能道厚＝田山輝明『所有権思想の歴史』（有斐閣、1979）

戒能通厚『土地法のパラドックス』（日本評論社、2010）

戒能通孝『小繋事件』（岩波書店、1964）

籠橋隆明「「自然の権利」訴訟の到達点と課題」淡路剛久＝寺西俊一＝吉村良一＝大久保規子編『公害環境訴訟の新たな展開』（日本評論社、2012）

片岡直樹「水資源の流域管理をめざす中国の制度改革」大塚健司編『流域ガバナンス―中国・日本の課題と国際協力の展望―』（アジア経済研究所、2008）

片山直也「京都岡崎有楽荘事件」淡路剛久＝大塚直＝北村喜宣編『環境法判例百選（第2版）』（有斐閣、2011）

勝目忍「入会林野からみた「ムラ」領域の空間構造〜大分県久住町都野地区の事例」人文地理第42巻第1号（1990）

加藤一郎『農業法』（有斐閣、1986）

加藤一郎『不法行為（増補版）』（有斐閣、1974）

加藤一郎編『注釈民法（19）債権（10）不法行為』（有斐閣、昭和40年）

加藤雅信『現代不法行為法学の展開』（有斐閣、平成3年）

加藤峰夫＝倉澤資成「環境保全的観点からの入会制度の評価と再構成〜自然環境を集団の財産として管理する法技術としての新たな「入会」制度の再構成は可能か？」エコノミア第46巻第4号（1996）

角道弘文「水を使う知恵〜水利慣行〜」『Civil Engineering Consultant』Vol.259（April 2013）

金沢良雄『水法（法律学全集15）』（有斐閣、昭和35年）

加納啓良「19世紀ジャワの土地制度と村落（デサ）共同体」斎藤仁編『アジア土地政策論序説』（アジア経済研究所、1976）

上谷均「入会権の「解体」と「消滅」〜地役入会権の場合」修道法学18巻1号（1996）

上谷均「枚方市氷室財産区における入会権」法社会学47号（1995）

川勝平太『日本文明と近代西洋』（日本放送出版協会、1991）

川嶋四郎「入会権確認訴訟における提訴非同調者の被告化の適否」法学セミナー646号（2008）

川島武宜『日本社会の家族的構成』（日本評論社、1950）

河村基予「固有必要的共同訴訟と当事者適格〜馬毛島事件を契機として」山梨学院ロー・ジャーナル第5号（2010）

季衛東「中国的秩序における個人の位相」青木保＝佐伯啓思編著『「アジア的価値」とは何か』（TBSブリタニカ、1998）

菊池真純「伝統的村落共同体による森林資源管理」奥田進一編著『中国の森林をめぐる法政策研究』（成文堂、2014）

北河隆之＝柳憲一郎『判例にみる工作物・営造物責任』（新日本法規、平成17年）

北原淳『共同体の思想〜村落開発理論の比較社会学』（世界思想社、1996）

北村喜宣『環境法（第4版）』（弘文堂、平成29年）

木原啓吉『ナショナル・トラスト（新版）』（三省堂、1998）

木村実「溜池堤塘復旧工事の完了と施工者の国賠法二条の責任」民商法雑誌108巻4・5号（1993）

渠涛「中国物権法立法における慣習法の位置付け」比較法学（早稲田大学比較法研究所）36巻2号（2003）

金城秀樹「オーストラリアにける先住権原と構成信託の法理―オーストラリア先住民の土地所有―」札幌大学総合論叢第35号（2013）

窪田充見『不法行為法』（有斐閣、2007）

窪田幸子「この土地は私のものではない、この土地は私そのもの―オーストラリア先住民の権利回復の背景―」JCAS連携研究成果報告6号（2003）

窪田順平＝中村知子「中国の水問題と節水政策の行方―中国北西部・黒河流域を例として」秋山智彌＝小松和彦＝中村康夫編『人と水Ｉ　水と環境』（勉誠出版、2010）

熊本一規『海はだれのものか―埋立・ダム・原発と漁業権』（日本評論社、2010）

熊本一規『公共事業はどこが間違っているのか？』（まな出版企画、2000）

黒河功＝甫尔加甫『遊牧生産方式の展開過程に関する実証的研究』（農林統計協会、1998）

黒川哲志＝奥田進一編著『環境法へのアプローチ（第2版）』（成文堂、平成24年）

黒木三郎＝塩谷弘康＝林研三＝前川佳夫共編『社会と法〜法社会学への接近』（法律文化社、1995）

楜澤能生「共同体・自然・所有と法社会学」日本法社会学会編『法社会学の新地平』（有斐閣、1998）

寇鑫「中国西北部渇水地域における農業用水の再配分問題―水利権調整問題をめぐる法政策学的実証研究」龍谷政策学論集第4巻第1号（2014）

国土交通省土地・水資源局水資源部編『平成24年版日本の水資源』（海風社、平成24年）

小林俊治「企業の社会的責任の課題〜過去・現在・将来」高崎経済大学論集第51巻

第 3 号（2008）

近藤学「オーストラリアにおける水法の発展（翻訳）」滋賀大学環境総合研究センター研究年報第 7 巻第 1 号（2010）

財団法人日本農業土木総合研究所『現代水利紛争論』（財団法人日本農業土木総合研究所、昭和61年）

斉藤政夫『和牛入会放牧の研究』（風間書房、1979）

坂本忠次「沖縄県「旧慣温存」時代の租税構造（1）─人頭税を中心として」岡山大学経済学会誌第23巻第 4 号（1992）

崎浜秀明『沖縄の法典と判例集』（本邦書籍、昭和61年）

佐藤康行「割地制度とコモンズ─新潟県西蒲原郡の事例」村落社会研究第17巻第 1 号（2010）

讃岐のため池誌編さん委員会編『讃岐のため池誌』（香川県農林水産部土地改良課、平成12年）

佐和隆光『市場主義の終焉』（岩波書店、2000）

沢井裕『公害の私法的研究』（一粒社、昭和44年）

三本木健治『判例水法の形成とその理念』（山海堂、1999）

潮見俊隆「漁業入会」川島武宜編『注釈民法（7）』（有斐閣、1968）

四国新聞社編集局＝香川清美＝長町博＝佐戸政直『讃岐のため池』（美巧社、昭和50年）

四宮和夫『事務管理・不当利得・不法行為（中・下巻）』（青林書院、1985）

芝池義一「判例批評（最判昭和59・11・29）」民商法雑誌93巻 2 号（1985）

島田正郎『北方ユーラシア法系通史』（創文社、1995）

志村博康「水資源の再分配と農業水利」日本土地法学会『不動産金融・水資源と法（土地問題双書10)』（有斐閣、1978）

新堂幸司『新民事訴訟法（第 5 版）』（弘文堂、平成23年）

末川博『權利濫用の研究』（岩波書店、昭和32年）

鈴木賢「中国物権法制定の背景と意義について」鈴木賢＝崔光日＝宇田川幸則＝朱曄＝坂口一成『中国物権法　条文と解説』（成文堂、2007）

須田政勝『概説水法・国土保全法』（山海堂、2006）

勢一智子「自然管理の法理と手法」永野秀雄＝岡松暁子『環境と法』（三和書籍、2010）

瀬戸昌之『生態系』（有斐閣、1992）

曽和俊文「オオヒシクイ事件」大塚直＝北村喜宣編『環境法判例百選（第 3 版）』（有斐閣、2018）

武井正臣＝熊谷開作＝黒木三郎＝中尾英俊編著『林野入会権』（一粒社、1989）

武田軍治『地下水利用権論』（岩波書店、昭和17年）

武智方寛『沖縄苗字のヒミツ』（ボーダー新書、2011）

竹山増次郎『溜池の研究』（有斐閣、昭和33年）

但見亮「物権法草案違憲論争の諸相」中国研究月報2007年11月号（社団法人中国研究所）

多田利隆「「慣習法上の物権」の問題点」『民法と著作権法の諸問題（半田正夫先生還暦記念論文集）』（法学書院、1993）

滝川勉「南ベトナムにおける農地改革の展開」丸毛忍＝山本秀夫『現代世界の農業問題』（敬文堂、1970）

田里修「地割についての研究ノート」高良倉吉＝豊見山和行＝真栄平房昭編『新しい琉球史像―安良城盛昭先生追悼集』（榕樹社、1996）

田里修「地割についての諸問題」田里修＝森謙二編『沖縄近代法の形成と展開』（榕樹書林、2013）

田名真之『沖縄近世史の諸相』（ひるぎ社、1992）

田中信行編『入門中国法』（弘文堂、2013）

田平紀男「専用漁業権と共同漁業権」鹿児島大学水産学部紀要第34巻第1号（1985）

田渕直樹「河川環境回復を求めた住民運動の政治過程」現代社会文化研究23巻（2002）

田村浩『琉球共産村落の研究』（至言社、1977）

俵静夫『地方自治法』（有斐閣、1965）

千賀裕太郎『水資源管理と環境保全』（鹿島出版会、2007）

其木提「土地工作物責任の一考察：占有者の責任を中心に」北大法学研究科ジュニア・リサーチ・ジャーナルNo.4（1997）

陳菁＝水谷正一＝後藤章＝松井宏之「中国における水管理の現代的展開に関する研究」農業土木学会論文集第206号（2000）

円谷峻『不法行為法・事務管理・不当利得―判例による法形成―（第2版）』（成文堂、2010）

東郷佳朗「慣行水利権の再解釈～「共」的領域の再構築のために」早稲田法学会誌第50巻（2000）

富井利安「国立高層マンション景観侵害事件」淡路剛久＝大塚直＝北村喜宣編『環境法判例百選（第2版）』（有斐閣、2011）

富岡昌雄「イギリスにおける農業環境政策の展開～「財産権の公的買い上げ」から「環境便益の買い上げ」へ」農業経済研究第67巻第4号（1996）

内藤武義「千曲川洪水と土地割地（地割）慣行制度」平成15年度長野県不動産鑑定士協会会報

中尾英俊「入会権の意義とその存在形態」西南法学論集28巻4号（1996）

中尾英俊『入会林野の法律問題（新版）』（勁草書房、1984）

中尾正義＝銭新＝鄭躍軍編『中国の水環境問題』（勉誠出版、2009）

中川善之助「水利権と耕作権」私法第 3 号（1950）
中川善之助『民法風土記』（講談社学術文庫、2001）
中川恒治「入会林野の解体過程に関する研究」信州大学農学部演習林報告第34号（信州大学農学部附属演習林、平成10年）
中川秀一「愛知県藤岡町における入会林野の再構成と機能変化」人文地理第47巻第 1 号（1995）
長崎福三『システムとしての〈森－川－海〉』（農山漁村文化協会、2001）
仲地宗俊「戦前期沖縄の農村における労働交換慣行の構造―黒糖の製造におけるユイマールを対象に」村落社会研究第 7 巻第 2 号（2001）
長野士郎『逐条地方自治法（第12次改訂新版）』（学陽書房、1995）
中俣均『渡名喜島　地割制と歴史的集落景観の保全』（古今書院、平成26年）
中村忠「入会林野の現状と入会林野整備上の問題点（上）（下）～群馬県昭和村越生の場合」産業研究第28巻第 1 号（1992）・同第28巻第 2 号（1993）
中村忠「入会林野法制度の変遷と今日的課題」高崎経済大学論集第38巻第 3 号（1996）
中村義隆『割地慣行と他所稼ぎ―越後蒲原の村落社会史』（刀水書房、2010）
仲吉朝助「琉球の地割制度（第一回）」史學雜誌39巻 5 號（1928）
仲吉朝助「琉球の地割制度（第三回）」史學雜誌39巻 8 號（1928）
仲吉朝助「琉球の地割制度（第二回）」史學雜誌39巻 6 號（1928）
西川長夫＝山口幸二＝渡辺公三編『アジアの多文化社会と国民国家』（人文書院、1998）
日本水土総合研究所編『水土の知を語る―中国の農業水利』第12巻（日本水土総合研究所、2007）
日本土地法学会『転機に立つアジアの土地法』（有斐閣、2005）
任永懐＝佐藤政良＝楊継富＝郭宗信「中国河北省石津灌区の水不足時における節水管理の分析」水文・水資源学会誌第17巻第 5 号（2004）
任永懐＝佐藤政良＝楊継富＝郭宗信＝佐久間泰一「節水効果から見た中国河北省石津灌区における水管理システムの分析」水文・水資源学会誌第17巻第 4 号（2004）
萩原優騎「失われた将来像」上野英雄編『ダムを造らない社会へ』（新泉社、2013）
橋本博之「行政判例における『判断基準』～水害訴訟をめぐって」立教法学65号（2004）
長谷部俊治「水問題と水利権」社会志林第55巻第 2 号（2008）
長谷部弘＝高橋基泰＝山内太編『近世日本の地域社会と共同性―近世上田領上塩尻村の総合研究Ⅰ』（刀水書房、平成21年）
畠山武道「米国自然保護訴訟と原告適格」環境研究114号（1999）
原洋之介『アジア型経済システム～グローバリズムに抗して』（中央公論新社、

2000)

原龍之助「公物使用権の性質」民商法雑誌78巻臨時増刊（4）（1978）
原龍之助『公物営造物法（新版）（オンデマンド版）』（有斐閣、2004）
原田敏丸「戦前における山割制度の研究史について」彦根論叢126＝127号（1967）
比嘉武吉『農務帳を読む』（緑蔭堂書店、1997）
平井宜雄『債権各論Ⅱ不法行為』（弘文堂、平成4年）
平松紘『イギリス環境法の基礎研究～コモンズの史的変容とオープン・スペースの展開』（敬文堂、1995）
平松紘『ニュージーランドの環境保護』（信山社、1999）
平松紘＝金城秀樹＝久保茂樹＝江泉芳信『現代オーストラリア法』（敬文堂、2005）
福岡克也「文化としての「入会」の復権」久宗高監修・㈱農林中金研究センター編『環境保全型農業の展望』（農山漁村文化協会、1989）
福嶌義宏『黄河断流―中国巨大河川をめぐる水と環境問題』（昭和堂、2008）
福嶌義宏＝谷口真人編『黄河の水環境問題―黄河断流を読み解く』（学報社、2008）
不動産判例研究会（大杉麻美氏執筆）「最近の不動産関係判例の動き」日本不動産学会誌第25巻第3号（2011）
船橋諄一『物権法』（有斐閣、昭和35年）
古島敏雄『割地制度と農地改革』（東京大学出版会、1953）
古島敏雄『近世日本農業の構造―日本歴史学体系第3巻』（日本評論社、1943）
古島敏雄＝阿部正昭『牧野利用の歴史的展開』（東京大学農学部農政研究室、1958）
北條浩『日本近代化の構造的特質』（御茶の水書房、2008）
星野英一『民法のすすめ』（岩波書店、1998）
穂積陳重『法窓夜話』（岩波書店、1980）
堀健彦「佐渡国仲平野の条里地割分布に関する研究の現状と基礎資料の遺存状況」佐渡・越後文化交流史研究2号（2002）
馬毛島環境問題対策編集委員会編著『馬毛島、宝の島』（南方新社、2010）
真木太一『中国の砂漠化・緑化と食糧危機』（信山社、1996）
牧洋一郎「環境保全における入会権及び水利権～鹿児島県大島郡龍郷町のゴルフ場問題を手がかりに」法学政治学論究（慶応義塾大学大学院法学研究科）第44号（2000）
益田晴恵編『都市の水資源と地下水の未来』（京都大学学術出版会、平成23年）
松浦由射＝飯山昌弘「入会林野の近代化と今日的課題」鳥取大学農学部研究報告第51号（1998）
松尾弘「入会権確認請求に同調しない構成員を被告に加える提訴方法の可否」TKC速報判例解説第4号（2009）
松本克美「土地工作物責任における〈第一次的所有者責任・第二次的占有者責任論〉の可能性」立命館法学2008年5・6号（321・322号）

松本充朗「川と流域のガバナンスと法制度」蔵治光一郎編『水をめぐるガバナンス』（東信堂、2008）

松本充朗「地下水法序説」四万十流域圏学会誌第 7 巻（2008）

満濃町誌編さん委員会＝満濃町誌編集委員会編集『新修満濃町誌』（満濃町、平成17年）

三俣学＝森元早苗＝室田武編『コモンズ研究のフロンティア』（東京大学出版会、2008）

三浦英之『水が消えた大河で』（現代書館、2010）

三浦・三戸自然環境保全連絡会編『失われた北川湿地』（サイエンティスト社、2015）

宮川澄『旧民法と明治民法』（青木書店、1965）

宮崎淳「慣行水利権の類型とその効力」水資源・環境研究22巻（2009）

宮崎淳「水資源の保全と利用に関する基礎理論」創価法学第40巻第 3 号（2011）

宮崎淳『水資源の保全と利用の法理』（成文堂、2011）

宮澤俊昭「北川湿地事件」大塚直＝北村喜宣編『環境法判例百選（第 3 版）』（有斐閣、2018）

宮元義雄『新地方財務事務』（第一法規、昭和44年）

三好規正『流域管理の法政策』（慈学社出版、2007）

室田武＝三俣学『入会林野とコモンズ〜持続可能な共有の森』（日本評論社、2004）

村井吉敬『サシとアジアと海世界』（コモンズ、1998）

村上博已『証明責任の研究（新版）』（有斐閣、昭和61年）

森謙二「沖縄における家と身分制—八重山・石垣の事例を中心に」田里修＝森謙二編『沖縄近代法の形成と展開』（榕樹書林、2013）

森正美「フィリピン・マラナオ社会における慣習・国家・イスラーム〜法制度と紛争処理を通して」綾部恒雄編『国家のなかの民族』（明石書店、1996）

森實「神奈川県羽根の入会権」社会労働研究第42巻第 3 号（1995）

守田優『地下水は語る』（岩波書店、2012）

森島昭夫『不法行為法講義』（有斐閣、昭和62年）

矢野達雄「入会権の一三〇年と今後の課題」法社会学第48号（1996）

山口隆治『加賀藩地割制度の研究』（桂書房、2007）

山田七絵「中国西北農村における水資源管理体制の改革とその効果—甘粛省張液オアシスを例に—」北川秀樹編著『中国乾燥地の環境と開発』（成文堂、2015）

山田七絵「中国農村における持続可能な流域管理—末端水管理体制の改革—」大塚健司編『流域ガバナンス—中国・日本の課題と国際協力の展望—』（アジア経済研究所、2008）

山村恒年『環境保護の法と政策』（信山社、平成 8 年）

山村恒年『自然保護の法戦略（第 2 版）』（有斐閣、1994）

山本克己「入会地管理団体の当事者能力・原告適格」法学教室305号（2006）
山本弘文『南島経済史の研究』（法政大学出版局、1999）
横山丈太郎「環境訴訟における原告適格に関する近時のアメリカ合衆国連邦最高裁判例の概説」国際商事法務39巻11号（2011）
吉田和義「千曲川沿岸における地割慣行地の地理学的研究―長野県小布施町山王島集落の事例」新地理35巻1号（1987）
吉田克己「未墾地賃貸借と入会権」社会学研究第33巻第5号（1981）
吉村良一「環境損害の賠償」立命館法学333・334号（2010）
林野庁編『森林・林業統計要覧（2017年度版）』
我妻榮『事務管理・不當利得・不法行爲（新装版）』（日本評論社、昭和16年）
我妻榮『物権法』（岩波書店、昭和27年）
我妻榮＝有泉亨＝清水誠＝田山輝明『我妻・有泉 コンメンタール民法（総則・物権・債権）』（日本評論社、2005）
若井郁次郎「水資源開発におけるコンフリクト」土屋正春＝伊藤達也編『水資源・環境研究の現在』（成文堂、2006）
若林喜三郎『加賀藩農政史の研究・上巻』（吉川弘文館、昭和45年）
渡辺洋三「地下水利用権の濫用」末川先生古希記念論文集刊行委員会編『権利の濫用 中』（有斐閣、昭和37年）
渡邊洋三『農業水利権の研究（増補）』（東京大学出版会、1963）
渡辺洋三『入会と法』（東京大学出版会、1972）
渡辺洋三著、北条浩＝村田彰編『慣習的権利と所有権』（御茶の水書房、2009）

中国語文献

王雨濛＝張安録「基于新農村建設背景下城郷建設用地関係的思考」程昆＝熊啓泉＝易法敏主編『新農村建設與三農問題（上）』（中国農業出版社、2006）
王穎『新集団主義：郷村社会的再組織』（経済管理出版社、1996）
王衛国『中国土地権利研究』（中国政法大学出版社、1997）
王衛国＝王広華主編『中国土地権利的法制建設』（中国政法大学出版社、2002）
王暁毅『環境圧力下的草原社区：内蒙古六個嘎査村的調査』（社会科学文献出版社、2009）
王建革『農牧生態與伝統蒙古社会』（山東人民出版社、2006）
王樹義主編『水権制度研究』（科学出版社、2005）
王明＝宋才発主編『農民維権叢書 森林、草原、水源』（人民法院出版社、2005）
王銘銘『村落視野中的文化与権力』（生活・読書・新知三聯書店、1997）
王利明＝郭明瑞＝方流芳『民法新論（下）』（中国政法大学出版社、1988）
王利明主編『中国物権法草案建議稿及説明』（中国法制出版社、2001）
王佴「広東変法：農地直接入市」第一財経日報2005年9月28日付第3版

黄松有主編『農村土地承包―法律、司法解釈導読與判例』(人民法院出版社、2005)
温世揚＝廖煥国『物権法通論』(人民法院出版社、2005)
韓松「我国農民集体所有権的享有形式」法律科学1993年第3期
牛若峰＝李成貴＝鄭有貴等『中国的"三農"問題』(中国社会科学出版社、2004)
許宝健『城市化進程中的農地転用問題研究』(中国農業出版社、2006)
喬世明主編、頼力静＝王永才副主編『民族自治地方資源法制研究』(中央民族大学出版社、2008)
金永思「農用地流転機制建立的難点分析與対策建議」中国農村経済1997年第9期
公丕祥主編『民族習慣司法運用的理論與実践』(法律出版社、2011)
江平主編『中国土地立法研究』(中国政法大学出版社、1999)
高其才『中国習慣法論』(湖南出版社、1995)
高其才主編『当代中国民事習慣法』(法律出版社、2011)
高富平『土地使用権和用益物権』(法律出版社、2001)
左平良『農地抵押與農村金融立法問題』(湖南師範大学出版社、2011)
史際春「論集体所有権的概念」法律科学1991年第6期
施文正「草原法制中所有権問題」内蒙古社聯1989年第1期
柴振国等著『農村土地承包経営権出資中若干法律問題研究』(中国検察出版社、2011)
徐漢明『中国農民土地持有産権制度研究』(社会科学文献出版社、2004)
蒋暁玲＝李慧英＝張建『農村土地使用権流転法律問題研究』(法律出版社、2011)
鐘方雷＝徐中民＝窪田順平＝李佳＝秋山知宏「黒河流域分水政策制度変遷分析」『水利経済』第32巻第5期(2014)
鐘方雷＝徐中民＝程懐文＝盖迎春「黒河中遊水資源開発利用與管理的歴史演変」『氷川凍土』第33巻第3期(2011)
宋才発等著『西部民族地区城市化過程中農民土地権益的法律保障研究』(人民出版社、2009)
孫如林＝季秀平等著『物権法與依法行政』(中国人事出版社、2007)
達林太「草原畜牧業可持続発展的理論與制度反思」施文正主編『草原環境的法律保護文集』(内蒙古人民出版社、2005)
中華人民共和国農業部畜牧獣医司『草原法規選編』(新華出版社、1992)
中国社会科学院農村発展研究所組織与制度研究室『大変革中的郷土中国』(社会科学文献出版社、1999)
中国社会科学院法学研究所物権法研究課題組「制定中国物権法的基本思路」法学研究1995年第3期
中国大百科全書編集部編『中国大百科全書　法学(修訂版)』(中国大百科全書出版社、2006)
張巨勇編著『民族地区的資源利用與環境保護論』(民族出版社、2005)

張静『基層政権〜郷村制度諸問題』（浙江人民出版社、2000）
張千帆『国家主権與地方自治：中央與地方関係的法治化』（中国民主法制出版社、2012）
張鵬「当前我国農村集体建設用地使用権制度中急需解決的幾個問題」程昆＝熊啓泉＝易法敏主編『新農村建設與三農問題（上）』（中国農業出版社、2006）
陳家宏＝李永泉＝鄧君韜＝呉昱＝黄亮『自然資源権益交易法律問題研究』（西南交通大学出版社、2012）
陳健『中国土地使用権制度』（機械工業出版社、2003）
陳甦「土地承包経営権物権化與農地使用権制度的確立」中国法学1996年第3期
農業部草原監理中心編『中国草原執法概論』（人民出版社、2007）
文伯屏『環境保護法概論』（群衆出版社、1982）
麻国慶『家与中国社会結構』（文物出版社、1999）
余能斌＝馬俊駒主編『現代民法学』（武漢大学出版社、1995）
楊一介『中国農地権基本問題』（中国海関出版社、2003）
楊立新＝梁清『細説物権法　新概念與新規則』（吉林人民出版社、2007）
葉向陽＝呂志強＝任国権＝王鋼橋「農村集体土地産権制度研究」中国法学1993年第6期
李強＝瀋原＝陶伝進＝周孝正等著『中国水問題—水資源與水管理的社会学研究』（中国人民大学出版社、2005）
李勝蘭「中国農地制度改革與創新的思考」蘭州大学学報（社科版）1997年第4期
劉驚海＝施文正主編『西部大開発中的民族自治地方経済自治権研究』（内蒙古人民出版社、2003）
梁慧星＝陳華彬『物権法』（法律出版社、1997）
呂忠梅等編『長江流域水資源保護立法研究』（武漢大学出版社、2006）
魯伯霖編著『土地法概論』（百家出版社、1994）
兪樹毅＝柴暁宇『西部内陸河流域管理法律制度研究』（科学出版社、2012）
姚傑宝＝董増川＝田凱『流域水権制度研究』（黄河水利出版社、2008）
崔建遠「"四荒"拍売與土地使用権〜兼論我国農用権的目標模式」法学研究1995年第6期
晁根芳＝王国永＝張希琳『流域管理法律制度建設研究』（中国水利水電出版社、2011）
裴麗萍『可交易水権研究』（中国社会科学出版社、2008）

英語文献

Alex GARDNER., Richard BARTLETT & Janice GRAY, *WATER RESOURCES LAW*, 2009, LexisNexis Butterworths, Australia.
Elinor Ostrom, *Governing the Commons: the Evolution of Institutions for Collec-*

tive Action, Cambridge University Press, 1990.

John Michael Purves, Bixia Chen「蔡温の農務帳：An English Translation of Sai On's Noumuchou (Book on Agricultural Affairs)」『琉球大学農学部学術報告』第61号（2014）.

Joseph Szarka.（2002）: *The Shaping of Environmental Policy in FRANCE*, Berghahn Books., New York.

Joshua Getsler.（2004）: *A History of Water Rights at Common Law*, Oxford University Press., New York.

Kevin Gray & Susan Francis Gray, *Elements of Land Law*, Oxford, 5th Ed, 2009.

Robert Speed, '*A Comparison of Water Rights Systems in China and Australia*', 2010, In, Sun Xuetao, Robert Speed, Shen Dajun, ed. 2010, *Water Resources Management in the People's Republic of China,* Routledge: London.

Roger C. Calow, Simon E. Howarth & Jinxia Wang, '*Irrigation, Development and Water Rights Reform in China*', 2010, In SUN Xuetao, Robert Speed, Shen Dajun, ed. 2010. *Water Resources Management in the People's Republic of China,* Routledge: London.

S. Clark and I. Renard, '*The Riparian Doctrine and Australian Legislation*', Melbourne University Law Review, Vol.7, 1970.

Stone. C. D, "*Should Trees Have Standing? Toward Legal Rights for Natural Objects*", 45 S. California Law Review. 1972.

Zhongjing Wang, Hang Zheng, Xuefeng Wang. 2010. '*A Harmonious Water Rights Allocation Model for Shiyang River Basin, Gansu Province, China*', In, Sun Xuetao, Robert Speed, Shen Dajun, ed. 2010. *Water Resources Management in the People's Republic of China,* Routledge: London.

事項索引

あ 行

アボリジニ……………………173, 174, 175
一村地割制……………………………94
一村専用漁場…………………………212
入会慣習………………………7, 10, 25, 26
入会漁業…………………212, 213, 216, 217, 221
入会権確認訴訟…………207, 209, 211, 223
入会権の解体……………………13, 20, 28
入会権の消滅……………………………20
入会林野等近代化法……………8, 13, 14, 129
入浜権…………………………………219
請負経営権……32, 39, 41, 46, 48, 51, 52, 54, 55, 60, 61, 62, 64, 70, 71, 72, 73, 74, 75, 76, 77, 78, 162, 169, 170
請負責任制……………………34, 35, 36, 37, 51
訴えの利益……………………………191
営造物責任…………………………251, 261
沖縄の地割制……80, 82, 86, 87, 91, 93, 96, 99
温泉法…………………………………138

か 行

改革開放……………………150, 168, 171
香川用水……………………………137, 149
河岸所有権（Riparian Right）…………178
河岸所有者（Riparian）…178, 179, 180, 181
河川維持流量………………227, 228, 230
河川環境………225, 226, 228, 230, 234, 235
河川管理者……106, 110, 111, 112, 119, 131, 227, 228, 231, 232
河川整備計画………………………………228
河川利用者…………………………225, 234
家庭生産請負制………………………………34
家譜編纂………………………………97, 98
刈分小作………………………………………95
環境基本法…………………………139, 140
環境共有の法理………………………200
環境権…………193, 194, 199, 200, 211, 219
環境権訴訟……………………………211
環境損害………………………………234
慣行水利権……111, 112, 113, 114, 116, 117, 118, 119, 120, 123, 126, 131, 134, 135, 225, 231
慣行農業水利権…………112, 114, 116, 130
官山民木………………………………16
慣習漁業権……………………………206, 207
慣習上の物権…………………………117
管理（保存）瑕疵…………258, 261, 265
危険責任……………………240, 241, 248
基礎権原……176, 177, 179, 180, 181, 182
危殆責任………………………………240
旧慣温存時代…………………………90, 91
旧慣使用権……………………219, 222, 223
行政的管理手法………………………151
共同漁業権……212, 213, 214, 215, 216, 217, 218, 219, 223
許可水利制度………………119, 126, 131
漁業協同組合………………213, 214, 215
漁区漁業調整委員会………………216, 217
均水制…………………………………163, 164
久高島………………………………81, 82, 93, 94
区分地上権……………………………145
与（クミ）……………………96, 97, 100
久米島…………………………………100
クラン（Clan）………………………174
景観権…………………………………201, 234
景観利益………………………………201, 234
系図座…………………………………97, 98
慶長検地………………………………87, 88, 100
契約的手法……………………151, 161, 170

契約による入会権‥‥‥‥‥‥‥23, 24, 25
結果回避可能性‥‥‥‥‥‥‥‥‥‥247
慶良間島‥‥‥‥‥‥‥‥‥‥‥‥‥94
原告適格‥‥‥‥191, 196, 197, 198, 208, 210
権利濫用‥‥‥‥‥‥‥‥‥‥‥202, 203
権利濫用の法理‥‥‥202, 203, 232, 233, 234
権利濫用論‥‥‥‥‥‥‥‥‥‥194, 203
権利流動化‥‥‥‥‥‥‥‥‥‥‥‥150
黄河水利委員会‥‥‥‥‥‥‥‥‥‥152
鉱業法‥‥‥‥‥‥‥‥‥‥‥‥138, 145
工業用水法‥‥‥‥‥‥‥‥‥‥138, 139
公共用物‥‥‥‥‥‥‥‥‥‥‥‥‥109
構成信託（Constructive Trust）‥‥‥‥177
貢租制度‥‥‥‥‥‥‥‥‥‥‥‥‥‥84
貢租負担‥‥‥‥‥‥‥81, 82, 85, 86, 95, 97
荒地開発‥‥‥‥‥‥‥‥‥‥‥‥47, 49
耕地整理法‥‥‥‥‥‥‥‥‥‥‥‥125
郷鎮企業‥‥‥‥‥‥‥‥‥‥42, 61, 68
国王下付（CrownGrants）‥‥‥‥‥‥176
石高制‥‥‥‥84, 85, 86, 87, 89, 97, 99, 100
戸主‥‥‥‥‥‥‥‥‥‥‥‥‥‥‥‥97
戸籍制度‥‥‥‥‥‥‥‥‥57, 70, 79, 97
国家所有権‥‥‥‥‥‥32, 43, 44, 57, 65, 66
国家水憲章（National Water Initiative）
　‥‥‥‥‥‥‥‥‥‥‥‥‥‥‥‥183
国家賠償法‥‥‥‥106, 109, 251, 258, 259, 260,
　261, 262, 265
古田優先の原則‥‥‥‥‥‥‥‥‥‥118
コモン・ロー‥‥‥173, 174, 175, 176, 177, 178,
　179, 182, 185
コモンズの悲劇‥‥‥‥‥‥‥‥5, 33, 52
コモンズ論‥‥‥‥‥‥‥‥‥‥‥4, 5, 8
固有必要的共同訴訟‥‥‥‥‥208, 209, 210

さ　行

財産区‥‥‥‥‥‥‥‥‥‥‥‥219, 221
差止請求権‥‥‥‥193, 194, 199, 200, 202, 203
砂防法‥‥‥‥‥‥‥‥‥‥‥‥‥‥133
地先漁業権‥‥‥‥207, 217, 218, 219, 221, 223, 224

地先水面専用漁業権‥‥‥212, 213, 214, 216
事実上の管理‥‥‥‥‥‥‥239, 251, 260
自然享有権‥‥‥‥‥‥24, 191, 192, 194, 199
自然公物‥‥‥‥‥‥‥‥‥‥‥109, 113
自然の権利‥‥‥‥‥‥191, 192, 193, 196, 211
自然の権利訴訟‥‥‥‥196, 197, 198, 206, 211
氏族‥‥‥‥‥‥‥‥‥‥‥‥‥‥‥175
失地農民‥‥‥‥‥‥‥‥‥‥‥‥‥‥57
地主水‥‥‥‥‥‥‥‥‥‥‥‥‥‥136
地盤沈下‥‥‥‥‥‥‥139, 142, 143, 144, 149
社区‥‥‥‥‥‥‥‥‥‥‥‥‥‥‥168
集団経済組織‥‥‥‥62, 68, 76, 157, 158, 159,
　167
集団所有権‥‥‥‥32, 39, 40, 41, 42, 43, 44, 48,
　55, 57, 58, 59, 60, 61, 66, 72, 78
集団所有制組織‥‥‥39, 44, 45, 46, 47, 50, 52
自由保有権（Freehold）‥‥‥‥‥‥‥176
受益的所有権（Full Beneficial
　Ownership）‥‥‥‥‥‥‥‥‥‥‥177
取水許可制度‥‥‥‥‥153, 156, 158, 159, 160
状態責任‥‥‥‥‥‥‥‥‥‥‥141, 146
証明責任‥‥‥‥‥‥‥‥‥263, 264, 265
上流優先の原則‥‥‥‥‥‥‥‥‥‥118
所有権絶対の原則‥‥‥‥‥‥‥147, 191
地割慣行‥‥‥‥‥‥‥‥‥‥‥‥82, 86
人頭制‥‥‥‥‥‥‥‥‥‥‥‥‥‥‥88
人頭税‥‥‥‥‥‥‥‥‥‥‥‥‥‥‥97
人頭割‥‥‥‥‥‥‥‥‥‥89, 90, 92, 93, 97
人民公社‥‥‥‥‥‥‥‥39, 40, 48, 59, 60, 169
森林法‥‥‥‥‥‥‥‥‥‥‥‥142, 145
水源涵養機能‥‥‥‥‥‥‥‥‥‥‥145
水資源開発‥‥‥‥‥‥‥‥107, 108, 115, 231
水資源開発促進法‥‥‥‥‥‥‥‥‥107
水資源有償使用制度‥‥‥‥‥158, 159, 160
水質汚濁防止法‥‥‥‥‥‥‥‥‥‥140
水道原水保全事業法‥‥‥‥‥‥‥‥140
水道水源特別措置法‥‥‥‥‥‥‥‥140
水道水源二法‥‥‥‥‥‥‥‥‥‥‥140
水道水源保全‥‥‥‥‥‥‥‥‥‥‥142
水道法‥‥‥‥‥‥‥‥‥‥‥‥‥‥140

事項索引　*289*

水票…………151, 162, 165, 169, 170, 172	地下水保全法……………………142
水票制度……151, 154, 161, 162, 163, 172	地下水利用………………133, 143, 147, 149
水利慣行…………134, 135, 137, 138, 149	地租改正………………86, 90, 93, 148
水利許可……………112, 113, 114, 127	地方性法規………35, 55, 57, 67, 69, 156
水利組合………………111, 237, 250	中間責任………………………240, 248
水利組合法……………………125	津堅島……………………………82
水利権更新………………227, 228	妻問い……………………………95
水利調整……126, 160, 161, 172, 231, 232	渡嘉敷島…………………………100
水量調整……………………161	都市計画法………………………131
生産大隊………………39, 40, 59, 169	都市戸籍…………………………70, 71
生態移民…………………………53	土壌汚染対策法…………………141
西部大開発……………………154	土地改良区……111, 124, 125, 127, 130, 168, 250
生物多様性……190, 191, 194, 195, 199, 200, 202, 204, 205	土地改良法………………………125
節水型社会………151, 152, 154, 161, 169	土地工作物責任……238, 239, 242, 243, 245, 247, 250, 251, 258, 261
設置瑕疵……251, 258, 261, 262, 263, 265	土地収用……37, 39, 41, 57, 58, 60, 61, 64, 66, 69, 70, 78
線香水……………………137, 163	土地使用権………………45, 50, 74, 78
先住権原法（Native Title Act）………………173, 176, 177	土地所有権制限法理…………193, 201
全人民所有制組織……………………45	土地所有権の内在的制約………202, 204
損失補償……………………56, 70	土地所有権の濫用………195, 203, 204, 205
村民委員会……40, 41, 42, 45, 59, 60, 62, 76, 169	土地所有権の濫用論……194, 201, 202, 203
村民小組………40, 41, 42, 45, 59, 60, 62, 169	土地流動化……………38, 42, 48, 52, 61, 71
	土地使用権…………………………34
た 行	渡名喜島………………………81, 82, 100
太閤検地……………………………84	トレス海峡諸島民………………173
大深度地下の公共的使用に関する特別措置法…………146	**な 行**
大東水害訴訟事件………………106	内陸河川…………150, 153, 156, 161
貸与保有権（Leasehold）………176	ナショナル・トラスト…………27
宅地使用権………………………70, 71	農村経済組織……………………60
溜池………………………122, 123	農村戸籍…………………………71
ため池……134, 135, 137, 138, 148, 149, 157, 158, 159, 160, 236, 237, 238, 239, 246, 250, 251	農村信用社………………………76
断流………………………153, 154	農村都市化………56, 57, 64, 66, 78
地役入会権………12, 17, 20, 212	農地解放……………124, 126, 137
地役入会地……………………10, 20	農地使用権…………………………63
地下水保全……………………142, 149	農地転用……………………56, 68, 69
	農地法……………………124, 126, 131
	農地流動化………………72, 77, 78, 79

農務帳……………………88, 89, 99, 100
農用地の土壌の汚染防止等に関する法律
　………………………………………141

は　行

番水………………………………………137
ビル用水法…………………………138, 139
父系性…………………………………94, 96
普通水利組合………………………122, 130
牧野法……………………………………20
母系性……………………………………94
保存（管理）瑕疵………251, 261, 262, 263
本土における地割制……………………83, 86

ま　行

マボ判決（The Mabo Case）………175, 177
水掛り………………………………134, 136, 137
水循環基本法……………………………142
水ブニ…………………………………136, 137
みなし許可水利…………………………112

無過失責任……238, 240, 241, 242, 243, 245, 248, 249, 258
無主地（Terra Nullius）………………173
村請制……………………………………84, 85, 86
貰い子………………………………80, 81, 86
門中………………………………………96

や　行

結（ユイ）……………………………96, 97, 100
ユイマール………………………………96
遊休水利権…………………………128, 129
養子制度…………………………………80
用水者協会……151, 165, 166, 167, 168, 169, 170
用水制度改革…………………151, 152, 154
予見可能性……………………………244, 245

ら　行

流域管理………………………155, 156, 159, 161

著者紹介

奥田 進一（おくだ しんいち）
1969年　神奈川県川崎市生まれ
1993年　早稲田大学法学部卒業
1995年　早稲田大学大学院法学研究科修士課程修了
現　在　拓殖大学政経学部教授（環境法・民法）

《主要著作》
『環境法へのアプローチ』（共編著、成文堂、2007）
『農業法講義』（成文堂、2008）
『中国の森林をめぐる法政策研究』（成文堂、2014）
『環境法のフロンティア』（共編著、成文堂、2015）
『法学入門』（共編著、成文堂、2018）

拓殖大学研究叢書（社会科学）49
共有資源管理利用の法制度
2019年8月10日　初版第1刷発行

著　者	奥田　進一	
発行者	拓殖　大学	
製作者	阿部　成一	

〒162-0041 東京都新宿区早稲田鶴巻町514番地
製作所　株式会社　成文堂
電話 03(3203)9201　Fax 03(3203)9206
http://www.seibundoh.co.jp

製版・印刷　藤原印刷　　製本　弘伸製本
© 2019 S. Okuda　　Printed in Japan
☆乱丁・落丁本はおとりかえいたします☆　検印省略
ISBN978-4-7923-3389-8　C3032

定価（本体5,000円＋税）